NTOA 6

Küchler/Uehlinger – Jerusalem

NOVUM TESTAMENTUM ET ORBIS ANTIQUUS (NTOA)

Im Auftrag des Biblischen Instituts
der Universität Freiburg Schweiz
Herausgegeben von Max Küchler
in Zusammenarbeit mit Gerd Theissen

Die Autoren:

ALOBAIDI Saleh-Joseph (1948), Avenue Saint-Paul 6,
    CH-1208 Grange-Canal, Genève.

GOLDMAN Yohanan Patrick (1952), Route Henri-Dunant 5, CH-1700 Fribourg.

KÜCHLER Max (1944), Rue Marcello 3, CH-1700 Freiburg.

LAUPER Aloys (1962), CH-1724 Montévraz.

NUVOLONE Flavio G. (1947), Avenue Jean-Marie-Musy 12, CH-1700 Fribourg.

SCHROER Silvia (1958), Döltschiweg 5, CH-8055 Zürich.

UEHLINGER Christoph (1958), Chemin du Verger 8, CH-1752 Villars-sur-Glâne.

Jerusalem

Texte – Bilder – Steine

im Namen von Mitgliedern und Freunden
des Biblischen Instituts der Universität Freiburg Schweiz
herausgegeben von
Max Küchler und Christoph Uehlinger

zum 100. Geburtstag
von Hildi + Othmar Keel-Leu

UNIVERSITÄTSVERLAG FREIBURG SCHWEIZ
VANDENHOECK & RUPRECHT GÖTTINGEN
1987

CIP-Kurztitelaufnahme der Deutschen Bibliothek

Küchler, Max / Uehlinger, Christoph:

Jerusalem. Texte – Bilder – Steine. Max Küchler/Christoph Uehlinger. – Freiburg (Schweiz): Universitätsverlag; Göttingen: Vandenhoeck und Ruprecht, 1987

(Novum testamentum et orbis antiquus; 6)
ISBN 3-525-53905-3 (Vandenhoeck und Ruprecht)
ISBN 3-7278-0552-8 (Universitätsverlag)
NE: GT

Veröffentlicht mit Unterstützung des Hochschulrates
der Universität Freiburg Schweiz

© 1987 by Universitätsverlag Freiburg Schweiz
Paulusdruckerei Freiburg Schweiz
ISBN 3-7278-0552-8 (Universitätsverlag)
ISBN 3-525-53905-3 (Vandenhoeck und Ruprecht)

INHALTSVERZEICHNIS

VORWORT

Dieses Buch ist einem runden Hunderter an Lebenszeit gewidmet, dessen Innenleben, wie alles Vitale, typisch gedoppelt ist (vgl. Gen 1,27b; 6,19f; Mt 19,4ff; 1Kor 6,16; Eph 5,31). Die hundert Jahre seien hier - des holderen Teiles wegen - nicht aufgeteilt. 'Ein Leib' (vgl. ebd.) lässt sich doch nicht zerlegen.

Da man jedoch auch selbzweit nur einmal hundertjährig wird, kann das ein - sicher unorthodoxer - Grund zum Feiern sein. Dazu wurde dieses Buch am 6. Dezember 1987 nicht ohne Schelmerei neben den Geburtstags-Champagner gelegt!

Die Beiträge sind von unbeamteten Nahesitzenden geschrieben, die auf die eine oder andere Weise in die Keel'sche Verbindung der Exegese mit der Ikonographie und Archäologie geraten sind und hier mit eigenen Texten, Bildern und Steinen zu Jerusalem und dem Heiligen Land ihre methodische und menschliche Verbundenheit formuliert haben: Ein neutestamentliches Plädoyer, ein jüdisch-arabischer Reiseführer und ein Gemälde aus dem Tessin (Beiträge 1-3) stehen hier neben Ezechiels Ritzzeichnung und Belagerungsspiel und dem indiskreten Charme der Zweiggöttin (Beiträge 4 und 5). So unterschiedlich diese Inhalte auch sind, sie werden nicht nur vom odor sanctitatis der 'Reliquien-Sarkophage' (Beitrag 6) zusammengehalten. Sie spiegeln ein gleiches, individuell jedoch frei variiertes Interesse an der Innen- und Aussenwelt der Bibel, das sich nur in jener Atmosphäre von Grosszügigkeit und Sympathie entfalten kann, wie sie bei Othmar und Hildi Keel-Leu herrscht.

Zum Entstehen des Buches haben viele mit Zeit und folgende - was manchmal doch auch kostbar ist - mit grossen und kleinen Batzen geholfen: Der Hochschulrat, die Paulusdruckerei und der Universitätsverlag, Anastasia Bernet, Christa und Odo Camponovo-Weber, Niko Georgi, Teresa Goldman Ribot-Alicard, Herbert Haag, Christian Herrmann, Erik Hornung, Andrea Jäkle, Anton Jungo, Daniel Keel, Bernadette Küchler-Schwarzen, Maryse-Hélène Méléard, Odilo Noti, Albert de Pury, Susanne Ris-Eberle, Christa und Hans-Heinrich Schmid-Nievergelt, Urs Staub, Thomas Staubli, Marie-Lucie Uehlinger-Brulhart, Markus Wäfler, Pia und Urs Winter-Huber.

Ohne unsere Familie von unermüdlichen MACINTOSHs wären die Abermilliarden Elektronen nie zu solch sittsamen Bytes gestaltet worden, wie sie jetzt noch rechtzeitig den Jubilaren entgegenzwinkern.

Max Küchler   Christoph Uehlinger

A. Texte und Bilder

zur Topographie Jerusalems

DIE "FÜSSE DES HERRN" (EUS., DE 6,18)

Spurensicherung des abwesenden Kyrios an Texten und Steinen als eine Aufgabe der historisch-kritischen Exegese

Max Küchler*

> *"The feet of our Lord very often stood on Olivet."*
> (C. SCHICK, PEFQSt 1889, 176)

Die Füsse gehören zugegebenermassen nicht zu jenen Teilen unseres Körpers, die wir spontan als ästhetische Objekte empfinden. Das ist auch in der Bibel so. Nur zweimal bei insgesamt gegen 250 Vorkommen erfahren sie die Ehre des schmückenden Beiwortes: Das dem menschlichen Leib so zugetane Hohelied rühmt die Füsse, oder eher das "Bewegen der Füsse" *(pecamim)* einmal als "schön *(jafäh)* in den Sandalen" (7,2) - wobei jedoch die Schönheit eher den schmucken Sandalen gilt als den sonst "schmutzigen" Füssen (vgl. 4,3) der Geliebten. Und bei Deutero-Jesaja werden ein andermal die Füsse dessen "lieblich" *(nawäh)* genannt, der eine Frohbotschaft über die Berge Judäas bringt (52,7). Aber da heisst doch das Bild: Auch die völlig verschmutzten Füsse des Boten, der eine gute Botschaft bringt, sind dem, der die gute Botschaft bekommt, eine "liebliche" Angelegenheit !

Sonst sind die Füsse doch - auch in der Bibel - vor allem praktischer Natur: Sie geben Stand und ermöglichen das Gehen oder Treten. Als Symbole stehen sie deshalb meist für "Instrumente der Unterwerfung und Domination", "der Besitzergreifung" *(Abb. 1)* oder bezeichnen "das Unterste" am Menschen, "die Kontaktstelle mit dem Unreinen."[1] In diesem Sinn kann auch von den "Füssen Gottes" gesprochen werden: Sie stehen als Bild sowohl für seine Suveränität und Macht wie auch für jene seine dialektische Eigenschaft, ganz nahe Ferne oder ganz ferne Nähe zu sein. Das Bildwort von der Erde als "Schemel seiner Füsse" (Jes 66,1 = Mt 5,35) fasst diese beiden Aspekte göttlicher Gegenwärtigkeit

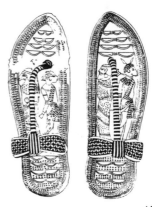

Abb. 1

prägnant zusammen: Nur der unterste Rand der die Welt umfassenden Gottheit rührt an unsere Welt.

---

[1] O. KEEL, Symbolik des Fusses im Alten Testament und seiner Umwelt: Orthopädische Praxis mit Traumatologie, Rheumatologie, physikalischer, physiotherapeutischer und balneo-

Sich mit den "Füssen des Herrn" zu beschäftigen, wie der Haupttitel angibt, heisst hier zuerst einmal: Sich mit jenen unteren Dingen zu beschäftigen, die "den Κύριος"[2] mit unserer Welt und Geschichte verbinden. Diese theologische Podologie ist auf den ersten Blick nicht das Höchste, was ein Theologe leisten kann. Es ist Theologie von einem sehr bescheidenen Standpunkt her: Von ganz unten nämlich, mit dem untersten Rand göttlicher Wirklichkeit zuoberst. Das klingt vielleicht sehr ärmlich. Ich möchte jedoch behaupten, dass der Ort der Exegese - und besonders jener Sparte der Exegese, die "historisch-kritisch" genannt wird - gerade hier anzusiedeln ist. Dass dies ein bescheidener Ort im Gesamt der theologischen Wissenschaften ist, mag stimmen, schliesst aber keineswegs aus, dass da eine *Aufgabe* gefordert ist und eine *Arbeit* geleistet werden kann, die nicht nur die Füsse, sondern die ganze Gestalt des Herrn besser zu umschreiben vermag.

Ist es nicht bedenkenswert, dass in Betanien gerade und nur beim sogenannten 'grossen Theologen' Johannes eine Frau die *Füsse* Jesu, und nicht wie bei Mt und Mk den *Kopf*, mit kostbarer Salbe ehrte und mit ihren Haaren trocknete (Joh 12,3; vgl. Mk 14,3 par Mt 26,7)? Ob Maria aus dieser bescheidenen Perspektive, die auch "die Sünderin" bei Lukas einnimmt (7,36ff), eine falsche Sicht ihres "Herrn" bekommen hat? Ob der johanneische Autor beim Hinabstieg vom Kopf zu den Füssen des Herrn[3] auch einen theologischen Abstieg getan hat?

Diese Aufgabe und Arbeit der neutestamentlichen Exegese ist im Untertitel als *"Spurensicherung des abwesenden Kyrios an Texten und Steinen"* umschrieben. Damit ist ein Dreifaches gesagt:

• Neutestamentliche Exegese hat es - das ist bekannt - mit einer Person zu tun, die in mehrfachem Sinn *abwesend* ist. Der sogenannte historische Jesus

---

logischer Therapie des Bewegungsapparates der Baden-Badener Reihe für ärztliche Fortbildung 18/7, 1982, 530-538; = [Sonderdruck in:] Der Fuss in Kunst und Geschichte, hrsg. v. der Schweizerischen Gesellschaft für Chirurgie und Medizin des Fusses unter dem Patronat der Schweizerischen Gesellschaft für Orthopädie, Uelzen/BRD 1982, 24-32; = [Abdruck in:] Orthopädieschuhtechnik. Offizielles Organ des Bundesinnungsverbandes für Orthopädie-Schuhtechnik und des internationalen Verbandes der Orthopädieschuhtechniker (IVO) 35/5, Geislingen (Steige)/BRD 1983, 252-258. [Die Ausführlichkeit dieser Fussnote ist als Widmung gedacht. Sie weist quantitativ auf, bis in welche Verästelungen unseres Lebens die Qualität der Texte und Bilder von Othmar und Hildi KEEL-LEU Einlass zu finden und Einsicht zu vermitteln mag.]

Zudem: H. LECLERC, Art.: Pied, DACL 14/1, 1939, 818-821; K. WEISS, Art.: Πούς, THWNT 6, 1959, 624-632; B. KÖTTING, Art.: Fuss, RAC 8, 1972, 722-743.

2 Der Gebrauch von Κύριος benutzt hier die schon im Neuen Testament spielerisch gebrauchte Doppeldeutigkeit des Titels als griechische Uebersetzung der hebräischen Gottesnamen *JHWH, 'el, 'elohim* wie auch als neutestamentlichen Hoheitstitel für Jesus von Nazaret.

3 Traditionsgeschichtlich kann man dies natürlich als "Zusammenfliessen von Zügen" formulieren, "die ursprünglich verschiedenen Erzählungen angehörten, hier die Salbung der Füsse und das Abtrocknen mit den Haaren aus Lk 7 und das Geschehen in Betanien, wie es Mk/Mt erzählen" (R. SCHNACKENBURG, Das Johannesevangelium, 2. Teil [HThKNT IV/2] Freiburg, Basel, Wien 1977 (2. erg. Aufl.) 466.

unserer Wissenschaft ist immer nur im Zeugnis seiner Anhänger oder seiner Gegner aufzuspüren - und dies oft "gegen den Strich" des Textes.[4] Und der Kyrios unseres Glaubens ist schon gar nicht einfach zur Hand.

• Neutestamentliche Exegese hat trotzdem darin eine vornehmliche Aufgabe, die konkrete Gestalt Jesu in ihrer Einmaligkeit zu beschreiben und zu sichern, auf dass sie nicht zur ätherischen Erlöserfigur oder zum pietistischen Andachtsbild (oder zu welchem Fabrikat auch immer) werde. Dieses Aufspüren und Halten des ursprünglich Konkreten ist mit dem Ausdruck *Spurensicherung* umschrieben. Es ist die schwere Pflicht der neutestamentlichen Exegeten, sich diesen Jesus von Nazaret nicht ent-gehen zu lassen! Wenn Inkarnation zum Wesen christlicher Theologie gehört, d.h. wenn unsere theologische Reflexion stets in die Konkretion ihres Anfangs eingebunden sein muss und deshalb nie ohne Menschen, Orte und Zeiten auskommen kann, dann ist die Beschreibung und Wahrung der in das Land und das Volk Israel und dessen Geschichte eingebundenen Gestalt des Galiläers Jesus eine von dieser christlichen Theologie geforderte Wesensaufgabe neutestamentlicher Exegese.

• Neutestamentliche Exegese beschäftigt sich zwar vor allem mit diesem Jesus, dem Kyrios, insofern er in den *Texten* der Schrift zugänglich ist. Ich möchte im Folgenden jedoch an Beispielen zeigen, dass durch die Verbindung der Texte mit den *Steinen*, also durch den Einbezug der Topographie (und Archäologie) in die neutestamentliche Exegese,[5] eine Möglichkeit gegeben ist, die Gestalt des Herrn konkreter zu beschreiben, als dies allein aus den Texten zu

---

[4] Narrativ eindrücklich gemacht bei G. THEISSEN, Der Schatten des Galiläers. Historische Jesusforschung in erzählender Form, München 1986, wo die Jesus-Recherchen des jüdischen Geschäftsmannes Andreas immer "nur" auf Traditionen *über* diesen Jesus (als Philosoph, als Rabbi, als Wundertäter, als politischer Agitator usw.) stossen. - Theoretischer Unterbau dazu s. DERS., Studien zur Soziologie des Urchristentums (WUNT 19) Tübingen 1983, 35-54 (= Die soziologische Auswertung religiöser Überlieferungen; erstveröffentl.: Kairos 17, 1975, 284-299); 55-76 (= Theoretische Probleme religionssoziologischer Forschung und die Analyse des Urchristentums; erstveröffentl.: NZSTh 16, 1974, 35-56); Soziologie der Jesusbewegung. Ein Beitrag zur Entstehungsgeschichte des Urchristentums (Theologische Existenz Heute 194) München 1977, 111 S.

[5] Ernest M. RENAN formulierte im Jahre 1864 bei der Betrachtung der kläglichen Synagogenruinen in Galiläa: "Ist es nicht befremdend, dass jener Zweig der Archäologie, der von allen Gesichtspunkten her am interessantesten ist und den wir 'Evangelien-Archäologie' *(evangelical archaeology)* nennen möchten, noch ganz zu erschaffen ist? Wie kann die Christenheit, die für einen Tempel Millionen ausgibt, jenen Boden unberührt lassen, unter welchem Monumente liegen, mit denen die erhabensten und heiligsten Erinnerungen verbunden sind?" (Mission en Phénicie I, Paris 1864, 772 [übers. von mir]). C.R. CONDER und H.H. KITCHENER übernehmen dieses Lamento wörtlich vor den Ruinen der Synagoge von Kfar Baram (Survey of Western Palestine I, Paris 1881, 233). 100 Jahre später - die Synagogen von damals und viele weitere sind unterdessen längst erhoben - stellt W. KLAIBER immer noch die fast völlige Abwesenheit einer 'Biblischen Archäologie des Neuen Testaments' im deutschen Sprachraum fest und spricht erneut den "Wunsch an den Neutestamentler" aus, "von der Fülle archäologischer Befunde für die geschichtliche Ortsbestimmung des Evangeliums Gebrauch zu

14

machen wäre, ja dass gerade dadurch einige neutestamentliche Texte selbst besser verstanden werden können. *Die Steine Palästinas und die Füsse des Herrn zusammenzubringen, um die Gesamtgestalt Jesu besser zu verstehen,* dies ist das erklärte Anliegen dieser Art, historisch-kritische Exegese zu betreiben.[6]

Dies möchte ich an drei sich ergänzenden Beispielen vorführen. Ich wähle dazu drei dramatische Szenen aus einem zeitlich kurzen Abschnitt im Leben Jesu und an einem nur während dieser Zeit wichtigen, klar übersehbaren topographischen Ausschnitt Palästinas: Es geht (zeitlich) um die letzten Tage Jesu in Jerusalem und (örtlich) um den Westabhang des Ölberges (*Abb. 2:* Lageskizze des Ölberges[7]). Die drei dramatischen Szenen sind: Die Gefangennahme Jesu im Landgut Getsemani (Nrn 1), das Weinen Jesu über Jerusalem (Nrn 2) und die Himmelfahrt des Herrn auf der Anhöhe (Nrn 3). Daran lassen sich - von Mal zu Mal auf je komplexere Weise - Texte und Steine, Exegese und Topographie (und Archäologie) in fruchtbare Beziehungen bringen.

---

machen, ohne mit dieser Fülle in apologetischem Eifer oder antiquarischer Vielwisserei die Spannung zwischen dem historisch Erkennbaren und der sich allein dem Glauben und der theologischen Reflexion erschliessenden Botschaft des Evangeliums zu verwischen" (Archäologie und Neues Testament: ZNW 72, 1981, 194-215, zit. 215).

[6] Trotz des in Anm. 5 gesagten kann hier auf Arbeiten auch aus dem deutschen Sprachraum verwiesen werden, die Grundlegendes mit den jeweils zur verfügbaren archäologischen, topographischen und kulturgeschichtlichen Daten geleistet haben. Allen voran G. DALMAN, Orte und Wege Jesu (Beiträge zur Förderung christlicher Theologie, 2. Reihe, 1. Band) Gütersloh 1924 (3. erw. und verb. Aufl.; Nachdr. Darmstadt 1967 [= 4. überprüfte und erg. Aufl.]), und Cl. KOPP, Die Heiligen Stätten der Evangelien, Regensburg 1959, 504 S., 9 Skizzen, 66 Abb. Auch G. KROLL, Auf den Spuren Jesu, Leipzig 1983 (9. Aufl.), 612 S., 42 farb., 262 sw Ill., hat erstaunlich viel Materialien zusammengetragen, kommt aber in seinen Interpretationen manchmal an den Rand dessen, was das berühmteste aller archäologisch-apologetisch orientierten Sachbücher, W. KELLER, Und die Bibel hat doch recht. Forscher beweisen die historische Wahrheit, Düsseldorf, Wien 1978 (rev. Neuausg. [Deutsche Gesamtaufl. 1,5 Mio.; Weltauflage über 10 Mio.]), wissenschaftlich verdächtig, ja unmöglich macht. Da wir aber seit H.H. SCHMID, Die Steine und das Wort, Zürich 1975, um "Fug und Unfug biblischer Archäologie" (Untertitel) wissen, kann der Einbezug der Archäologie und Topographie in neutestamentliche Fragestellungen überlegter und transparenter vollzogen werden. Dies ist - zusammen mit einem praktischen Zweck - das Ziel auch von O. KEEL / M. KÜCHLER / [Chr. UEHLINGER], Orte und Landschaften der Bibel. Ein Handbuch und Studienreiseführer zum Heiligen Land (bis jetzt 2 Bde), Zürich, Göttingen, I: 1984, 751 S., 180 Abb.; II: 1982, XXII+997 S., 671 Abb. Für die veränderte Situation verheissungsvolle Zeichen sind auch Bücher wie: J. WILKINSON, Jerusalem as Jesus knew it. Archaeology as Evidence, London 1978, 208 S., 101 photogr., 42 diagrams; E.M. MEYERS / J.F. STRANGE, Archaeology, the Rabbis and Early Christianity, Abdington/Nashville 1981, 207 S., 13 Fig.; J. MURPHY-O'CONNOR, St. Paul's Corinth. Texts and Archaeology. Introduction by John. H. ELLIS (Good News Studies 6) Wilmington, Delaware 1983, XXI+192 S., 10 Fig.; bes. 153-176; W. BÖSEN, Galiläa als Lebensraum und Wirkungsfeld Jesu. Biblisches Sachbuch, Freiburg im Br. 1985, 287 S., 130 Abb.

[7] Die Skizze ist eine bearbeitete Übernahme der Illustration von Brian LALOR aus G. SHA-MIS / D. SHALEM, The Jerusalem Guide, London und Jerusalem 1973, 116f.

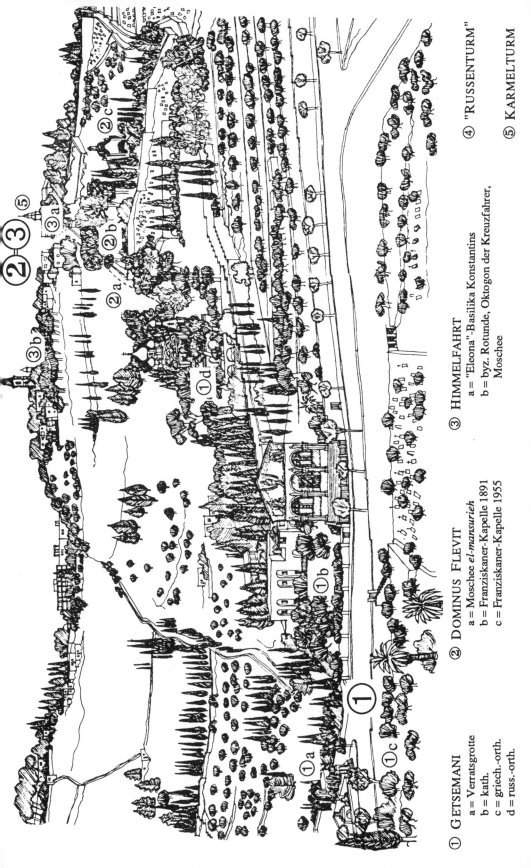

① GETSEMANI
   a = Verratsgrotte
   b = kath.
   c = griech.-orth.
   d = russ.-orth.

② DOMINUS FLEVIT
   a = Moschee *el-mansurieh*
   b = Franziskaner-Kapelle 1891
   c = Franziskaner-Kapelle 1955

③ HIMMELFAHRT
   a = "Eleona"-Basilika Konstantins
   b = byz. Rotunde, Oktogon der Kreuzfahrer,
       Moschee

④ "RUSSENTURM"

⑤ KARMELTURM

1. DIE GEFANGENNAHME JESU IN GETSEMANI (MK 14,26-53 parr)

Dieses erste Beispiel ist deshalb sehr einfach, weil das Getsemani des Neuen Testaments topographisch kein Problem ist: Das antike Grundstück entspricht sehr gut der *heutigen* Ortslage am unteren Teil des Westabhangs des Ölberges (vgl. Lageskizze, Nummern 1)[8], wenn diese auch durch alte und neue Strassen und konfessionsbedingte Mauern vielfach unterteilt ist. Zudem hat auch die Gefangennahme Jesu daselbst eine grosse historische Plausibilität.

Das antike "Grundstück" (Mk 14,32: $\chi\omega\rho\iota o\nu$) Getsemani lag "jenseits des Winterflusses Kedron" (Joh 18,1), wenn man "in Richtung ($\epsilon\iota\varsigma$) Ölberg" (Lk 22,39) zog. Es war ein Stück kultivierten Landes (Joh 18,1: $\kappa\hat{\eta}\pi o\varsigma$, "Garten") am Fuss des Ölbergs. Wie der Name $\Gamma\epsilon\theta\sigma\alpha\mu\alpha\nu\epsilon\iota$ aufweist, der ein hebr./aram. *gat-schemanim/n*, "(Ort der) Presse von Ölen" wiedergibt,[9] handelte es sich um jenes Teilstück der Olivenplantage am Westabhang des Ölberges, in welchem eine "Öl-Kelter" stand.

Dieses Getsemani war durch lange Zeit ein nirgends mit Namen genanntes Teilstück jenes 'Erholungsparks' direkt östlich ausserhalb der Stadtmauer, den die bepflanzten Teile des Westabhangs und der Anhöhe des Ölberges besonders zu Festzeiten darstellten. Hier rüsteten sich die Pilger, die vom Osten her nach Jerusalem hinaufstiegen, für die letzte Etappe ihrer Pilgerfahrt, das Betreten der Heiligen Stadt. Hierhin konnten sie sich auch aus dem Festgedränge an die Teiche, unter die Ölbäume und Zedern und in die Höhlen und Grotten zurückziehen[10], sich mit ihren Verwandten zusammenfinden und sich dabei freier

---

[8] Schon die ältesten Texte (das Onomastikon des EUSEBIUS, das *Itinerarium Burdigalense*, die Katechesen des KYRILL von Jerusalem, ETHERIA) sind eindeutig (trotz J.T. MILIK, Notes d'épigraphie et de topographie palestiniennes: RB 67, 1960, 550-555). Vgl. T. TOBLER, Die Siloahquelle und der Ölberg, St. Gallen 1852, 191-229; G. DALMAN, Jerusalem und sein Gelände (Schriften des Deutschen Palästina-Instituts 4; Beiträge zur Förderung christlicher Theologie 1. Reihe, 19. Bd) Gütersloh 1930 (Nachdr. Hildesheim 1972) 178f; Orte und Wege Jesu *(s. Anm. 6)* 338-346; KOPP *(s. Anm. 6)* 387-399; WILKINSON *(s. Anm. 6)* 125-131 u.v.a.

[9] Die beiden anderen griechischen Namensformen des Neuen Testaments können durch christliche Beeinflussung erklärt werden: $\Gamma\epsilon\theta\sigma\eta\mu\alpha\nu\epsilon\iota$ (am häufigsten belegt) könnte vom griech. $\sigma\eta\mu\epsilon\hat{\iota}o\nu$, "Zeichen" beeinflusst sein und in griechischen Ohren als "Presse der Zeichen" verstanden werden. Da es auch ein hebr./aram. (Fremd[?])-Wort *seman/simnah*, "Zeichen, Merkmal" gibt, ist dieses Verständnis auch für den Orientalen möglich. Dabei sind jeweils die wunderbaren Zeichentaten Jesu gemäss der johanneischen Festnahmeerzählung (Joh 18,4-11) oder das "Zeichen" des Judas von Mk 14,44 par Mt 26,48 gemeint.- $\Gamma\epsilon\sigma\sigma\alpha\mu\alpha\nu\epsilon\iota$ (ältester Beleg) ist entweder aus der Assimilierung des Thet an das Sigma entstanden, oder wurde wegen des Anklangs an *gej'-schemanim*, "Tal der Öle" von Jes 28,1 im Sinne eines "fetten Talgrundes" verstanden, wie dies EUSEBIUS und HIERONYMUS in ihren Jesaja-Kommentaren belegen (PG 24, 285; PL 23, 1218).

[10] Vgl. Lk 21,37; pTaanit 69a, Zeilen 42ff (Ausg. Krotoshin 1866 [Nachdr. Jerusalem 1969]; nicht Zeile 37 wie bei P. BILLERBECK, Kommentar zum Neuen Testament aus Tal-

benehmen, als dies im Tempel- und Stadtbezirk wegen der rigorosen Speise- und Kleidervorschriften möglich war.

Erst durch die kurze Szene in der Passionsgeschichte kam das unterste Teil- stück dieses Bereiches aus der Anonymität und wurde zu jenem Ort mit dem Namen "Getsemani", mit dem Millionen Menschen die Todesangst Jesu, den Verrat des Judas und die Flucht der Jünger verbinden. *Was* hier genau an dra- matischer Handlung ablief, kann als bekannt vorausgesetzt werden. Warum das Drama jedoch *hier* ablief, ist die jetzt im Sinn unserer topographischen Spuren- suche zu stellende weitere Frage. Man kann darauf zwei Antworten geben:

• Getsemani war ein Ort innerhalb jenes grösseren Bereiches des Ölberges, an welchem sich die Nicht-Jerusalemer zur Festzeit zusammenfanden, wo des- halb auch Jesus "oft mit seinen Jüngern zusammenkam" (Joh 18,2). Dies wirft ein erstes Schlaglicht auf das Geschehen der Festnahme Jesu: Am Ort des brüderlichen Zusammenseins bilden plötzlich nur noch zurückgelassene Jün- ger, schlafende Jünger (Petrus, Jakobus und Johannes), der verratende Jünger (Judas) und schliesslich die fliehenden Jünger den schmählichen Rahmen für ein gewalttätiges Geschehen an Jesus. Die frühere intensive Verbundenheit zwischen Meister und Jünger, die im gerade vorausgegangenen Abendmahl ih- re letzte Intensität erreicht hatte, zersplittert. Jesus *vereinsamt* hier, schnell wie in einem Zeitraffer, vom Mittelpunkt einer enthusiastischen Gruppe zum im Stich gelassenen Verfolgten. Die Schwertszene ist zwar ein letztes Aufbäumen von Solidarität, aber die radikale Absage Jesu an diese gewalttätige Demonstra- tion von Gemeinschaft brandmarkt die Falschheit des Mittels und verhindert, dass seine Jüngergruppe zur Waffenbrüderschaft wird.

• Man kann jedoch in Jerusalem in einer Verfolgungssituation nicht Getse- mani als Zuflucht wählen *und dort verbleiben*, wenn man seine heile Haut ret- ten will. Wer Getsemani wählt, betritt den Ort der Entscheidung entweder zur Flucht aus dem Machtbereich der Behörden in die Wüste oder zur Gefangen- nahme.[11] Der Gefährdete, der von hier nicht flieht, wird von den Feinden in der Stadt im Nu eingeholt. Und Jesus flieht nicht, obwohl er weiss, dass es das Geschick der Propheten ist, den Tod in Jerusalem zu finden (vgl. Lk 13,33b; Mt 23,34-38 par). Getsemani ist deshalb der von Jesus freiwillig gewählte Ort des Abschieds von seinen Jüngern und von jeder gewalttätigen oder mirakulö- sen Art der Durchsetzung seiner Sache - demnach auch der Ort, wo Jesu kon-

---

mud und Midrasch I, München 1926, 851): zwei Zedern mit vier Kaufhallen; JOSEPHUS, Bell 5,505: "Taubenschlagfelsen"; bScheb 16a: zwei *bis^{c}in*, "Einschnitte" mit unterschiedlichem Heiligkeitsgrad, wohin "die Leute aus dem gemeinen Volk zu kommen pflegten" (L. GOLD- SCHMIDT, Der babylonische Talmud VII, Haag 1933, 655); jüd.-arab. Jerusalemführer aus der Geniza von Kairo, Zeile 34: "sieben Becken/Zisternen und 32 Ölbaumstümpfe" (Ed. und Übers.: *u. S. 48*).

[11] Vgl. J. MURPHY-O'CONNOR, The Holy Land. An Archaeological Guide from Earliest Times to 1700, Oxford 1980, 86; D. FLUSSER, Die letzten Tage Jesu in Jerusalem. Das Pas- sionsgeschehen aus jüdischer Sicht. Bericht über neueste Forschungsergebnisse, Stuttgart 1982, 79-85.

krete Entscheidung zum Tod für seine Sache fiel. Auch wenn Jesu Einsatz für seine Sache seit je die Bereitschaft zum Tod einschloss, hier geschah das jesuanische "Hier steh ich, ich kann nicht anders". Getsemani ist in diesem Sinn ein topographischer Beweis für Jesu Entschluss, seiner Vision und Predigt von Versöhnung und Liebe durch Leiden und Untergang das Siegel zu geben - und nicht, wie zum Beispiel David in 2Sam 15, durch Ueberschreiten des Berges und Flucht in die Wüste auf politisch günstigere Winde zu warten.

Der Einbezug der Topographie Jerusalems in die exegetische Interpretation der Gefangennahme Jesu gibt der Gestalt Jesu in dieser zweifachen Hinsicht eine ganz klare Kontur: Die *Vereinsamung in Getsemani*, diesem Ort frohen Zusammenseins und früherer brüderlicher Gemeinschaft, zeigt Jesus in einer letzten Einsamkeit, in welcher sein Ruf nach Gott als *Abba*, "Pappa" jede Väterchen-Romantik verliert und zum erschütternden Ausdruck seiner unerhörten Verbundenheit mit seinem Gott wird. Das *Verbleiben in Getsemani*, diesem Ort der unmittelbaren Gefahr, hingegen weist die Freiwilligkeit dieser Hineingabe in die Einsamkeit auf und lässt etwas von jener Grösse erahnen, die diesen freiwilligen Märtyrer kennzeichnete.

2. DAS WEINEN JESU ÜBER JERUSALEM (LK 19,41-44)

Dieses zweite Beispiel ist komplexer als das erste, weil es topographische Problempunkte aufweist. Es führt aber zugleich weiter, weil deren Erörterung unsere topographische Spurensuche gerade auf die richtige Fährte lenkt.

Die Pilgertraditionen

Das heutige *Dominus Flevit* Kirchlein der Franziskaner (*Abb. 2:* Nr 2c), das erst 1955 über einer früh-arabischen Klosterruine errichtet wurde[12], ist schon das dritte Heiligtum, das der Tränen Jesu über Jerusalem gedenkt. Es ersetzte damals die 1891 erbaute Kapelle der Franziskaner am mittleren Ölbergweg (Nr 2b), die aber ihrerseits nur ein Ersatz für die nicht erwerbbare, ruinenhafte Moschee *el-mansurieh* etwas höher auf der n Seite dieses Weges war (Nr 2a).[13]

---

[12] B. BAGATTI, Scavo di un monastero al "Dominus Flevit" (Monte Oliveto - Gerusalemme): LA 6, 1955f, 240-270; DERS. / [M. TIZZANI], Nuovi apporti archeologici al "Dominus Flevit" (Oliveto): LA 19, 1969, 194-236.

[13] Photographie: L.-H. VINCENT, Jérusalem Antique, Paris 1912, Planche XI; vgl. B. MEISTERMANN, Guide de Terre Sainte, Paris 1923 (nouvelle éd. refondue et corrigée), 288; KOPP (*s. Anm. 6*) 330ff. KROLL (*s. Anm. 6*) 401, Abb. 226, hat aus Versehen nur die Kapelle von 1891 eingezeichnet.

Der Name *el-mansurieh* heisst "der Triumphierende" und beinhaltet einen klaren Verweis auf den sogenannten "triumphalen Einzug" Jesu in Jerusalem.

Dass Jesus bei *el-mansurieh* über Jerusalem geweint habe, erzählt als erster der Dominikaner RICOLDUS de Monte Crucis aus Florenz im Jahr 1294p,[14] sein Mitbruder JACOBUS aus Verona sieht dort 1335p erstmals einen "Stein, auf die Stadt Jerusalem gerichtet"[15] und nochmals ein dominikanischer Mitbruder, unser Felix FABRI aus Zürich, gibt dann um 1480p endlich eine Beschreibung samt Erklärung dieser Ortslage:

> Bei jenem Aufstieg [zum Ölberg] kamen wir aber zu einer Stelle im gepflästerten Weg, wo ein sehr breiter Stein den Durchgang für die vorbeiziehenden Tiere furchteinflössend machte, denn der Stein ist so glatt, wie wenn er poliert worden wäre. Auf ihn treten die Tiere nur mit Angst, da sie, vor allem beim Hinabsteigen, umzufallen befürchten. An jenem Ort hielt der Herr mit seinem Esel an, und wie er die Augen hob, erblickte er die Stadt und weinte über sie ... Von dieser Stelle aus sieht man Jerusalem mit dem Tempel und dem Berg Zion sehr gut. ... Jerusalem hat nämlich von dieser Stelle aus einen angenehmen *(dulcem)* und erfrischenden Anblick, auch heute noch, trotz der ganzen Misere.[16]

Ein Blick in das Neue Testament zeigt, dass die drei Dominikaner zwar die Lokaltradition der Kreuzfahrerzeit exzellent referieren, aber (für einmal) die topographischen Angaben des neutestamentlichen Textes nicht unvoreingenommen zu Rate gezogen haben. Wie sieht es denn dort aus?

Der neutestamentliche Befund

Der Ort, wo "der Herr geweint hat" über Jerusalem, wird nur im Lukasevangelium angegeben. Nach Lk 19,28-44 "stieg" Jesus von Jericho "nach Jerusalem hinauf" (V. 28). Kurz vor dem Gebiet der beiden Ortschaften Betfage und Betanien am Ostabhang des Ölberges schickt er zwei Jünger mit dem geheimnisvoll-messianischen Befehl voraus, ihm in der Ortschaft (= Betanien / Betfage?) ein noch unberittenes Eselsfüllen zu holen. Auf diesem reitet er dann durch Betanien und Betfage weiter den O-Abhang des Ölbergs hinauf, wobei "seine Jünger vor ihm die Kleider ausbreiteten" (Vv. 29-36). Von weiterem Publikum ist nicht die Rede. "Als sie sich aber dem Abstieg (κατάβασις) des Ölbergs näherten, begann die ganze Jüngerschar" ihn als König zu proklamieren (V. 37). Das war also noch kurz *vor* Erreichung der Passhöhe, wo erst der Abstieg beginnt. Dann heisst es weiter: "Und wie er näher kam - die Stadt erblickend - weinte er ..." (V. 41). Lukas stellte sich also die Szene des Weinens Jesu gerade oben auf der Passhöhe vor (auf *Abb. 2* also bei Nr 2) - und dies ist eine der klassischen Stellen, an welchen man in der Antike die Heilige Stadt plötz-

---

[14] D. BALDI, Enchiridion Locorum Sanctorum. Documenta S. Evangelii loca respicientia, Jerusalem 1955 (Ed. altera, aucta et emendata), Nr 668,1 *(fortan abgekürzt: ELS).*

[15] BALDI, ELS Nr 644,4 = 670,1.

[16] BALDI, ELS Nr 672,1 (übers. v. mir).

lich zu Gesicht bekam und deshalb seinen Gefühlen spontan Ausdruck verlieh.[17] Lukas braucht also den grossen glatten Stein des Felix FABRI nicht, um eine topographische Plausibilität für das Weinen Jesu zu schaffen! Er hat aus eigenem Wissen um die Topographie Jerusalems und / oder in Übernahme der Jerusalemer Tradition[18] selbstverständlich *den* plausiblen Ort gewählt und gerade dadurch eine kontrastreiche Szene geschaffen, die durch die späteren Lokalisierungen nurmehr verblassen konnte.

Lukas formuliert offensichtlich nicht selbst,[19] aber er hat ein Stück urchristlicher Jesusüberlieferung, das er hier unbedingt einbringen will. Und es ist ein starkes Stück ! Denn am Ort, wo alle beim plötzlichen Anblick der Stadt und des eben vollendeten Tempels in Bewunderung ausbrechen, da bricht dieser Jesus in Tränen aus. Das "Oh" und "Ah" der Besucher, das den Jerusalemern ein propagandistisches Anliegen sein musste, ist nicht seine Reaktion - er spricht "wehe" und weint dazu. Denn der "Prachtbau" des Tempels, so nennt ihn der Talmud (bSukka 51b),[20] ist für Jesus nur ein besonders schönes Stück Untergang innerhalb des schmerzlichen und weltgeschichtlichen Prozesses, den er unmittelbar vor sich - und vielleicht auch im Zusammenhang mit seinem Tod - ablaufen sieht.

Ein später rabbinischer Text erklärt den Namen Jerusalem volksetymologisch mit "sie möge Frieden sehen" *(jire'äh schalem)* (GenR 56,10 zu Gen 22,14)[21] - hier lässt Lukas seinen Propheten Jesus in einer fast intimen Momentaufnahme[22] weinend sagen: "Wenn doch auch du an diesem Tage erkannt hättest, was zum Frieden gehört ($\tau\grave{\alpha}$ $\pi\rho\grave{o}\varsigma$ $\epsilon\iota\rho\acute{\eta}\nu\eta\nu$). Jetzt aber bleibt es vor deinen Augen verborgen" (19,41f). In einem prophetischen Wortspiel - falls der Vergleich der beiden Texte erlaubt ist - charakterisiert Jesus die Wesensverkehrung, die an der "Stadt des Friedens" dadurch geschieht, dass sie "die Zeit ihrer Heimsuchung nicht erkannt hat" (V 44b).

---

[17] Vgl. JOSEPHUS, Bell 5,67; Ant 11,329 (zum Skopus). In Mk 13,1parr findet sich eine ähnliche Situation, jedoch direkt bei den monumentalen Steinen der Tempelmauer; vgl. THEISSEN, Soziologie des Urchristentums *(s. Anm. 4)* 151, Anm. 21.

[18] Vgl. M. HENGEL, Der Historiker Lukas und die Geographie Palästinas in der Apostelgeschichte: ZDPV 99, 1983, 147-183, bes. 160f.

[19] Vgl. J. JEREMIAS, Die Sprache des Lukasevangeliums. Redaktion und Tradition im Nicht-Markusstoff des dritten Evangeliums (KEK Sonderband), Göttingen 1980, 281f.

[20] GOLDSCHMIDT *(s. Anm. 10)* III, Haag 1933, 141, Zeile 18.

[21] M.A. MIRQIN, Midrasch Rabbah II, Tel Aviv 1971, 276; vgl. A. WÜNSCHE, Bibliotheca Rabbinica I/2, Leipzig 1881 (Nachdr. Hildesheim 1967) 270.

[22] Die drei anderen Evangelien hatten für einen solchen Text keinen Platz, da bei ihnen der Einzug Jesu ein grossartiges Ereignis unter Anwesenheit von "gewaltigen Volksmassen" (Mt 21,8 par Joh 12,12) ist. Lukas hingegen blendet diese messianische Volksszene aus. Nur die Jünger breiten die Kleider aus und nur sie rufen Jesus als König aus, nicht die Pilgermassen aus Jerusalem. [Die "Menge" ($\check{o}\chi\lambda o\varsigma$) in Vers 39 ist mit dem Apophthegma des Pharisäerrufes (39f) in die Szene hineingeraten, ohne eine eigene Funktion zu haben.] Dies ist eine bewusste redaktionelle Veränderung der Szenerie, um einen intimen Rahmen zu schaffen für die Szene vom Messias, der über seine Stadt weint.

Ersteht da die Gestalt Jesu durch den Einbezug einer topographischen Überlegung nicht in neuen scharfen Umrissen ? Wird nicht der historisch konkrete Prophet Jesu aus der Provinz, der - ähnlich wie seine prophetischen Vorläufer aus der Provinz: Amos aus Tekoa, Micha aus Moreschet-Gat, Urija aus Kirjat-Jearim und Jeremia aus Anatot[23] - die Hauptstadt mit einer vehementen kritischen Haltung angeht, jetzt in einer neuen Eindrücklichkeit erkennbar ? Der *Standort* Jesu verleiht jedenfalls seinen Worten eine ganz überraschende kritische Schärfe. Propheten wissen ja, *wo* man *was* zu sagen hat, wenn es einschlagen soll - auch wenn sie dabei das Leben riskieren ! Auch hier: Ein Blick auf die Füsse des Herrn erhellt die ganze Gestalt.[24]

Von dieser Heftigkeit des prophetischen Ursprungs her kann man auch die grausame Konsequenz verstehen, die schon das Urchristentum aus der Ablehnung Jesu für die Stadt Jerusalem gezogen hat, indem es dessen Untergangsworte mit dem Blick auf die erfolgte Eroberung der Stadt durch die Römer weiterführte:

> Es werden Tage über dich kommen, da werden deine Feinde einen Wall gegen dich aufwerfen und dich einschliessen und von allen Seiten bedrängen. Und sie werden dich dem Erdboden gleichmachen und deine Kinder in dir (zu Boden schmettern) und in dir keinen Stein auf dem andern lassen ... (Lk 19,43f).

Und es liegt eine tragische Ironie darin, dass an der lukanischen Stelle der Wehklage Jesu auch jener Belagerungswall der Römer durchging[25], der Jerusalem sein grausames Ende gebracht hat.

> Man kann das Bild vom weinenden Jesus auch als ein eindrückliches Stück narrativer Theologie zum Thema vom "gewaltsamen Geschick der Propheten" in Jerusalem verstehen,[26] das auch wieder nur Lukas in den präzisen Satz gefasst hat: "Es geht nicht an, dass ein Prophet ausserhalb Jerusalems umkommt" (Lk 13,33b). Ein anderer urchristlicher Text (aus der Quelle Q) formuliert dieses Thema aus:

---

[23] Vgl. KEEL / KÜCHLER / UEHLINGER *(s. Anm. 6)* I 202.204, Abb. 107; "Jesus ben Ananus" (JOSEPHUS, Bell 4,300ff) und der samaritanische Prophet aus dem Dorf Tirantha (Ant 18, 85-89) sind Nachläufer dieser Art (vgl. G. THEISSEN, Die Tempelweissagung Jesu. Prophetie im Spannungsfeld von Stadt und Land: ThZ 32, 1976, 146ff; = in: DERS., Soziologie des Urchristentums *[s. Anm. 4]* 145f).

[24] Aehnliche Überlegungen sind für die Rede Jesu über die endzeitlichen Ereignisse (Mk 13 par[r]) anzustellen, wo Jesus sich "auf dem Ölberg, dem Tempel gegenüber niederlässt" (V. 2) und dort seine Gerichtsworte über die Stadt und die Welt spricht. Der Aufweis ist aber komplexer und überschneidet sich zum Teil mit den Ausführungen des folgenden Abschnittes.

[25] JOSEPHUS, Bell 5,502-508 (vgl. Lk 19,43); in THE MACMILLAN BIBLE ATLAS, Jerusalem 1968, 135, Abb. 215, seltsamerweise mitten in den Westabhang gesetzt.

[26] Vgl. bes. O.H. STECK, Israel und das gewaltsame Geschick der Propheten. Untersuchungen zur Überlieferung des deuteronomistischen Geschichtsbildes im Alten Testament, Spätjudentum und Urchristentum (WMANT 23) Neukirchen 1967; auch F. CHRIST, Jesus Sophia. Die Sophia-Christologie bei den Synoptikern (ATANT 57) Zürich 1970, bes. 120-152; M. KÜCHLER, Frühjüdische Weisheitstraditionen. Zum Fortgang weisheitlichen Den-

Deshalb hat auch die Weisheit Gottes (*bei Mt:* Jesus) gesagt: Ich werde zu ihnen Propheten und Apostel senden, und sie werden von ihnen einige töten und verfolgen, damit das Blut aller Propheten, das seit Grundlegung der Welt vergossen wurde, von diesem Geschlecht gefordert werde, vom Blute Abels an bis zum Blute des Zacharias, der zwischen dem Altar und dem Tempelhaus umgebracht wurde. Ja, ich sage euch: Es wird von diesem Geschlecht gefordert werden. ... Jerusalem, Jerusalem, die du die Propheten tötest und die zu dir Gesandten steinigst, wie oft habe ich deine Kinder sammeln wollen, wie eine Henne ihre Brut unter ihre Flügel sammelt, und ihr habt nicht gewollt! Siehe, 'euer Haus wird euch (verödet) überlassen' (Jer 22,5) ... (Lk 11,49-51 + 13,34-35a = Mt 23,34-38).

Diese urchristliche Deutung der Geschichte Jerusalems ist sehr hart: Jerusalem fiel, weil seine Bewohner Jesus von Nazaret, in welchem die Prophetie des Alten Testaments zu ihrem entscheidenden Höhepunkt gekommen ist, nicht anerkannt, sondern ihn umgebracht haben. Die Tränen Jesu in unserer Szene oben auf dem Ölberg stehen als eindrückliches Bild für diese Interpretation.

3. DIE HIMMELFAHRT DES HERRN (LK 24,50-53; APG 1,9-13 [parrr])

Das dritte Beispiel weist nicht nur ein topographisches Problem auf (wie das zweite Beispiel), sondern sprengt den bis jetzt eingehaltenen Rahmen grundsätzlich, weil es sich einem im Neuen Testament erzählten Geschehen widmet, das der rein historischen Fragestellung schlechthin entzogen ist. Die Frage, die sich hier stellt, ist deshalb: Kann die topographische Spurensuche auch bei Texten etwas abwerfen, die einem historisch fixierenden *hic et olim* entgehen? Kann sie somit nicht nur bei der Deutung historischer Ereignisse (wie der Gefangennahme oder des Weinens Jesu über Jerusalem), sondern auch auf der Ebene theologischer Aussagen über Geschehnisse, die dem Historiker entzogen sind, hilfreich sein? Ist sie deshalb auch ein mögliches Mittel, die literarische und theologische Intention des biblischen Autors besser zu verstehen? Wenn nur etwas von diesen Fragen bejaht werden kann, führt dieses dritte Beispiel die ganze Fragestellung einen weiteren Schritt voran.

Der doppelte frühchristliche Topos

Das *heutige* oktogonale Heiligtum aus der Kreuzfahrerzeit liegt - etwas über 800m ü.M. - an der höchsten Stelle jenes Teils der Ölbergkette, der direkt gegenüber der Altstadt von Jerusalem liegt (*Abb. 2:* Nr 3b).[27] Aus der *Vita* des

---

kens im Bereich des frühjüdischen Jahweglaubens (OBO 26) Freiburg/CH, Göttingen 1979, bes. 556ff u.a.

[27] Das moslemische Heiligtum konnte bis heute archäologisch nicht eigentlich untersucht werden. Der Architekt C. SCHICK hat 1894 eine Bauaufnahme der über- und unterirdischen Strukturen erstellt, die den damaligen Zustand des vom Dorf eṭ-Ṭur belagerten Heiligtums wiedergibt: The Church of the Ascension on the Mount of Olives: PEQ 28, 1896, 310-327 (29, 1897, 114ff). F.-M. ABEL und H. VINCENT haben dann 1913 das Heiligtum im Innern vermessen und sind den Aussenmauern im Gewirr der umliegenden Keller und Räume nachgespürt: Jérusalem Nouvelle (Jérusalem. Recherches de topographie, d'archéologie et d'histoire II, Fasc. I et II), Paris 1914, 360-383. V. CORBO schliesslich konnte vom Besitz der Kusto-

Bischofs PETRUS des Iberers (um 500p) wissen wir, dass hier die "durch Abkunft und Reichtum berühmte, sehr ehrbare und gottesfürchtige" Römerin Poimenia erst gegen Ende des 4.Jh.p die runde "Kirche der Heiligen Himmelfahrt" errichtet hat[28]. Vorher bestand dort nur ein unbebautes "Hügelchen"(*monticulus*), das sich von der ganzen Bergkuppe sichtlich abhob[29] und auf dessen freier Fläche in der Osterzeit und an Pfingsten vielfache Zeremonien stattfanden.[30] Heute hat man diesen Eindruck nicht mehr, da die jahrhundertealte Geschichte des arabischen Dorfes *eṭ-Ṭur* und des Heiligtums das topographische Profil der Stelle abgeschliffen hat. Zudem beherrschen jetzt die beiden höheren Türme des Russischen Klosters (*Abb. 2:* Nr 4) und des Karmels bei der Eleona (Nr 5) den Gesamteindruck.

Der *erste* Ort, an welchem der Himmelfahrt des Herrn gedacht wurde, war jedoch die konstantinische Basilika mit dem Namen Eleona (*Abb. 2:* Nr 3a),[31] die nach EUSEBIUS von Cäsarea "*neben* dem Gipfel" (παρὰ κορυφήν) über einer "mystischen Grotte" der Jerusalemer Christen lag.[32] Den Grund sieht Eusebius darin, "dass bei der dort gezeigten Grotte auf dem Ölberg tatsächlich die Füsse des Herrn, unseres Erlösers gestanden haben" und dass "er von hier (ἐντεῦθεν) den Aufstieg in den Himmel gemacht hat".[33]

---

die aus ein kleines Stück der sw Aussenmauer des Heiligtums erreichen und einige s anschliessende Strukturen freilegen: Scavo archeologico a ridosso della Basilica dell'Ascensione (Gennaio-Ottobre 1959): Liber Annuus 10, 1959f, 205-248; = in: DERS., Ricerche archeologice al Monte degli Ulivi (Publications of the Studium Biblicum Franciscanum, Series Maior 16) Jerusalem 1965, 93-162. Die Griechen haben dann 1964 auf ihrem ö angrenzenden Terrain diese Ausgrabungen etwas erweitert (Ebd.).

28 Joh. RUFUS (?), *Vita* 30; dt. Übers.: R. RAABE, Petrus der Iberer. Ein Charakterbild zur Kirchen- und Sittengeschichte des 5.Jhd.s. Syrische Übersetzung einer um das Jahr 500 verfassten griechischen Biographie, Leipzig 1895, 35; vgl. BALDI, ELS Nr 615.

29 *Itinerarium Burdigalense* 595,6f (CCL 175, 1965, 18); dt. Übers.: H. DONNER, Pilgerfahrt ins Heilige Land. Die ältesten Berichte christlicher Palästinapilger (4.-7. Jahrhundert), Stuttgart 1979, 60.

30 ETHERIA, *Peregrinatio* 31,1; 35,4; 39,3; 40,1; 43,5f (CCL 175, 1965, 77.79.83f.85); dt. Übers.: K. VRETSKA, Die Pilgerreise der Ätheria, Klosterneuburg 1958, 215.223.237. 239.243ff.

31 Sie liegt jetzt im Hof des *Carmel du Pater*, z.T. unter einer unvollendeten Herz-Jesu-Basilika (vgl. RB 29, 1920, 267ff.606f). Nach den verschleppten (vgl. F. DE SAULCY, Voyage autour de la Mer Morte et dans les Terres Bibliques II, Paris 1853, 281f) oder beim Bau des Karmels gefundenen und wiederzugeschütteten (vgl. ABEL / VINCENT, Jérusalem Nouvelle (*s. Anm.* 27) 411f, Anm. 5) Zufallsfunden fanden systematische Ausgrabungen durch L. CRE und L. FEDERLIN (Oriens Christianus NS 1, 1911, 119-134.316-321) und H. VINCENT (RB 20, 1911, 219-265 = ABEL / VINCENT, Jérusalem Nouvelle (*s. Anm.* 27) 337-360, Pl. XXXIV-XXXIX) statt. - Einzig à jour: WILKINSON (*s. Anm.* 6) 118-122, Abb. 90ff.

32 *Vita Constantini* 43 (GCS Eusebius I 95 = BALDI, ELS Nr 605,2); dt. Übers.: J.M. PFÄTTISCH, in: BKV 9, Kempten und München 1913, 121.

33 *Demonstratio Evangelica* 6,18 (PG 22, 457 = BALDI, ELS Nr 604).

Der neutestamentliche Befund

Was kann man von den neutestamentlichen Texten her, die ja den Ausgangspunkt der liturgischen, ikonographischen und schliesslich auch architektoni-
schen Fixierung der Himmelfahrt Jesu darstellen, zu diesen beiden etwa 100m
auseinander liegenden Lokalisierungen auf der Anhöhe des Ölbergs sagen?[34] In
aller Kürze ein Überblick:

Die ältesten neutestamentlichen Texte, wie sie sich in der Briefliteratur vor
allem des PAULUS finden, sprechen stets von einem "Erhöht-Worden-Sein"
($\upsilon\psi\omega\theta\epsilon\iota\varsigma$) des Auferstandenen durch Gott, wobei ein mit der Auferweckung
direkt verbundenes geheimnisvolles Geschehen bezeichnet wird, das *keinen in-
nerweltlichen Ort* hat. "Auferweckung" und "Erhöhung" sagen da grundsätzlich
das gleiche Geheimnis der lebendigen Gegenwärtigkeit des Herrn aus, nur einmal zurückblickend auf den überwundenen Tod (mit dem Ausdruck "Auferweckung") und einmal vorwärtsblickend auf das endgültige "Sitzen zur Rechten Gottes" (mit dem Ausdruck "Erhöhung").[35]

Das MATTÄUS-EVANGELIUM schliesst mit einer eindrucksvollen Szene auf
"dem Berg" *in Galiläa*, auf welchem der Auferstandene erscheint, seine Voll-
macht proklamiert, den Jüngern den Missionsauftrag erteilt und - als Letztes -
seine hilfreiche Gegenwart zusichert: "Siehe, ich bin bei euch bis ans Ende der
Welt" (Mt 28,16-20). Eine "Himmelfahrt" fehlt, denn der erscheinende Herr erscheint vom Himmel her als *schon* Erhöhter.

Das JOHANNES-EVANGELIUM geht mit einer Reihe von Erzählungen zu Ende, in welchen die geheimnisvolle Gegenwart des gekreuzigten und ebenfalls
schon erhöhten Herrn zuerst in Jerusalem und dann *in Galiläa* dargestellt wird.

Im MARKUS-EVANGELIUM endlich, jedoch nur im zweiten Schluss (Mk
16,9-20), wird in 16,19 von einer leiblichen "Hinaufnahme" in den Himmel
gesprochen. Der extrem kurze Text, der fast nur aus alttestamentlichen Zitaten
besteht, lautet:

Nachdem der Herr Jesus zu ihnen geredet hatte,
wurde er 'hinaufgenommen in den Himmel' (= 4Kön 2,11LXX; 1Makk 2,58)
und 'setzte sich zur Rechten' Gottes (= Ps 110,1).

Dass diese Notiz - abgesehen von ihrer textkritischen Unsicherheit[36] - keinesfalls einen historischen Bericht darstellt, ist klar: Die Aufnahme Jesu ist
jeglicher Geographie enthoben (in Galiläa?, in Jerusalem?) und bleibt zeitlich

---

[34] Vgl. bes. G. LOHFINK, Die Himmelfahrt Jesu. Untersuchungen zu den Himmelfahrts-
und Erhöhungstexten bei Lukas (SANT 26) München 1971.

[35] Die biblischen Stellen sind: Apg 2,33; 5,31; 1Thess 1,9f; 1Kor 15,3-8; Röm 1,3f;
8,34; 14,9; Phil 2,6-11; Kol 3,1; Eph 1,19f; 2,5f; 4,8-10 (leicht abweichend: 1Petr 1,20f;
3,18f.21f).

[36] Vgl. B.M. METZGER, A Textual Commentary on the Greek New Testament, London,
New York 1971, 122-126.

unbestimmbar. Das "Hinaufgenommen-Werden" ($\dot{\alpha}\nu\epsilon\lambda\acute{\eta}\mu\phi\theta\eta$; im *passivum divinum*) und das "Sich-Setzen zur Rechten Gottes" sind doch nicht historisch verifizierbare Fakten. Und die titulare Bezeichnung Jesu als "der Herr" sowie der zweifache Beizug des Alten Testaments zeigen, dass der Text Mk 16,19 ein Stück urchristlicher Theologie, vielleicht sogar Katechese darstellt, mit welcher die Abwesenheit des Herrn und dessen in der Gemeinde und bei der Missionierung erfahrbare Mächtigkeit anfangshaft als Erzählung konkretisiert wurden.

Erst und einzig bei LUKAS fühlt man sich auf sogenanntem historischem Boden. Seine beiden Texte Lk 24,50-53 und Apg 1,9-13 erzählen eine wunderbare leibliche Entrückung Jesu, die zeitlich und örtlich genau fixiert und in die Geschichte der ersten Christen Jerusalems eingebettet ist. Die exegetische Analyse der Wörter und Sätze ergibt ohne Zweifel, dass beide Texte von Lukas sorgfältig formuliert und an ihren Ort, einmal am Ende des Lk-Ev. und einmal zu Beginn der Apostelgeschichte gesetzt worden sind.[37]

Lk 24,50-53	Apg 1,9-13
50 Er führte sie hinaus, *hinaus* [38] *bis* [39] *gegen Betanien* und erhob seine Hände und segnete sie.	*(40 Tage nach der Auferstehung; bei einer [Mahl-]Versammlung mit den Jüngern)*
51 Und es geschah, während er sie segnete, schied er von ihnen <und wurde hinaufgetragen in den Himmel>.[40]	9 Nachdem er dies(e letzten Worte) gesprochen hatte, wurde er emporgehoben vor ihren Blicken, und eine Wolke nahm ihn weg vor ihren Augen.
52 *Und sie* <, nachdem sie vor ihm niedergefallen waren,>[41]	10 Und wie sie unverwandt zum Himmel blickten, während er ging, da siehe, zwei Männer standen bei ihnen

[37] Vgl. JEREMIAS, Die Sprache des Lukasevangeliums *(s. Anm. 19)* 323: "keine Spuren der Tradition ... lukanische Komposition". - Da Lukas sich auch inhaltlich bei der Beschreibung der "Erhöhung des Herrn" als einem von einer überirdischen Macht bewerkstelligten Entrücken zum Himmel nicht auf andere alte *christliche* Traditionen vor ihm stützen konnte (denn es gab diese nicht), musste er seine Himmelfahrtsgeschichte in Anlehnung an die im griechisch-römischen Denken vorhandenen Wörter und Bilder gestalten. So übernahm er die bekannten Motive des Berges, der Wolke, der himmlischen Boten und des Niederfallens der Verehrer. In der Wortwahl blieb er allerdings vorsichtig selbständig, denn er teilt von den fünf Wörtern, die er für die Hinwegnahme gebrauchte ("hinauftragen, emporheben, hinwegnehmen, hinaufnehmen, (weg-)gehen"), gerade nur eines ($\dot{\alpha}\pi o\lambda\alpha\mu\beta\acute{\alpha}\nu\epsilon\iota\nu$, "hinwegnehmen") mit seinen Zeitgenossen (vgl. LOHFINK, Himmelfahrt *[s. Anm. 34]* 76).

[38] Fehlt in $\mathfrak{P}^{75}$ אBC*L1.33*pc* a.e sy[s.P].

[39] Fehlt in D lat.

[40] Fehlt in א*D it sy[s]; Text: $\mathfrak{P}^{75}$ rell.

[41] Fehlt in D it sy[s]; Text: $\mathfrak{P}^{75}$ rell. Ich schliesse mich mit der gleichen Vorsicht der text-

in weissen Gewändern. 11 Und sie
sprachen: Ihr galiläischen Männer, was
steht ihr da und schaut zum Himmel?
Dieser Jesus, der von euch weg zum
Himmel hinaufgenommen wurde,
gleich wird er kommen, wie ihr ihn
habt zum Himmel gehen sehen.

kehrten mit grosser Freude
nach Jerusalem zurück.

12 *Dann kehrten sie*
nach Jerusalem zurück
vom sogenannten 'Berg des Ölgartens',
der nahe bei Jerusalem liegt,
ein Sabbatweg entfernt.

53 Und sie waren die ganze Zeit
im Tempel und priesen Gott.

13 Und als sie hineinkamen, stiegen sie
in das Obergemach hinauf, in welchem sie
sich beständig aufhielten.

Lukas gibt in beiden Texten topographische Angaben (im synoptischen Text
kursiv gedruckt), die sein Bemühen bezeugen, die Himmelfahrt des Herrn
zweifach im Boden Palästinas zu verankern:

a) Im Bereich von Jerusalem

Lukas ignoriert die Galiläa-Tradition der anderen Evangelisten völlig: Sein
Evangelium läuft zielstrebig auf Jerusalem zu und muss in Jerusalem enden.
Ein Abschluss in Galiläa hätte seine theologische Geographie durcheinander
gebracht, denn - wie bekannt ist - läuft nach ihm die Geschichte (im Evangelium) von Galiläa nach Jerusalem und dann (in der Apg) von Jerusalem nach
Rom. Seine Himmelfahrtserzählung trennt die beiden grossen Etappen des
Christentums, die Zeit Jesu von der Zeit der Kirche, den Ursprungsbereich Palästina / Israel vom Feld der Mission, dem Römischen Imperium. So versteht
man sehr gut, weshalb die Himmelfahrt Christi bei Lukas nicht nur theologisch
als Erhöhung (wie in der ntl. Briefliteratur) oder auf einem typischen, der Geographie enthobenen Offenbarungs-"Berg" (wie bei Mt) in Galiläa stattfinden
konnte. Nur Jerusalem war bei Lukas der qualifizierte Ort für die Himmelfahrt
des Herrn.

b) An einem bestimmten Ort auf dem Ölberg

Die Himmelfahrt geschieht bei Lukas auf dem Ölberg, den er hier (für ihn
typisch) mit dem präzisen Namen Ἐλαίων der Lokaltradition (deshalb: "so-
genannt") bezeichnet. Für den der Topographie Jerusalems unkundigen Leser
fügt er sofort bei, dass dieser Ort nahe bei der Stadt liege. Jerusalem bleibt also
der umfassende geographische Begriff. Genau dies bezwecken auch die Ab-
schlusssätze, die sozusagen das Standlager der Christen im Innern der Stadt

kritischen Bewertung von NGrT Comm *(s. Anm. 36)* 189f an wie M.C. PARSON, A Chri-
stological Tendency in P[75]: JBL 105, 1986, 463-479, bes. 477.

angeben, und - da schmunzelt der Fachmann - die verschlüsselte Distanzangabe "ein Sabbatweg entfernt", denn ein Sabbatweg (2000 Ellen = ca 880m) "ist nach jüdischer Rechtsfiktion ja gerade die Negation einer echten Ortsveränderung"[42], durch welche die Sabbatruhe gebrochen würde. Auf diesem eindeutig und betont *jerusalemischen* "Ölbaumhain, -garten" scheidet der Auferstandene von seinen Jüngern.

Auch der genaue Ort des Abschieds ist noch angegeben. Der Auferstandene "geht hinaus, [hinaus/ausserhalb] bis gegen Betanien",[43] also bis zu jenem Punkt, wo der übliche Ölbergweg eindeutig "gegen Betanien" geht (*Abb. 2:* Nr 3). Lukas sagt trotz seiner guten Kenntnisse Jerusalems nirgends, dass Jesus und seine Jünger sich auf jenen noch im 4.Jh.p auffallenden *monticulus* begeben hätten, der ca 100m nördlicher lag. Er wählt nicht den idealen Ort auf der Spitze, sondern lässt den Auferstandenen sozusagen auf dem Weg zum trauten Ort seiner Bekannten in Betanien in den Himmel fahren. Und noch mehr: Es ist die gleiche Stelle, wo Jesus vor der Passion von Betanien herkommend über Jerusalem geweint hat (deshalb ist auf *Abb. 2* Nr 3 = Nr 2)!

Die weiterführende Frage bei unserer topographischen Spurensuche lautet deshalb: Weshalb hat Lukas (oder die Jerusalemer Tradition, die er referiert) die Himmelfahrt Jesu auf dem Ölberg und gerade an dieser Stelle auf dem Ölberg erzählerisch geschehen lassen ? Angeleitet von den beiden vorausgehenden Beispielen kann man annehmen, dass die Wahl des Ortes auch dieses Mal für das Geschehen bedeutsam ist. Dies lässt sich mit drei topographisch-theologischen Ueberlegungen aufweisen.

Die israelitische und frühjüdische Theologie des Topos

a) Der Ölberg war seit alters die Kulthöhe (bamah) von Jebus/Jerusalem.

In 2Sam 15,32 wird der Gipfel (*ro'sch*) des Ölbergs, den David auf der Flucht vor Abschalom erreicht, als Ort bezeichnet, "wo man sich *le-'elohim*, vor Elohim, (oder:) vor Göttern, (oder:) vor Götterbildern niederwirft". Offenbar war schon in vorisraelitischer Zeit die eine oder andere Kuppe des Ölbergs ein bevorzugter Kultort der Bevölkerung von Jebus/Jerusalem. Wegen ihrer Nähe zur Stadt waren die Kuppen des Ölbergs ja geradezu vorherbestimmt, die *bamah* Jerusalems zu sein.

Salomo konnte deshalb eine uralte Tradition in seine Dienste nehmen, wenn er auf dem südlichen Ausläufer des Ölberges, dem heutigen "Berg des Ärgernisses" oberhalb des arabischen Dorfes Silwan, für seine zahlreichen ausländischen Frauen Heiligtümer einrichtete:

---

[42] LOHFINK *(s. Anm. 34)* 207; vgl. G. SCHNEIDER, Die Apostelgeschichte I (HThKNT V/1) Freiburg, Basel, Wien 1980, 205.

[43] Die textkritische Situation *(s. Anm. 38-39)* zeigt klar, dass höchstens am redundanten ἔξω, nicht aber am ἕως πρός, das nur bei D lat fehlt, gezweifelt werden kann.

Damals baute Salomo für Kemosch, den Gott der Moabiter, eine Kulthöhe *(bamah)* auf dem Berg, der gegenüber *(ᶜal-pnej)* Jerusalems liegt; ebenso für Milkom, den Gott der Ammoniter. Dasselbe tat er für alle seine ausländischen Frauen, die ihren Göttern Rauch- und Schlachtopfer darbrachten (1Kön 11,7f).

Wie lange diese fremdländischen Heiligtümer mit ihren Opferpraktiken auf der Ölbergkette bestanden haben, ist ungewiss. Vielleicht hat auch Rechabeam, der Sohn und Nachfolger Salomos, für seine "lärmende Menge *(hamon)* von Frauen" (2Chron 11,23b) eine ähnliche Lösung des Kultproblems getroffen. In der Folgezeit mag die alte Tradition stets dann wieder lebendig geworden sein, wenn in Juda die Höhenheiligtümer zugelassen oder gefördert wurden, und mag zurückgedrängt worden sein, wenn religiöse Reformzeiten waren. So wird jedenfalls im Jahr 620a, beim grossen religiösen Reinemachen unter dem König Joschija, bei welchem (im Prinzip) alle Mischkulte im Tempel, in und um Jerusalem und besonders auf "den Höhen Judas" vertilgt wurden, berichtet, dass der Reformkönig

die Kulthöhe gegenüber von Jerusalem, südlich vom 'Berg des Verderbens' *(har ha-maschchit)*[44] entweihte, welche Salomo ... für Astarte, die Göttin der Sidonier, für Kemosch, den Götzen der Moabiter, und für Milkom, den Greuel der Ammoniter, erbaut hatte. Er zerbrach die Steinmale, hieb die Kultpfähle um und füllte ihre Stätten mit Menschenknochen (2Kön 23,13f).

Es gibt keine genügenden literarkritischen Gründe, diese "Kultreform" einfach als schlechthin unhistorisch zu bezeichnen.[45] Was immer genau an Fremdkulten geschah, die Ölberghöhe hatte sich jedenfalls während der fast 60-jährigen Regierungszeit der vorausgehenden Könige Manasse und Amon, die beide die Vermischung des JHWH-Kultes mit fremden Elementen zuliessen und förderten, als topographisch ideale und durch Salomos Bauten empfohlene Stätten angeboten.

Erst durch die Zerstörung der Stadt, das babylonische Exil und die anschliessende, völlig au den Tempel zentrierte Restauration hat der alte Gottesberg im Osten von Jerusalem seine Attraktivität für *fremde* Kulte für immer verloren. Seine Qualität als *bamah* für Jerusalem behielt er jedoch. Denn anstelle der Fremdgötter trat in den Visionen der Propheten der Exils- und Nachexilszeit auf dem Ölberg der *eigene* Gott Israels auf! Dies weisen die beiden folgenden Punkte auf.

---

[44] *Har ha-maschchit* ist eine Verballhornung des Namens *har ha-mischchah*, "Salbungs-berg", der in der Mischna öfters für den Ölberg gebraucht wird (z.B. Rosch ha-schanah 2,4; Middot 2,4); vgl. DALMAN, Jerusalem und sein Gelände *(s. Anm. 8)* 41; D. BARTHELEMY, Critique textuelle de l'Ancien Testament I (OBO 50/1) Fribourg/Suisse, Göttingen 1982, 419. Die Unterscheidung, die der ursprüngliche hebräische Text zwischen dem eigentlichen "Sal-bungsberg"mit seinem heiligen Gipfel im Norden und der südlichen Kulthöhe macht, die ja allein der alten Stadt "gegenüber" liegt, ist topographisch exakt.

[45] Vgl. E. WÜRTHWEIN, Die Bücher der Könige (ATD 11/2) Göttingen 1984, 460.

b) Der Ölberg war bei der Zerstörung Jerusalems der Ort, wo die aus der Stadt ausziehende "Herrlichkeit Gottes" stehen blieb (Ez 8-11).

Im Exil in "Chaldäa" hatte der Prophet Ezechiel ein visionäres Erlebnis, das dem Ölberg ein für die folgende Zeit grundlegendes theologische Gewicht gab. Er sah den Jerusalemer Tempel voller babylonischer und ägyptischer Götzenbilder und darin die Ältesten Israels, die mit ihrem Götzendienst den Zorn JHWHs reizten. Dann geschah in der Vision etwas, das alle traditionelle Statik des im Jerusalemer Tempel thronenden Gottes in Bewegung brachte: Die "herrliche Gegenwart Gottes" (der *kᵉbod 'elohim*) erhebt sich von den Kerubim, auf denen sie im *Allerheiligsten* thront, und bewegt sich zur *Schwelle* des Tempels (Ez 9,3;10,4). Dann erheben sich auch die mit Rädern und Flügeln versehenen Kerubim und die Herrlichkeit Gottes folgt ihnen, bis beide im Wechselspiel der Fortbewegungen "am Eingang des *Osttores* des Hauses JHWHs" ankommen (Ez 10,15.18f). Doch noch ist der Exodus Gottes nicht zu Ende, da dieser ausziehende Gott sein Volk "an der Grenze Israels richten wird" (Ez 11,11b). So heisst es weiter:

Da erhoben die Kerubim ihre Flügel. Die Räder bewegten sich zugleich mit den Kerubim und die Herrlichkeit des Gottes Israels war über ihnen. Und die Herrlichkeit JHWHs *stieg aus der Stadt hinauf und blieb auf dem Berg stehen (ᶜamad), der im Osten der Stadt liegt.*

Man stelle sich das Geschehen vor: Der *kᵉbod 'elohim* zieht vom Tempel zum Osttor, steigt von dort auf den Ölberg hinauf und - bleibt auf der Anhöhe stehen.[46] An dieser Stelle auf dem Weg über den Ölberg, von der aus man die ganze Stadt zu Gesicht bekommt (oder aus dem Gesicht verliert), verharrt Gott, während Tempel und Stadt der Unreinheit und Verwüstung preisgegeben werden. Diese Stelle ist deshalb in Ez 11,11b richtig als "Grenze" bezeichnet, "an welcher Gott Israel richtet". Eine Grenz-Stelle zwischen Stadt und Wüste, Heimat und Exil ist sie tatsächlich schon im rein topographischen Sinn. Und ist diese Stelle nicht erstaunlich die gleiche wie der Ort der Himmelfahrt Jesu bei Lukas ?

Doch der Ölberg war nicht nur der Ort, wo man seit je "vor Elohim niederfällt" und wo "die Herrlichkeit Gottes" am dramatischsten Moment der israelitischen Geschichte Jerusalems "Halt gemacht hat", er bekam bei den Propheten auch für die Endzeit eine grosse Wichtigkeit:

---

[46] Es ist keineswegs so, dass die Herrlichkeit JHWHs nach Babylonien ginge, um bei den Verbannten zu sein - wie man sich das gerne vorstellt. In rabbinischen Texten wird dieser Exodus Gottes aus dem Tempel weiter ausgestaltet: Die *Schechina* (= geheimnisvolle Gegenwart) Gottes macht zehnmal Halt, bis sie auf dem Ölberg ist, von dort geht sie in die Wüste und dann "an ihren Ort (im Himmel)" (bab. Rosch ha-schanah 31a; GOLDSCHMIDT (*s. Anm. 10*) III, Haag 1933, 385). Weiteres im Kommentar zum jüd.-arab. Jerusalemführer, Z. 28-33 (*u. S. 49.68ff*).

c) Der Ölberg ist in nachexilischer Zeit der Berg, auf welchen sich in der End-zeit der aus der Stadt ausziehende Gott als Retter und Richter stellen wird (Sacharja 14,3ff).

In nachexilischer Zeit, in welcher sich die Prophetie in die Apokalyptik wen-det, bekommt der Ölberg eine ähnliche, diesmal aber für die Israeliten positive Funktion: Wenn die Völker nämlich in einem letzten endzeitlichen Ansturm Jerusalem eingenommen und geplündert und die Hälfte der Bevölkerung depor-tiert haben, wird JHWH wieder (wie bei Ez) "(aus der Stadt) *hinausgehen*" (Sach 14,3). Dann heisst es:

14,4 *Seine Füsse werden* an jenem Tag *auf dem Ölberg stehen* (ᶜamad), *der im Osten ge-genüber von Jerusalem liegt.* Und spalten wird sich der Ölberg in der Mitte vom Auf-gang (der Sonne) zum Meer hin, sodass ein grosses Tal entsteht. Die eine Hälfte des Ber-ges weicht nach Norden, die andere nach Süden zurück.

(hebr. Text)	(griech. Text [LXX])
5 Und ihr werdet fliehen *(nastem)*	5 Und verstopft wird (ἐμφραχθήσεται)
(zum) 'Tal meiner Berge',	das 'Tal meiner Berge',
und es reicht das Tal	und es reicht das Tal
der Berge bis Azal.	der Berge bis Jasol.
Und ihr werdet fliehen *(nastem)*,	Und es wird verstopft (ἐμφραχθήσεται),
wie ihr floht *(nastem)*	wie es verstopft wurde (ἐνεφράγη)
vor dem Erdbeben	zur Zeit des Erdbebens
zur Zeit des Usija,	zur Zeit des Ozias,
des Königs von Juda.	des Königs von Juda.
Und es kommt JHWH Gott	Und es kommt der Kyrios, mein Gott,
(und) alle Heiligen mit ihm.	und alle Heiligen mit ihm.

Der Ölberg ist hier sozusagen zum strategischen Punkt geworden, von wel-chem aus JHWH/Kyrios diesmal nicht der Zerstörung seiner Stadt zuschaut (wie bei Ez), sondern aktivst die Vernichtung der Feinde Jerusalems betreibt. Gott steht da als monumentaler Kriegsheld auf dem Ölberg und schlägt ein Tal quer durch die nord-südlich verlaufende Ölbergkette, damit die Auserwählten schnell dem Unheil entgehen können, das über die feindlichen Völker herein-brechen wird. Dieses rettende Tal trägt den Namen *gej' harai*, "Tal meiner Ber-ge", da es das Tal ist, das zwischen den beiden von Gott aus dem Ölberg neu geschaffenen Gottesbergen durchläuft. Vielleicht ist dabei der unbekannte Ort Azal auch ein geheimnisvoller Name, der für die Eingeweihten den Ort der Rettung bezeichnen soll.[47]

Der Ölberg hat somit auch in Sach 14,3ff eine eminente heils- und unheilsge-schichtliche Bedeutung: Er bietet letzte Zuflucht für die Erwählten. Von ihm aus

---

47 SYMMACHUS liest *'Asal* als *'esäl*, "nebenan". Er stellt sich wohl vor, dass das Tal bis an die Stadtmauern Jerusalems hinanreichen wird und so eine schnelle Flucht ermöglicht. Nor-malerweise nimmt man aber an, dass der Ort Azal östlich des Ölbergs vorgestellt ist (vgl. DALMAN, Jerusalem und sein Gelände *(s. Anm. 8)* 51.151.162.259.388. Das südlich gelege-ne *Wadi Jasul* ist dafür ungeeignet (gegen O. ODELAIN / R. SEGUINEAU / F.J. SCHIERSE, Lexikon der biblischen Eigennamen, Düsseldorf, Neukirchen-Vluyn 1981, 161, *s.v.* Jasol).

kommt das definitive Gericht über die Völker, die gegen Jerusalem anstürmen. Dabei ist seine Anhöhe der Ort, wo Gottes "Füsse stehen werden", sozusagen der Stand-Punkt Gottes in der Endzeit. Hier ist jedoch kein genauerer Ort auf dem Grat des Ölberges mehr auszumachen, denn die endzeitliche Monumentalität JHWHs besetzt den ganzen Ölberg.

Die Präsenz dieses prophetischen Textes bis in die neutestamentliche Zeit zeigt sich auch in der vielfachen Neuinterpretation, welche er im frühen Judentum erlebt hat. Darauf kann hier nur stichworthaft verwiesen werden: Schon der oben synoptisch angeführte griechische Text von Sach 14,5 weist textliche Veränderungen auf, die die ganze Szene verändern. Er weicht in Vers 5 an drei Stellen ab, indem er *nastem*, "ihr werdet fliehen" (2. Pers. Plur. Qal von *nus*) stets als *nistam*, "er wird verschlossen" (3. Pers. Sing. Nifal von *satam*) liest und verdeutlichend mit ἐμφράσσειν, "verstopfen" übersetzt. Die griechischen Uebersetzer vermeiden dadurch die Vorstellung einer Flucht der Auserwählten durch ein wunderbar geschaffenes Tal; sie betonen aber umso mehr die Vorstellung von der Ausebnung der Täler in Jerusalem, sodass der auf dem Ölberg stehende Herr ohne Hindernisse in die Stadt "kommen" (Ende V. 5) kann. Die gewaltsame Veränderung der östlichen Topographie von Jerusalem durch Gott hat hier als ersten Zweck die Wegbereitung des Völkerrichters nach Jerusalem.

Auf sehr originelle Art verändert z.B. der aramäische Targum Jonatan zu Sach 14,3ff den Text, indem er die Teilung des Ölberges mit der Teilung des Roten Meeres parallel setzt:

3 Und JHWH *wird sich offenbaren* und wird Krieg führen gegen diese Völker, wie am Tag seines Kampfes *am Schilfmeer*. 4 An jenem Tag wird er sich *in seiner Macht offenbaren* auf dem Ölberg, der im Osten gegenüber von Jerusalem liegt. Und spalten wird sich der Ölberg in der Mitte, vom Osten zum Westen, (sodass entsteht) ein sehr grosses Tal. Eine Hälfte des Berges wird nach Norden gerissen, die andere Hälfte nach Süden. 5 Dann wird sich das 'Tal der Berge' *wieder schliessen*. So reicht es bis nach Azal; und ihr werdet fliehen, wie ihr geflohen seid vor dem Erdbeben, das in den Tagen Usijas stattfand, des Königs des Stammes des Hauses Juda. Und JHWH mein Gott *wird sich offenbaren* und alle Heiligen mit ihm.[48]

Die Offenbarung der Macht Gottes auf dem Ölberg und die Rettung der Auserwählten durch das von Gott eröffnete Flucht-Tal wird hier deutlich auf dem Hintergrund der Errettung des Volkes Israels aus der Hand des Pharao nach Ex 14f gezeichnet. Deshalb wird in Vers 3 der Zusatz "am Schilfmeer" in den Text gebracht, und deshalb wird in Vers 5 das zweite *nistam* gleich wie im griech. Text (s.o.) als Nifal von *satam* gelesen: "er wird sich (wieder) verschliessen". Da macht der Ölberg die gleichen wunderbaren Bewegungen des Sich-Öffnens für die Erwählten und des Sich-Schliessens vor deren Verfolgern wie das Schilfmeer![49]

---

[48] A. SPERBER, The Bible in Aramaic III, Leiden 1962, 497.

[49] Im gleichen Targum, aber zu Hld 8,5 wird die endzeitliche Spaltung des Ölberges dann in die Szenerie des Gerichts und der Totenerweckung am Ende der Zeiten eingebaut, welche ja

Dass man auch ganz anders mit dem prophetisch-apokalyptischen Text Sach 14,3ff umgehen kann, zeigt Flavius JOSEPHUS, Ant 9,225. Als Historiker benutzt er (fälschlicherweise) den biblischen Vergleich mit dem "Erdbeben zur Zeit des Usija", um das visionäre Geschehen des Sacharja als eine historische Realität der Zeit des Usija (um 760a) darzustellen. So erreicht er eine noch dramatischere Gestaltung jenes göttlichen Strafgerichtes an Usija, das in 2Chron 26,16-20 (nicht aber in der Parallele 2Kön 15,5) erzählt wird:

Während der König Usija, der sich die den Priestern vorbehaltene kultische Handlung der Beweihräucherung JHWHs anmasste, von einem himmlischen Lichtstrahl aussätzig gemacht wurde, "erschütterte ein gewaltiges Erdbeben die Erde ... und vor der Stadt, am Ort, der Ἐρώγη genannt wird, wurde die Hälfte des Berges, der gegen Westen liegt, abgebrochen. Sie rollte vier Stadien (= ca 800m), bis sie am östlichen Berg zum Stillstand kam, sodass sie die Wege und die königlichen Parkanlagen (mit Schutt) verstopfte (ἐμφραγῆναι)."

JOSEPHUS hat sich die Katastrophe als eine Verschiebung eines halben Berges von W nach O vorgestellt, doch ist nicht unmittelbar klar, von welchem Berg sich eine Hälfte zu welchem anderen Berg bewegt habe. Seitdem man aber bemerkt hat, dass der Name des sonst völlig unbekannten Ortes Ἐρώγη "vor der Stadt" eine verderbte Lesart von gej' harai, "Tal meiner Berge" aus Sach 14,5 ist,[50] lässt sich die Bergverschiebung des JOSEPHUS deutlicher verstehen: Ein Stück des Tempelberges brach gegen O hin ab und prallte auf den etwa vier Stadien entfernten Ölberg, sodass die im Kedrontal angelegten königlichen Gärten zerstört wurden - was ein zusätzliche Bestrafung des Königs darstellte!

Die neutestamentliche und christliche Theologie des Topos

Auch die lukanischen Himmelfahrtstexte gehören zu diesen spätbiblischen und frühjüdischen Ölbergdeutungen. Die ersten Christen Jerusalems kannten die heilsgeschichtliche Wichtigkeit des Ölberges aus eigener Tradition und Anschauung. Wenn Lukas aus dieser Tradition schöpft und die Himmelfahrt Jesu nicht nur irgendwo in Jerusalem, sondern auf dem Ölberg und gerade an einem bestimmten Ort auf dem Ölberg geschehen lässt, dann malt er diese Himmelfahrt mit jenen Koloriten, die ihm die Jerusalemer Tradition dafür liefert:

---

mit dem Tal Joschafat (= Kedrontal) und dem Hinnomtal verbunden war: "Salomon hat als Prophet gesagt: Wenn die Toten wieder aufleben, wird sich der Ölberg spalten und alle Toten Israels werden unterhalb von ihm hervorkommen. Und auch die Gerechten, die in der Verbannung gestorben sind, werden durch Höhlungen in der Erde kommen und unterhalb des Ölbergs hervorsteigen" (vgl. BILLERBECK [s. Anm. 10] I 840).

[50] A. SCHALIT, Namenwörterbuch zu Flavius Josephus (A Complete Concordance to Flavius Josephus, Supplement I) Leiden 1968, 45f: "Die griechische Bibel des Josephus dürfte bereits Ἐρώγη gelesen haben. Ursprünglich wird Γηερω oder ähnlich dagestanden haben. Die Korruptel ist durch eine einfache Metathesis entstanden." - Auch das Missverständnis der LXX mit dem hebr. Wort nus, "fliehen" macht JOSEPHUS mit, wenn er das griech. Wort ἐμφράσσειν, "verstopfen" gebraucht, um den Effekt der Bergverschiebung zu kennzeichnen.

1. Kolorit: Der Bereich der Himmelfahrt Jesu ist jener gleiche heilige Bereich, die Kulthöhe Jerusalems, auf welcher man nach 2Sam seit alters "vor Gott niederfiel".

Wenn Lukas in seinem Evangelium sagt, dass die Jünger vor dem "hinaufgetragenen" Herrn "niederfielen" und dabei das gleiche Wort προσκυνεῖν wie 2Sam gebraucht, so muss dieser Gestus im Sinne der alten Ortstradition verstanden werden! Der Einbezug des topographischen Lokalkolorits verleiht so der einfachen Aussage vom Niederwerfen der Jünger plötzlich christologische Relevanz: Wer ist dieser, vor dem man am gleichen Ort niederfällt, an welchem man seit je vor Elohim niederfiel?

2. Kolorit: Der Bereich der Himmelfahrt Jesu ist jener gleiche Bereich, in welchem nach Sacharja in der Endzeit "die Füsse JHWHs stehen werden", des eschatologischen Richters und Retters.

Wenn Lukas in seiner Apostelgeschichte sagt, dass "dieser Jesus ... gleich kommen wird, wie ihr ihn habt zum Himmel gehen sehen", dann muss auch diese Aussage erst einmal im Licht der prophetischen Verheissung vom eschatologischen Stehen des Kyrios auf dem Ölberg verstanden werden. Und wieder kann man fragen: Wer ist dieser, der an jenem Ort wiederkommt, an welchem der Gott Israels zur Rettung seiner Stadt und seines Volkes auftreten wird? - Wir wissen, dass noch KYRILL von Jerusalem in der Mitte des 4.Jh.p die Wiederkunft Christi auf dem Ölberg erwartete![51]

3. Kolorit: Innerhalb dieses rückwärts und vorwärts so heils- und unheilsbefrachteten Bereiches des Ölberges ist die Stelle der Himmelfahrt Jesu jene gleiche Stelle, an welcher nach Ezechiel die "Herrlichkeit Gottes" "stehen blieb" und von seiner untreuen, schon bald zerstörten Stadt trauernd Abschied nahm.

Wenn Lukas nun den Ort der Himmelfahrt mit dem Ort des Weinens Jesu identifiziert, an welchem der Stadt, die die Zeit ihrer Heimsuchung nicht erkannt hat, der Untergang zugerufen wird, so stellt er einen ganz deutlichen Bezug zwischen der Herrlichkeit JHWHs und dem Auferstandenen und deren beider Abschied von der bald schon zerstörten Stadt her. Auch hier ist durch den Einbezug des topographischen Lokalkolorits die Frage "Wer ist dieser?" unausbleiblich. - Wir wissen, dass das Urchristentum seit Lukas den zweiten grossen Untergang Jerusalems im Jahr 70 n.Chr. in engste Verbindung mit der Abweisung ihres Herrn durch die Jerusalemer gesetzt hat.

EUSEBIUS von Cäsarea, der ja den Titel für diese Ausführungen geliefert hat, fasst die genannten Aspekte treffend zusammen: Nach ihm ging man in den ersten Jh.n.Chr. nicht nach Jerusalem, um *Freudenfeste* in der Stadt zu feiern oder Gott *dort* anzubeten. Man zog vielmehr dahin, um

---

[51] Katechesen 15,21 (BKV 41, München 1922, 276 [Ph. HÄUSER).

34

wegen der Geschichtlichkeit der prophetiegemässen Zerstörung und Verödung Jerusalems und wegen des Niederfallens (προσκύνησις) auf dem Ölberg gegenüber von Jerusalem zu verweilen, wo die Herrlichkeit Gottes stehen blieb, nachdem sie die frühere Stadt verlassen hatte.[52]

Was wir in mühsamer Analyse der Himmelfahrtstexte aufgrund topographischer Ueberlegungen erarbeitet haben, berichtet hier EUSEBIUS als selbstverständliche Praxis und Tradition der christlichen Jerusalempilger. Dies bestätigt jedoch einerseits nur die Richtigkeit unserer Ueberlegungen. Anderseits weist es darauf hin, dass der Einbezug der Topographie in die Exegese stets noch am besten geschieht, wenn man selbst an den Topos geht!

*

Drei Beispiele haben versucht, das zu Beginn aufgestellte Programm zu illustrieren: Die Füsse des Herrn und die Steine Palästinas so miteinander zu verbinden, dass daraus die Gesamtgestalt des Herrn stärker, reicher, konkreter hervorkommt. Die topographische Spurensuche konnte diesen Jesus nicht nur als freiwilligen Martyrer (in Getsemani) und unbeirrt kritischen Propheten (beim lukanischen *Dominus Flevit*) aufweisen, sondern konnte ihm auch in jene Welt der Auferstehung und Erhöhung (bei der lukanischen Himmelfahrtsstelle) folgen, die der Historiographie entzogen ist. Die in Gemeinde und Geschichte entdeckbare Mächtigkeit des zu Gott erhöhten abwesenden Kyrios konnten in der Jerusalemer Ortstradition in ganz alten und doch für uns neuen Farben gezeichnet werden. Ganz alt, weil es der Jerusalemer Lokalkolorit ist, neu jedoch für uns, weil wir diesen Lokalkolorit erst wieder er-kennen müssen.

Es bleibt dabei: Die "Füsse des Herrn", also dieser unterste Bereich seiner Gesamtwirklichkeit, sind sicher ein bescheidenes Objekt einer theologischen Disziplin. Lokalkolorit-Forschung an biblischen Texten in diesem Sinn ist "primär am Konkreten, Begrenzten und Einzelnen interessiert". Erst in zweiter Linie kann sie auch, wenn sie von mehreren und intensiv betrieben wird, einen Beitrag zu grösseren synthetischen Entwürfen bieten. "Auch wenn sie keine neue 'Theologie' begründen will, so gibt es doch keinen Grund, sie mit theologischen Gründen abzuwerten: Nach urchristlichem Zeugnis hat Gott in Jesus selbst jüdisch-palästinisches Lokalkolorit angenommen."[53] In die-

Abb. 3

sem Sinn ist der Platz des Exegeten "zu Füssen des Herrn" (vgl. *Abb. 3*) tatsächlich ein zentraler Ort christlicher Theologie.

Abbildungsverzeichnis

Abb. 1: Die Königssandalen Tutanchamuns mit eingravierten Feinden. Aus: G. RÜHLMANN, "Deine Feinde fallen unter deine Sohlen." Bemerkungen zu einem altorientalischen Machtsymbol: Wissenschaftliche Zeitschrift der Universität Halle 20, 1971, 74, Abb. 21 [= KEEL, Symbolik des Fusses *(s. Anm. 1)* Abb. 5].

Abb. 2: Der heutige Ölberg. Zeichnung von Brian LALOR, in: G. SHAMIS / D. SHALEM, The Jerusalem Guide, London, Jerusalem 1973, 116f (überarbeitet).

Abb. 3: Spätägyptische Bronze, die einen winzigen Diener zu Füssen der Göttin Sachmet zeigt. Aus: O. KEEL, Jahwe-Visionen und Siegelkunst. Eine neue Deutung der Majestätsschilderungen in Jes 6, Ez 1 und 10 und Sach 4 (SBS 84/85) Stuttgart 1977, 36, Abb. 19 [= KEEL, Symbolik des Fusses *(s. Anm. 1)* Abb. 8].

---

* Überarbeitete Version des Habilitationsvortrags, gehalten am 14. Jan. 1987 an der Theologischen Fakultät der Universität Freiburg/CH.

---

52 *Demonstratio Evangelica* 6,18 (PG 22, 457 = BALDI, ELS 604).

53 G. THEISSEN, Lokalkoloritforschung in den Evangelien: EvTh 45/6 [Zugänge zur Bibel], 1985, 481-499, zit. 499 [erscheint in überarbeiteter Form in: DERS., Lokal- und Sozialkolorit in den Synoptischen Evangelien (NTOA 7) Freiburg/CH, Göttingen 1988.

LE PLUS ANCIEN GUIDE JUIF DE JERUSALEM

DER ÄLTESTE JÜDISCHE JERUSALEM-FÜHRER

Library of the University of Cambridge.
T.-S. Fragments (arabic) 53. Dr. Hirschfeld Selection No. 2

Fac-similé et transcription		Faksimile und Transkription
Traduction française		Deutsche Übersetzung
Commentaire (français)	J. BRASLAVI	(Französischer) Kommentar

Saleh-Joseph ALOBAIDI / Yohanan GOLDMAN / Max KÜCHLER

Bei der Aufarbeitung der schriftlichen Quellen für eine Beschreibung der biblischen Traditionen, topographischen Gegebenheiten und antiken Monumente der Stadt Jerusalem[1] fand ich bei den israelischen Autoren Moshe GIL, Avraham GROSSMAN; Shmuel SAFRAI und Haggai BEN SHAMMAI[2] Hinweise auf Texte aus der Kairoer Geniza, die in unserer gängigen europäischen Palästina-Literatur schlechthin nirgends aufscheinen. Neben den Briefen und administrativen Dokumenten des palästinischen Gaonates und den Bibelkommentaren, Briefen, Gesetzestexten, Traktaten u.a. der karaitischen Autoritäten[3] stach mir natürlich (s. Anm. 1) vor allem der Verweis auf einen jüdisch-arabischen "Jerusalem-Führer aus der Kairoer Geniza" aus dem 10.Jh.p in die Augen.

---

[1] Für Band IV, JERUSALEM, von: KEEL Othmar / KÜCHLER Max, Orte und Landschaften der Bibel. Ein Handbuch und Studienreiseführer zum Heiligen Land, 2 Bde (bis jetzt), Zürich, Göttingen, I (zusätzlich: UEHLINGER Christoph): 1984, 751 S.; 180 Abb.; II: 1982, XXII+ 997 S.; 671 Abb.

[2] Alle in: THE JERUSALEM CATHEDRA (Studies in the History, Archaeology, Geography and Ethnography of the Land of Israel 3), Jerusalem, Detroit 1982, 162-191: Papers zum Symposium "Relationship between the Diaspora and the Land of Israel under Arab Rule".

[3] Vgl. MANN Jacob, The Jews in Egypt and in Palestine under the Fatimid Caliphs. A Contribution to their political and communal History based chiefly on Genizah material hitherto unpublished / and A Second Supplement to The Jews ... Preface and Readers Guide by Shelomo D. GOITEIN, 2 Bde in 1 Bd [Nachdruck], New York 1970, XXXVII+280+484 S. (Erstdruck: Oxford 1920+1922); DERS., Texts and Studies in Jewish History and Literature. Introduction by Gerson D. COHEN, 2 Bde, New York 1931 (Nachdr. [Ktav] New York 1972), I: XCIX+728 S., 27 Facs.; II: XXIII+1600 S., 4 Facs. [bes. I 307-356: Palestinian Affairs in the 11th Century; II 3-283: The Karaite Settlement in Palestine (till the First Crusade)].

Die Wallfahrt in die Heilige Stadt war zwar ein ganz altes religiöses Institut des israelitischen Volkes (vgl. Ex 23,14-17; Dtn 16,1-17), das die Bevölkerung des Landes mit ihrem religiösen Zentrum verband. Sie wurde aber erst mit der Diaspora zu jenem stets wiederkehrenden Ereignis, das auch die Juden jenseits der nationalen Grenzen (vgl. Apg 2,5-11) betraf und den Tempel von Jerusalem zum jüdischen Zentrum der Welt machte.[4] Auch nach der Zerstörung des zweiten Tempels, als die christlichen oder arabischen Beherrscher den Aufenthalt schwer, demütigend und lebensgefährlich machten, riss diese Verbindung nie ganz ab. Wie viele Texte aus der jüdischen Literatur zu erkennen geben, entwickelte sich gerade in dieser Zeit neben der zeitlich befristeten Wallfahrt auch das "Hinaufziehen" nach Jerusalem mit der Absicht, dort wieder sesshaft zu werden.[5]

Trotz des Wissens um diese Kontinuität kannten wir bis jetzt eine eigentliche jüdische Itinerarienliteratur erst seit dem 12.Jh.p. Sie beginnt mit den drei bekannten Rabbinern BENJAMIN von Tudela, PETACHJA von Regensburg und JAKOB BEN R. NATHANAEL HA-COHEN (aus Deutschland?)[6] und setzt sich in den sechs Texten aus dem 13.-17.Jh.p fort, die E. CARMOLY als Sammlung in französischer Sprache herausgegeben hat: SAMUEL BAR SIMSON (1210p), JAKOB von Paris (1258p), ISAAK CHELO (1334p), ELIJA von Ferrara (1438), GERSON von Scarmela (1571p), URI von Biel (1564p) und SAMUEL JEMSEL (1641p).[7] Mit dem "Jerusalem-Führer" aus Kairo war jedoch ein Text entdeckt worden, der aus der Zeit *vor* den Kreuzfahrern stammt, als die Zustände für die jüdischen (orthodoxen und karaitischen) Gemeinschaften in Jerusalem und Palästina also noch wesentlich anders waren.

Die Tatsache, dass dieses Dokument in unseren Breitengraden völlig unbekannt und ungenutzt blieb, obwohl es äusserst interessante Angaben zum Tempelplatz, zu den Gräbern des Kedrontales, zum Ölberg und zum Hinnomtal aufweist, lässt sich wohl nur dadurch erklären, dass es sprachlich schwer zugänglich ist. Als jüdisch-arabischer Text ist es ist zwar in hebräischen Lettern geschrieben, aber in arabischer, mit Hebräisch durchsetzter Sprache verfasst. Dazu kommt, dass es nur die neuhebräische Übersetzung des Textes von J.

---

[4] Vgl. SAFRAI Shmuel, Die Wallfahrt im Zeitalter des Zweiten Tempels (Übersetzung und Redaktion v. Dafne MACH) (Forschungen zum jüdisch-christlichen Dialog 3) Neukirchen-Vluyn 1984, VIII+331 S.

[5] Vgl. z.B. KANARFOGEL Ephraim, The ʿAliyah of "Three Hundred Rabbis" in 1211: Tosafist attitudes toward settling in the Land of Israel: JQR 36, 1986, 191-215.

[6] Alles dazu bei LEVANON Yosef, The Jewish Travellers in the Twelfth Century, Boston 1980, X+421 S.

[7] CARMOLY E., Itinéraires de la Terre Sainte des XIIIe, XIVe, XVe, XVIe et XVIIe siècle, traduits de l'hebreu, et accompagnés de tables, de cartes et d'éclaircissements, Bruxelles 1847, XXIV+572 S., bes. 113-572.

BRASLAVI gibt (diese jedoch seit 23 Jahren!),[8] dessen ausführlicher Kommentar in Neuhebräisch wiederum nur sehr wenigen Europäern nicht-jüdischer Bildung zugänglich ist.

Die Neugierde, diesen seltsamen verkannten Text kennenzulernen, und der Wunsch, ihn weiteren Kreisen zugänglich zu machen, sind Mutter und Vater des folgenden Beitrages. In den unabsehbaren Schätzen der Bibliothek von Prof. Dominique BARTHELEMY fand sich tatsächlich ein Mikrofilm des kostbaren Textes. Mein arabisch sprechender Kollege Saleh-Joseph ALOBAIDI, der Tag und Nacht über die Bibelkommentare der Jerusalemer Karaiten Yefet ben Ali und Salmon ben Jerucham gebeugt ist, übersetzte mit leichter Zunge das Jüdisch-Arabische des Jerusalem-Führers ins Französische, während mein anderer Kollege Yohanan GOLDMAN, der sowohl in der "heiligen Sprache" wie in der "langue de la culture" daheim ist, sich den substantiellen Beitrag von J. BRASLAVI vornahm und ins Französische wendete. Prof. Adrian SCHENKER bot schliesslich letzte Zuflucht in allen übrigbleibenden Zweifeln und half zu den bestmöglichen Entscheidungen am Text. Ich selbst brauchte die Talente des Biblischen Instituts sozusagen nur topographisch und archäologisch etwas zu bündeln. Im Hinblick auf das Interesse, das der Text auch im deutschsprachigen Raum antreffen kann und möge, habe ich eine deutsche Übersetzung des "Jerusalem-Führers" beigefügt.

M.K.

---

8 A Guide of Jerusalem from the Cairo Geniza: ErIs 7 [L.A. MAYER Memorial Volume (1895-1959)], 1964, 69-80 (hebr.).168*f (engl. Zsfg.), Pl. 15f.

I.

FAC-SIMILE
ET TRANSCRIPTION

FAKSIMILE
UND TRANSKRIPTION

Feuille 1, recto

Blatt 1, recto

פהדא אלחד בקי מנّד בנאה [ ] [ותّד]	1
שערי חלדה ואלערב יסמונהא [ ] [שלנّה]	2
אבואב אלנ[בי] ופי דאכ[ ] [ ] חגר יסמונה אלשמסה ותם עמוד	3
פי וסّ אלאקבא אלתי תחמל פי וסّ אלמסגّד אלדי ירגזו פיה ישמעאל	4
דורה נّّ שברא ודלך אלמוّצע יסמונה אלאבו[אב אל] משנה והיא	5
[יו]שכת בירושלם במשנה ואלאבואב פי אל[חא]יّט אלקבליה יקאל	6
[לה]ם אבואב אלאכמאס ודאר אלאכّמ[אס בי]ן ידיהם והי תסמא	7
חצר בת [ ] [ ] ואלאכר יקאל לה בלّסאן אלאבא שער המים	8
ושער השיר ושער הנשים ואלרכן אלמّّל עלי נחל קדّרון [ ] [ ]	9
קרן העופל ותחת [ ] ואד גהנם והו עין אלשרק ופי אלחא[יّّ אל]	10
שרקי אליה [ב]אבין [יק]אל להם באבין אלרחמה ואסמהא ש[ער]	11
[ני]ק[ּ]ור [ ] כהן גדול מטהר את הזבים ואת הזבות [ואת]	12
מצורע ומשקה את הסוטה וכאן פי אלקדים תّם באב	13
יסמי שער המזרחי וברוב העונות צאר אליום מי צא[ ] [	14
ואלקّّר ופי הדא אלחד הר הזיתים יّّלע אליה אّול טלו[ע]	15
יד אבשלום מבניה מדורה ועלוהא דקיק עלי מתל קמקם	16
אלב[יّת] וّّאה ולדלך יסמונה אלערב אלקמקם ואלّّריק ללקבّור	17
קבר [ארנ]ן היבוסי והו חגר ואחד ואלחיّّّאן במא תדור ّّّّّّول	18
כّ ד[ראע] פי ערّّ יّّ וסמّך פמן חגר ואחד יתّّל איّّא מא גּארה	19
מّ[ן] חגר וא[חّ]ד סקפהא וספלהא וחיّّّّّאנהא ועמּדה [ ] [	20

* Les crochets signalent soit des lacunes soit une partie de texte illisible.

Feuille 1, recto

Feuille 1, verso

Feuille 1, verso

[	[מן] חנר ואחד ועליהא [	21
[	כניסת יעקב אכו אלגסי[ח	22
[ת]ה[ת [ ] מואב	אלכנאיס אלדי בנאהא ש[למה	23
[אבא אן דלך אלמוצע	ונאנבהא נכלה נאבתה [	24
	יואזי שער גיהנם ועלי מא קאל כי שם אשב לשפט	25
]ארה אלטריק כניסה אכרי הי אלדי	את כל הגוים וע[	26
[כמוש תועבת בני עמון	בנא שלמה איצّ[	27
	תטלע אלי הר הזיתים פי חנר טולה ' אדרע פי ערץֿ	28
]הו מנצוב	דראעין פי סמך דראעין הו כרסי הר[	29
[אל]מוצע אן וקף אלכבוד ג̇ סנין ונ[צף פי] הר הזיתים אלי		30
[מאכ]רבת ירושלם עלי מא קאל ויע[ל כ]בוד יי מעל תוך		31
[העיר ויעמד] על ההר אשר מקדם לעיר ו[ ]תֿם יעוד		32
] עמדו רגליו ביום ההוא על הר הזיתים וג[ו]		33
ג]בל זֿ צהאריג ואתנין ותלתין אצל זיתון		34
[דרג עדדה שֿצֿה דרגה שֿסֿה עדד		35
[ ] אלסנה אלשמסיה ותלתין ללשהר אלזאיד אדר		36
שני [ואלערב] יסמונה דרג אלסנה ואסמהא מעל[ה]		37
הזיתים עלי מא קאל ודויד עולה במעלה הזיתים		38
עולה ובוכה ופי [א]כר הדא אלדרג קצר ע[זיה]		39
] בית החפ[שי]ת ואלערלים		40

Feuille 2, recto

Blatt 2, recto

[	]	
[	]	
[	]	
[	]	
[	]	
[	]	
[פלמא גאר	]	41'
[בלחיל	]	42'
[אדא גאת אל	]	43'
[עטים אלי סיל	]וק [אשתיה יפיר אל	44'
[יס]מא עין רוגל	ג שהור או אקל [	45'
[די כאן יעבירו את בניהם	ותחתה פי חד אלגבל [	46'
אנם] קאים מן הגארה	ואת בנותיהם באש והו [	47'
ועליה ז ביות ואחד דאכ[ל] ואחד ותחת אלצורה גורן		48'
יי] יעקר עבודה זרה	ויסיל מן תרי אלצור[ה	49'
מארצנו ואלגוים [יסמנה] דיר אלסני[ ] ותצעד צאעד		50'
פי טהר אלגבל אלי ציון תתנחם במהרה ותם טריק אלמא		51'
אלדי אדכל יחזקיהו אלי אלבלד קנאה אלמרניע עלי מא		52'
קאל ו]א[שר עשה את הברכה ואת התעלה ויבא את		53'
המים העירה ואמר הדה אלקנאה עגיב תסיר אכתר		54'
[בית אלמ]ה [ ] מן אלף מיל ו]אל[טריק מן אצל [	55'

Feuille 2, recto

Blatt 2, recto

Feuille 2, verso

Feuille 2, verso

[	]	
[	]	
[	]	
[	]	
[	]	
[	]	
[	מ[ס]גד[ ]	56'
[	]	57'
[	וקבר [יו]סף]	58'
[ת] [ג] [ן קב א]	ג]רבי ל]	59'
אב ע̇אלס ועליה]	אל׳ [ ] אר] קד]	60'
א]פה ופי בית	כאן נאלס ת]	61'
[שת די] [י ות̇ם]	לחם כניס]	62'
צ]ור [	ע] [פי בית לחם והו]	63'
לך ה]ו[	בית לחם]	64'
ונסב חומה]	ואסא]	65'
קבר רחל] [	ומגדלים דלתים] וב] [	66'
ב]ית אלמקדס [מ]ן ג̇רבי בית אל	בעוד כברת ארץ]	67'
אל] [ה פיה]א נ̇ב [	מקדס עלי] [אלבית]ה [	68'
[ברכה מ]ן [ור	מ]ז]לאין]	69'
[	]	70'
[ ]	]	71'

II [a]. DEUTSCHE ÜBERSETZUNG

[Blatt 1, recto] **1** [...] und diese Seite (des Tempels) ist geblieben, seitdem sie gebaut hat **2** Salomon. [...] TORE HULDAS, und die Araber nennen sie **3** die TORE DES PRO[PHETEN]. In deren Inne[ren] (befindet sich) ein Stein. Sie nennen ihn SONNE(NFORM)[1], und da eine Säule **4** in der Mitte der Gewölbe, die in der Mitte der Moschee (diese) tragen[2], in welcher Ismael sich ereifert[3]. **5** Ihr Umfang (der Säule) ist 52 Spannen. Und diesen Ort nennen sie die TOR[E DER] MISCHNE. *Und sie (Hulda)* **6** *[wo]hnte in Jerusalem in der Mischne.*[4]

Und die Tore in der südlichen [Mau]er nennt man **7** die TORE DES ACHMAS. Und das HAUS DES ACHM[AS (befindet sich) da]vor und heisst **8** HOF DER BAT[...][5]. Und das andere (Tor) nennt man in der Sprache der Väter WASSERTOR **9** und LIEDTOR und FRAUENTOR.

Und die Ecke (des Tempels), die das Kedrontal beherrscht [...] **10** (heisst) QEREN HA-OFEL.

Und unten [...] Gehinnom-Tal, und dies ist die QUELLE DES OSTENS.

Und in der Mau[er, der] **11** östlichen (des Tempels), sind zwei [T]ore. [Man nen]nt sie DIE BEIDEN TORE DER BARMHERZIGKEIT und ihr Name ist T[OR] **12** DES [NI]KAN[OR...] *reinigte der Hohepriester die Männer mit Ausfluss und die Frauen mit Ausfluss [und]* **13** *den Aussätzigen und gibt der des Ehebruchs verdächtigen Frau (das Fluchwasser) zu trinken.*[6]

Und in alter Zeit war dort ein Tor, **14** genannt OSTTOR, und wegen der Menge der Sünden ist es heute geworden zum Wasser der [...] **15** und des Schmutzes.

Und auf dieser Seite (liegt) der ÖLBERG, auf welchen man steigt.

Am Anfang des Aufstie[ges] **16** (ist der) JAD ABSCHALOM, ein Rundbau mit schlanker Spitze wie eine 'Kochtopf' **17** im Ha[us] und dessen Deckel; und deshalb nennen ihn die Araber QAMQAM[7].

Und (auf) dem Weg zu den Gräbern (befindet sich) **18** das GRAB [ARNA]NS DES JEBUSITERS. Und es ist aus einem einzige Stein und seine Aussenmauern (haben) eine Länge von **19** 20 El[len] und eine Breite von 12 (Ellen) und eine

---

1 Sonnenförmiges Ornament, vgl. R. DOZY, Supplément aux Dictionnaires Arabes I, Paris 1927, 786.

2 oder: "die ... trägt" (Sing.), auf die Säule bezogen, doch ist "Säule" in der Zeile 5 maskulin.

3 Leicht despektierliche Beschreibung des Gebetsgestus der Moslems.

4 Hebräisches Zitat von 2Kön 22,14 = 2Chron 34,22).

5 Konjektur: BAT[SCHEBA]; s. BRASLAVI, *u. S. 58.*

6 Hebräisches Zitat aus dem Gedächtnis von mSota I,5 und mKeritot II,1; vgl. Num 5,18.

7 Kochtopf (für Tee oder Kaffee) mit weitem Bauch und langem, schmalem Hals.

(gleiche) Dicke. Aus einem einzigen Stein ist verbunden mit ihm jenes (Grab), das ihm zur Seite ist. 20 Au[s einem einzigen Ste]in (sind) dessen Decke, dessen Boden, dessen Mauern und dessen Säulen. [Alles] [Blatt 1, verso] 21 [aus einem ein]zigen Stein.

Und darüber [...] 22 die KIRCHE DES JAKOBUS, DES BRUDERS DES MESSI-[AS ...].

23 Die Heiligtümer, die Sa[lomon] gebaut hat [...] un[t]er [...] Moab. 24 Und an deren Seite steht ein Palmbaum gepflanzt. [...] Väter. Dieser Ort (ist) 25 gegenüber dem Tor des Gehinnom ist, so wie gesagt ist: *denn dort will ich zu Gericht sitzen* 26 *über alle Völker*[8]. Und l[inks] der Strasse, ein anderes Heiligtum, das ist jenes, das 27 Salomon gebaut hat au[ch ...] *für Kemosch, den Abscheu der Söhne Ammons*[9].

28 Du steigst zum ÖLBERG hin, auf einen Stein von 10 Ellen Länge, von einer Breite von 29 2 Ellen und einer Dicke von 2 Ellen. Das ist der Sitz des [...][10]. Und errichtet ist 30 [der] Ort, wo die Herrlichkeit dreiein[halb] Jahre auf dem Ölberg gestanden hat, bis dass 31 Jerusalem [zer]stört war, so wie gesagt ist: *Und es stieg em[por die He]rrlichkeit JHWHs mitten aus* 32 *[der Stadt und blieb] auf dem Berg stehen, der im Osten der Stadt liegt*[11] und [.] sie (die Schrift) kommt darauf zurück 33 [...] *stehen werden seine Füsse an jenem Tag auf dem Ölberg* us[w.][12].

34 [Auf dem Gipfel des B]erges (befinden sich) 7 Zisternen und 32 Wurzeln von Ölbäumen

35 [...] Treppe, deren Zahl 395 Stufen ist. 365 (ist) die Anzahl 36 [der Tage] des Sonnenjahres und 30 (Tage) für den angefügten Monat, den zweiten 37 Adar. Und [die Araber] nennen sie die TREPPE DES JAHRES, und ihr Name ist ANST[IEG] 38 DER OLIVEN gemäss dem, was gesagt ist: *Und David stieg weinend hinauf auf dem Anstieg der Oliven* 39 *er stieg hinauf und weinte.*[13] Und am Ende dieser Treppe (befindet sich) der Palast des Usija 40 [..., der] HAUS DER ABSON[DER]UNG genannt wird. Und die Unbeschnittenen

[Blatt 2, recto] [...... *6 Zeilen* ......] 41' [...] und wenn abweicht 42' [...] mit Kraft 43' [...] und wenn ankommt 44' der Winter, sprudelt das Wasser hervor [...] und gewaltig, bis (er) ein Sturzbach (wird) 45' (für) drei Monate oder weniger [... gen]annt ROGEL-QUELLE.

---

8 Hebräisches Zitat von Joel 4,12.
9 Hebräisches Anspielung auf 2Kön 23,13.
10 Unsichere Lesung. BARSLAVI liest *ra'is*, "Oberhaupt" *(u.S. 68ff)*; GIL hingegen: ḥazanim, "Sänger" (THE JERUSALEM CATHEDRA *[o.S. 37, Anm.2]* 3 [1983] 171 und 173, Anm. 37).
11 Hebräisches Zitat von Ez 11,23.
12 Hebräisches Zitat von Sach 14,4.
13 Hebräisches Zitat von 2Sam 15,30.

46' Und unterhalb von ihr, auf der Seite des Berges, [...] wo *sie gehen liessen ihre Söhne* **47'** *und ihre Töchter durch das Feuer*[14]. Und dies ist [...] errichtet, aus Steinen. **48'** Und darüber (sind) 7 Häuser, das eine im anderen (verschachtelt). Und unterhalb der 'Form' (ist) ein Becken[15]. **49'** Und es fliesst aus dem Boden der 'For[m' ...] - dass [der Herr] doch den Götzendienst entwurzle **50'** aus unserer Erde! - Und die Gojim (nennen den Ort)] KLOSTER AL-SANJ[.].

Und du steigst weiter **51'** auf den Rücken des Berges bis zum Zion - dass dieser doch schnell getröstet werde! - und da der 'Weg der Wasser', **52'** welche Hiskija in die Stadt eintreten liess, der KANAL DER ZULEITUNG[16], so wie **53'** gesagt ist: *und [d]ass er das Wasserbecken und den Kanal errichtet hat und hereingeführt hat* **54'** *das Wasser in die Stadt*[17]. Und der Sachverhalt dieses Kanals ist wunderbar. Er zieht sich mehr **55'** als 1000 Meilen dahin. Und [dieser] Weg (geht) vom Ursprung des Wassers bis zum HAUS DER [...].

[Blatt 2, verso] [...... *6 Zeilen* ......] **56'** Mo[sch]ee [... **57'** ...] **58'** Und das GRAB DES [JO]SEF [... Im] **59'** We[sten ...] **60'** gegen [...] Abraham - der Friede sei auf ihm! - und darauf **61'** sass er [...] und in BET **62'** LEHEM eine Kirch[e[18] ...] und da [...] **63'** in Betlehem und das ist [...] **64'** Betlehem [...] **65'** und Asa [...] *und umgeben wir (sie) mit einer Mauer* **66'** *von Türmen und Toren*[19] [...] das GRAB DER RACHEL [...] **67'** *Nach einer kurzen Wegstrecke*[20] [... T]empel. [Im] Westen des **68'** Tempels, auf [...] das HAUS DES [...] darin [52 ...] **69'** [E]nge[l ...] Wasserbecken [... **70'** ...] **71'** *vacat* [...].

---

[14] Hebräisches Zitat von 2Kön 17,17.

[15] Oder das hebräische Wort *goren*, "Dreschplatz".

[16] Das Wort, das sich in den arabischen Wörterbüchern nicht findet, heisst vielleicht "das herleitet" (die Wasser).

[17] Hebräisches Zitat von 2Kön 20,20.

[18] Oder "eine Synagoge"?

[19] Hebräisches Zitat von 2Chron 14,6.

[20] Hebräisches Zitat von Gen 48,7.

II [b]. TRADUCTION FRANCAISE

[feuille 1, recto] **1** [...] et ce côté (du temple) est demeuré depuis que l'a construit **2** Salomon. [...] PORTES DE HOULDA, et les Arabes les appellent **3** les
PORTES DU PRO[PHETE]. Et à l'intéri[eur] de celles-ci (se trouve) une pierre.
Ils l'appellent le 'SOLEIL'[1], et là un pilier **4** au milieu des voûtes qui portent[2]
au milieu de la mosquée où Ishmaël s'excite[3]. **5** Sa circonférence (du pilier)
est 52 empans. Et cet endroit là ils l'appellent les PORT[ES DU] MISHNE. *Et elle*
(Houlda) **6** *[habi]tait à Jérusalem dans le Mishné.*[4]

Et les portes dans le [mu]r sud on les appelle **7** les PORTES D'AKHMAS. Et la
MAISON D'AKHM[AS (se trouve) de]vant, on l'appelle **8** la COUR DE
BAT[...][5]. Et l'autre (porte) on l'appelle dans la langue des pères la PORTE DES
EAUX **9** et la PORTE DU CHANT et la PORTE DES FEMMES.

Et l'angle (du Temple) qui donne sur la vallée du Cedron [...] **10** (c'est le)
QEREN HA-OFEL.

Et en bas, [...] la vallée de la Géhenne, et c'est la SOURCE DE L'ORIENT.

Et dans le mu[r] **11** oriental (du temple) il y a deux [po]rtes; [on les ap]pelle
les DEUX PORTES DE LA MISERICORDE et son nom est POR[TE] **12** DE [NI]-
KAN[OR ...] *le grand prêtre purifiait ceux et celles qui avaient eu un écoulement*
[ainsi que] **13** *le lépreux, et faisait boire (l'eau de malédiction à) la femme*
soupçonnée d'adultère.[6]

Et il y avait là autrefois une porte **14** appelée PORTE ORIENTALE, et à cause
de la multitude des péchés elle est devenue aujourd'hui les eaux de [...] **15** et
de la saleté.

Et de ce côté (se trouve) le MONT DES OLIVIERS sur lequel on monte.

Au début de la mon[tée] **16** (il y a le) YAD ABSHALOM, édifice circulaire au fin
sommet, semblable à une 'bouilloire' **17** domesti[que] avec son couvercle,
c'est pourquoi les Arabes l'appellent QAMQAM[7].

Et (sur) le chemin vers les tombes (se trouve) **18** la TOMBE [D'ORN]AN LE
JEBUSEEN. Et elle est d'une seule pierre, et les murs extérieurs (d'une)
longueur **19** (de) 20 cou[dées], en largeur 12 (coudées) et en épaisseur.
D'une seule pierre, communique avec elle celle (la tombe) qui est à côté. **20**

---

[1] Objet ornemental en forme de soleil, cf. R. DOZY, Supplément aux Dictionnaires Arabes I,
Paris 1927, 786.

[2] Ou bien "qui porte" (sing.) rapporté au pilier, cependant pilier est masc. à la ligne 5.

[3] Description péjorative du mouvement de prière des musulmans.

[4] Citation en hébreu de 2 R 22,14 = 2 Ch 34,22.

[5] Conjecture: BAT[SHEVA]; voir BRASLAVI, *ci-dessous p. 58.*

[6] Citation de mémoire de mSota I,1 et mKeritot II,1, en hébreu; cf. Nb 5,18.

[7] Bouilloire aux flancs larges et au col long et étroit.

D'u[ne seule pier]re (aussi) son plafond, son sol, ses murs et ses piliers. [Tout] [feuille 1, verso] **21** [d'une seu]le pierre.

Et au dessus [...] **22** l'EGLISE DE JACQUES LE FRERE DU MESS[IE ...].

23 Les temples qu'a construits Sa[lomon ...] so[u]s [...] Moab. **24** Et à côté duquel un palmier pousse. [...] pères. Or, cet endroit (se trouve) **25** en face de la porte de la Géhenne, ainsi qu'il est dit: *car là je siégerai pour juger* **26** *toutes les nations*[8]. Et à g[auche] de la route un autre temple, c'est celui qu' **27** a construit Salomon aus[si...] *pour Kemosh l'abomination des Ammonites*[9].

28 Tu montes vers le MONT DES OLIVIERS, sur une pierre d'une longueur de 10 coudées, d'une largeur **29** de 2 coudées et d'une épaisseur de 2 coudées. C'est le siège du [...][10]. Et il se dresse **30** [le] lieu où s'est tenue la Gloire trois ans et de[mi] sur le Mont des Oliviers jusqu'à ce que **31** fût [dé]truite Jérusalem, ainsi qu'il est dit: *La [Glo]ire du Seigneur s'él[eva] du milieu* **32** *[de la ville et s'arrêta] sur la montagne qui est à l'Orient de la ville*[11]   et [] puis elle revient (l'Ecriture) **33** [...] *ses pieds se poseront en ce jour là sur le Mont des Oliviers* et[c][12].

34 [Au sommet du m]ont (se trouvent) 7 citernes et 32 souches d'olivier.

35 [...] escalier dont le nombre est (de) 395 marches. 365 (est) le nombre **3 6** [des jours] de l'année solaire, et 30 (jours) pour le mois supplémentaire Adar **37** Second. Et [les Arabes] l'appellent l'ESCALIER DE L'ANNEE, et son nom c'est MON[TEE] **38** DES OLIVIERS, ainsi qu'il est dit: *David gravissait en pleurant la Montée des Oliviers* **39** *il montait en pleurant*[13]. Et, au bout de cet escalier, le palais d'Osias **40** [... qui] est appelé la LEPR[OSE]RIE. Et les incirconcis

[feuille 2, recto] [...... *6 lignes* ......] **41'** [...] et quand dévie **42'** [...] avec force **43'** [...] et lorsqu'arrive **44'** l'hiver, l'eau déborde [...] et forte jusqu'à (devenir) un torrent **45'** (pendant) trois mois ou moins [...on l'ap]pelle EN-ROGUEL.

46' Et au dessous d'elle, sur le côté du mont, [...] où *ils faisaient passer leurs fils* **47'** *et leur filles par le feu*[14]. Et c'est [...] se dresse, (fait) de pierres. **48'** Et au dessus (il y a) 7 maisons, (donnant) l'une dans l'autre. Et en

---

[8] Citation en hébreu de Jl 4, 12.

[9] Allusion en hébreu à 2 R 23,13.

[10] Lecture incertaine. BRASLAVI lit: *ra'is*, "chef" (voir ci-dessous, pp. 68ss.), M. GIL par contre lit: *ḥazanim*, "chantres" (THE JERUSALEM CATHEDRA *[voir ci-dessus p. 37 n. 2]* 3 [1983], 171 et 173, n. 37).

[11] Citation en hébreu de Ez 11, 23.

[12] Citation en hébreu de Za 14, 4.

[13] Citation en hébreu de 2 S 15, 30.

[14] Citation en hébreu de 2 R 17, 17

dessous de la 'forme' (est) un bassin[15]. **49'** Et du sol de la 'form[e'] coule
[…] - que [le Seigneur] déracine l'idôlatrie **50'** de notre terre! - Et les goyim
[l'appellent] MONASTERE AL-SANY[.]

Et tu montes plus loin **51'** sur le flanc de la montagne vers Sion - qu'elle soit
vite consolée! - Et là, la 'route des eaux' **52'** qu'Ezéchias a fait entrer dans la
ville, le CANAL D'ADDUCTION[16], comme **53'** il est dit: *et [q]u'il a construit la
piscine et le canal et fait venir* **54'** *les eaux dans la ville*[17]. Quant à ce canal, il
est extraordinaire: il parcourt plus **55'** de 1000 milles. Et [cette] route (va)
depuis l'origine de l'eau jusqu'à la MAISON DE […].

[Feuille 2, verso] [… … *6 lignes* … …] **56'** Mo[s]quée [… **57'** …] **58'** Et le
TOMBEAU DE [JO]SEPH [… A] **59'** l'o[uest …] **60'** vers […] Abraham -
que sur lui soit la paix! et dessus **61'** il était assis […] et dans BET **62'**
LEHEM une églis[e[18] …] et là […] **63'** […] dans Betléhem et c'est […] **64'**
Betléhem […] **65'** et Asa […] *et entourons (la) d'une muraille* **66'** *de tours
et de portes*[19] […] le TOMBEAU DE RACHEL […] **67'** *A une certaine
distance*[20] [… T]emple. [A] l'ouest du **68'** Temple, sur […] la MAISON DE
[…] au dedans [52 …] **69'** [A]nge[s …] piscine [… **70'** …] **71'** *vacat*
[…].

---

[15] Ou bien le mot est l'hébreu *goren*, "aire de battage".
[16] Le mot, qui ne se trouve pas dans les dictionnaires arabes, signifie peut être "qui ramène"
(les eaux).
[17] Citation en hébreu de 2 R 20, 20.
[18] Ou "une synagogue"?
[19] Citation en hébreu de 2 Ch 14, 6.
[20] Citation en hébreu de Gn 48, 7.

III. Un Commentaire / Ein Kommentar

Joseph BRASLAVI, l'éditeur du Guide (ErIs 7 [L.A. MAYER Memorial Volume (1895-1959)], 1964, 69-80 [hébr.].168*s. [résumé angl.], Pl. חוs.), l'avait accompagné d'une traduction et d'un commentaire. Il nous a semblé utile de présenter ce commentaire, qui fait un certain nombres de propositions quant à la datation du Guide et ses rapports avec d'autres sources juives anciennes. La traduction française que j'en donne ici est destinée à rendre accessible à un plus large public ce premier instrument de travail pour aborder le Guide.

Bien que cette traduction se propose de rendre l'intégralité de l'article de BRASLAVI, j'ai dû actualiser un certain nombre de données bibliographiques. En particulier lorsqu'il existe des éditions ou des réimpressions plus récentes des oeuvres citées, je n'ai pas manqué de les signaler. C'est également pour faciliter l'accès aux sources que j'ai préféré l'édition Krotoshin (Berlin 1920, réplique de l'editio princeps de Venise 1522) pour les références au Talmud de Jérusalem. Dans le même but, j'ai signalé la localisation des textes du Midrash Rabbah dans la traduction de FREEDMAN. La pagination du Sefer ha-Yishouv est accompagnée d'un 'a' losqu'il s'agit d'une page numérotée avec les caractères hébreux et d'un 'b' pour les numéros en chiffres arabes (ex. 47a = מז; 118b = 118). Certaines erreurs dans les références à la Mishna ou à la Gemara ont été corrigées. Les parenthèses (.) sont toutes de l'auteur, les crochets [.] sont du traducteur.

Il nous faut préciser enfin que la traduction du Guide, qui précède chaque fois le commentaire, est entièrement indépendante de celle qui a été proposée plus haut. Dans le cadre d'une traduction de l'article de BRASLAVI, je suis resté fidèle, autant que je le pouvais, à ses options de traduction du Guide, même lorsqu'elles ne nous paraissaient pas aller de soi.

Y.G.

Un guide de Jérusalem de la Geniza du Caire

par

Joseph BRASLAVI (BRASLAVSKI)

Dans le catalogue de la collection de la Geniza du Caire, à la Bibliothèque de l'Université de Cambridge, on trouve la désignation suivante:"T.-S. Fragments (arabic) 53. Dr. Hirschfeld Selection No. 2 (2 small leaves). An Arab vellum (uncleared), Topography of Jerusalem".

Il s'agit de deux feuilles de parchemin reliées (de 13 x 10 cm), qui semblent être le reste d'un guide, lequel se présentait sous la forme d'un fascicule ou d'un livre. Elles sont déchirées au sommet, lacunaires et effacées ici et là à cause de l'humidité qui a dilué l'encre de l'écriture. La quatrième page est presque entièrement effacée, et il n'est possible d'en distinguer que quelques mots et quelques suites de mots. Malgré cela la "Topographie de Jérusalem", dont la nature n'a pas été 'éclaircie' à ce jour, mérite d'être sauvée de l'oubli, car nous ne sommes pas seulement en présence d'un fragment du seul guide de toute la littérature juive ancienne, mais encore d'une source pour l'examen de certains problèmes d'implantation à Jérusalem à l'époque des gaonim du pays d'Israël.

Le fragment qui nous est parvenu se distingue à plusieurs titres des guides modernes:

1) L'auteur guide le visiteur sur un tracé d'une logique exemplaire. Il commence par les portes du mur sud du Mont du Temple, passe aux portes du mur oriental, descend aux célèbres monuments de la vallée du Cédron, monte sur les hauteurs du Mont des Oliviers, descend sur En Roguel, passe dans la vallée de Ben Hinnom, monte à "Sion, qu'elle soit vite consolée" puis sort vers le Tombeau de Rachel et vers Betléhem.

2) A côté d'un nom hébraïque historique ou traditionnel il apporte aussi le nom arabe, et, réciproquement, à côté d'un nom arabe le nom hébraïque.

3) Parfois il commente lui-même ou explique les noms.

4) Il décrit quelques restes archéologiques et nous rapporte même leurs dimensions.

5) Il insère, dans son discours en arabe, des citations de l'Ecriture et de la littérature talmudique pour faire revivre la mémoire des lieux traditionnels et mettre en relief l'importance ou la sainteté dont ils ont été revêtus au cours de l'histoire.

6) Il fait mention également des lieux musulmans ou chrétiens qui se trouvent sur le chemin du visiteur, et il arrive même qu'il leur consacre une description ou une explication.

Le Guide est d'un grand intérêt du fait de plusieurs noms et traditions hébraïques dont il n'est pas fait mention dans les autres sources juives; et aussi de
certains noms arabes qui n'ont pas été recensés dans les livres de géographie
arabes du Moyen Age que j'ai eus sous les yeux. Particulièrement surprenants
sont les noms et les traditions qui diffèrent complètement de ceux qui seront
reçus après la période des Croisés et jusqu'à nos jours.

Cette source repose à nouveau le problème de la dernière porte de l'enceinte
du Mont du Temple dans laquelle il avait été permis aux Juifs de prier, après
qu'ils eurent été chassés des autres portes. Elle confirme ce que nous savons de
la situation misérable des Juifs de Jérusalem au moment où ils eurent recours à
la "Porte Orientale", ou "Porte du Cohen", qui était plus sainte à leurs yeux que
toutes les autres portes. Le Guide permet également de déduire, indirectement,
que la "Tombe de Zacharie", ainsi que le quartier des Karaïtes qui l'entourait,
ne se trouvaient pas à cette époque au pied du Mont des Oliviers, car le
monument appelé aujourd'hui "Tombeau de Zacharie" s'appelait alors le
"Tombeau d'Arnan le Jébusite". Enfin le Guide localise, et cela pour la première fois, le lieu de prières, des réunions publiques et des festivités des pélerins
de Hoshana Rabba au Mont des Oliviers à l'époque des gaonim du pays
d'Israël. Il pose donc à nouveau la question: quand a-t-on commencé de prier et
de célébrer au Mont des Oliviers ?

Nous donnons ci-dessous une traduction du Guide, morceau par morceau,
en fonction des sujets, et avec une analyse des données. Les mots, les expres-
sions et les citations de l'Ecriture et de la littérature talmudique sont présentés
avec un espace élargi entre les lettres.[1]

1. Les portes de Houlda - Portes du Mishné - Portes du Prophète (lignes 1-6a)

[1] ...et ce côté est demeuré depuis que l'a construit
[2] Salomon ... Portes de Houlda, et les Arabes les appellent
[3] Portes du Prophète, en celles-ci se trouve une pierre, ils l'appellent le Petit Soleil, et il y a là un pilier
[4] au centre des voûtes qui conduisent au centre (ou: qui portent le centre) de la mosquée où Ishmaël va prier.
[5] La circonférence (du pilier) est de 52 empans. Et ce même endroit (de l'intérieur) ils l'appellent les portes du Mishné — "et elle
[6a] habitait à Jérusalem dans le Mishné".

---

[1] [N'ayant pas retrouvé dans l'article cette forme conventionelle pour la citation, nous ne l'avons pas retenue.]

L'identification des "Portes de Houlda" avec la "Porte Double" condamnée qui se trouve dans le mur sud du Mont du Temple[2] a pour origine:"Le Mont du Temple avait cinq portes, les deux portes de Houlda au sud servaient pour entrer et sortir" (mMid. I,3). Le nom leur vient bien sûr du fait de leur proximité ou de leur orientation vers le tombeau de la prophétesse Houlda qui, dans la ville de David, se trouvait au sud du Mont du Temple[3] (tBB I,1, p. 399; Neg. VI,2, p. 625; ARN 35). Une tradition ancienne affirme que "la Porte du Cohen et les Portes de Houlda ne seront jamais détruites jusqu'à ce que le Saint-Béni-soit-Il les renouvelle" (Cant.R. II,9 §4 [FREEDMAN, p. 121]). Et de fait, le seuil, le linteau, le pilier monolithique central de la salle intérieure des portes, ainsi que les voûtes de la salle, agréablement décorées, remontent à l'époque du Second Temple.[4]

"Et les Arabes les appellent les Portes du Prophète". Le nom "Porte du Prophète" est mentionné chez AL-MAQDISI[5] (985) ainsi que chez NASIRI-CHUSRO[6] (1047). Ce dernier explique ce nom par l'entrée du prophète Mohamed par cette porte pour aller à la mosquée al-Aqsa, la "Nuit de son Enlèvement", monté sur un animal de selle légendaire, "Bourq" ("éclair").[7]

"En celles-ci se trouve une pierre, ils l'appellent le Petit Soleil". Le "Petit Soleil" n'est pas mentionné dans les livres de géographie arabes qui décrivent le Mont du Temple, pas même par NASIRI-CHUSRO qui consacre à la salle intérieure de la "Porte du Prophète" une description plus que pittoresque. D'après l'intéressante description de CHUSRO, les murs de la salle étaient recouverts d'une porcelaine teinte tellement somptueuse que les yeux étaient éblouis de les regarder, ou encore "lorsque les rayons du soleil les touchent elles deviennent tellement éclatantes que la splendeur de leur aspect conduit à l'hébétude celui qui les regarde"[8]. Il se peut donc que l'une des pierres décorées, brillante aux rayons du soleil ait été appelée "Petit Soleil"; ou encore que

---

[2] La porte qui se trouve à 170-180 mètres de l'extrêmité orientale du mur sud. Voir G. DALMAN, Jerusalem und sein Gelände, Gütersloh 1930, p. 256; P. L.H. VINCENT & P. A.-M. STEVE, Jérusalem de l'Ancien Testament, Recherches d'Archéologie et d'Histoire, Paris, 1956, III, p. 317.

[3] Dans le Talmud de Jérusalem, Nazir 57d, l. 62, la leçon est "les tombeaux des fils de Houlda".

[4] Une autre opinion les date, et pas seulement en partie, de l'époque de Justinien. Pour les détails voir C. WATZINGER, Denkmäler Palästinas, Leipzig 1935, II, pp. 35ss.; J. SIMONS, Jerusalem in the Old Testament, Leiden, 1952, p. 428/3.

[5] La meilleure division dans la connaissance des régions, éd. M.J. DE GOEJE, Leiden 1906, p. 170.

[6] Relation de voyage, trad. arabe de YAHYA AL-HASHAB, Le Caire 1945, p. 26.

[7] Cf. Soura al-Isrâ (péricope du "Voyage Nocturne"), dans la traduction de R. BLACHERE, Paris 1966, pp. 305s. et n. 1.

[8] NASIRI-CHUSRO, ibid. [ci-dessus, n. 6].

l'un des ornements de l'époque du Second Temple, sur les voûtes de la salle, ait représenté un "petit soleil".[9]

"Et il y a là un pilier, au centre des voûtes qui conduisent au centre (ou: qui portent le centre) de la mosquée où Ishmaël va prier, sa circonférence est de 52 empans." [10] CHUSRO s'occupe beaucoup du "pilier" et des "voûtes" qui portent la mosquée "sans subir le moindre dommage". "Les pierres de la porte sont si grandes" — fait-il remarquer — "que l'esprit ne peut concevoir comment il a été possible à l'homme de les disposer, sauf pour Salomon fils de David." La hauteur du pilier, selon ses dires, est 15 coudées[11] et son épaisseur 4 coudées; quant à notre Guide, il établit que la circonférence du pilier est de 52 empans, ce qui fait environ 11.50 m (l'empan fait 20-22 cm); d'après le diamètre du pilier chez CHUSRO, on peut envisager une circonférence de 12 m environ.

"Et ce même endroit (la salle de la porte)*ils l'appellent les Portes du Mishné, et elle habitait à Jérusalem dans le Mishné"* (2 R 22,14; 2 Ch 34,22). Aucune porte du nom de "Mishné" n'est mentionnée dans l'Ecriture ou la littérature postérieure, mais il était possible de déduire son existence des paroles du prophète:"Une voix crie depuis la porte des Poissons, un hurlement depuis le Mishné" (So 1,10), en raisonnant ainsi: de même que "Poissons" désigne une porte, de même "Mishné" désigne une porte[12], d'autant plus que ces portes sont appelées explicitement du nom de Houlda, laquelle "habitait dans le Mishné"— "portes de Houlda".

2. Les portes d'Akhmas et la maison d'Akhmas (lignes 6b-7)

[6b] ... Et les portes du mur sud s'appellent
[7]   Abwab al-Akhmas, et Dar al-Akhmas se trouve devant elles, et on l'appelle
[8a] la cour de Bat [Sheva].

Les "Portes d'Akhmas" et la "Maison d'Akhmas" ne sont pas mentionnées dans les livres de géographie arabes du Moyen Age qui décrivent l'enceinte du Mont du Temple; malgré cela il nous est possible de découvrir l'origine du nom

---

[9] Une partie de ces décorations a été abimée — semble-t-il dans les années 1925-1928— à l'occasion de travaux de réparation:"Les travaux de consolidation de 1925-1928 ont défiguré l'aspect des supports antiques" (Les Guides Bleus, Syrie-Palestine, Paris 1932, p. 588).

[10] Voir l'image du pilier dans G. LE STRANGE, Palestine under the Moslems, p. 125.

[11] Il y a des manuscrits qui lisent 11 et aussi 14 coudées. Cf. LE STRANGE, Palestine under the Moslems, p. 175.

[12] Il convient de signaler qu'il est également arrivé à RASHI de comprendre "le Mishné" comme le nom d'une porte. Toutefois, c'est sur la base d'une corruption manuscrite du Targum de So 1, 10 ("un hurlement du Mishné" est rendu "un hurlement de l'oiseau"; cette leçon se trouve même dans les Miqraot Gedolot) qu'il commente:"depuis le Mishné - depuis la Porte des Oiseaux, qui vient après (la Porte des Poissons)". D'après RADAQ, la leçon juste [du Targum] serait "enseignement", c'est pourquoi, à cet endroit, il fait le commentaire suivant:"depuis le Mishné - il s'agit de la maison d'études".

"al-Akhmas" ainsi que sa signification, de même pour les portes et la maison qui sont appelées de ce nom.

"Les servants (de la Mosquée du Dôme) – écrit AL-MAQDISI – "sont des mamelouks qui ont été fixés par le Kalife ᶜAbd al-Malik à un cinquième des prisonniers de guerre; c'est pourquoi on les a appelés 'al-Ahmas'. Il n'y a pas d'autres servants (dans la mosquée) en dehors d'eux, et ils ont pour tâche de veiller sur elle."[13]

IBN AL-FAQIH[14] (903), IBN ᶜABDI RABBAH[15] (913), CHUSRO[16] (1047) et d'autres parlent aussi de ces servants (mamelouks) du Mont du Temple, mais sans indiquer de surnoms pour ces servants. MUDJIR AD-DIN (fin du XVe– début XVIe siècle) indique que "ᶜAbd al-Malik ibn Merwan avait désigné des servants de grande taille, au nombre de trois cent, qui avaient été achetés pour lui pour un cinquième(!) du trésor. Lorsque meurt l'un d'eux (l'un des servants) il est remplacé par son fils, ou son petit-fils, ou quelqu'un de sa famille. Ils recoivent un salaire constant quel que soit le nombre de leurs descendants."[17] Mais lui non plus ne précise pas que le surnom de ces servants était "al-Ahmas". La signification de "al-Akhmas" (le 'Het' arabe est régulière-ment écrit 'Kaf' dans les documents de la Geniza) est donc les "Cinquièmes" ou "Ceux du Cinquième". Ce surnom est attaché aux servants du Mont du Temple sur une durée de trois cents ans au moins, depuis l'époque de ᶜAbd al-Malik, au milieu du VIIe siècle, et jusqu'à l'époque de AL-MAQDISI, à la fin du Xe siècle. Par les "Portes de al-Akhmas", le Guide vise évidemment la "Porte Triple" condamnée qui se trouve dans le mur sud du Mont du Temple, à l'est des "Portes de Houlda", car il identifie plus loin ses trois ouvertures comme "la Porte de l'Eau, la Porte du Chant et la Porte des Femmes". Par ces portes, les servants de la mosquée entraient d'abord dans les "Etables de Salomon", sous le Mont du Temple, lesquelles devaient servir de magasins pour la mosquée du Mont du Temple, puis ils sortaient de là vers leur travail.

3. Dar al-Akhmas — "Cour de Bat Sheva" (lignes 7b-8a)

La maison dans laquelle se rassemblaient les serviteurs du Mont du Temple est appelée "Dar al-Akhmas". Les Juifs de Jérusalem ont identifié cette maison avec la "Cour de Bat Sheva". A vrai dire le mot "Sheva" est totalement effacé et la lecture n'en est pas du tout certaine, mais nous n'avons pas d'autre mot semblable, constitué de trois lettres et pouvant compléter les deux mots "Cour

---

[13] La meilleure division... [ci-dessus, n. 5], p. 171.

[14] Le livre des pays, éd. M.J. DE GOEJE [dans la *Bibliotheca Geographorum Arabicorum*], Leiden 1885, p. 100.

[15] Le collier incomparable, Le Caire 1899, p. 261.

[16] Relation de voyage [ci-dessus, n. 6], p. 24.

[17] L'excellente intimité dans l'histoire de Jérusalem et de Hebron, Le Caire 1886, p. 348.

de Bat" avec en outre un arrière-fonds de "tradition populaire" conforme à l'esprit des autres traditions de notre Guide. Il faut d'ailleurs signaler que les habitants de Jérusalem dans les dernières générations avaient tendance à surnommer la "Birkat as-Sultan", proche du chemin qui monte à la Porte de Sion, ou la fosse de la porte de Jaffo, la "Piscine de Bat Sheva".[18]

4. La Porte des Eaux, la Porte du Chant et la Porte des Femmes (lignes 8b-9a)

[8] ... et les dernières (portes) on les appelle dans la langue des pères la Porte des Eaux
[9a] et la Porte du Chant et la Porte des Femmes.

A l'époque du Second Temple la Porte des Eaux était comptée parmi "les portes sud (du parvis) attenantes à l'occident" (mSheq. VI,3; Mid. I,4; II,6). Elle était tournée vers les eaux du Siloé desquelles on tirait "la coupe des eaux de libation" (mSuk. IV,9; Mid. I,4; tSuk. III,3, p.195; etc.). Les deux autres portes, "la Porte du Chant" et "la Porte des Femmes", étaient comptées parmi les portes nord du parvis (mMid. I,4; II,6), mais à l'époque de la rédaction du Guide les Juifs de Jérusalem avaient identifié ces trois portes avec les trois ouvertures des "Portes de al-Akhmas", c'est à dire la "Porte Triple" d'aujourd'hui. Dans la Porte Triple, comme dans la Porte Double, se trouve une inscription hébraïque qui atteste qu'on a prié en cet endroit. D'après son style, on peut déduire qu'elle a été composée, semble-t-il, au Moyen Age.[19]

5. Le Qeren Ofel (lignes 9b-10a)

[9b] ... et l'angle qui donne sur la vallée du Cédron c'est
[10a] l'angle de l'Ofel.

Par "l'angle qui domine la vallée du Cédron" notre Guide se réfère évidemment à l'angle sud-est de l'enceinte du Temple qui se signale par le plus grand nombre de couches de l'époque du Second Temple et qui étonne par ses pierres de taille géantes, admirablement taillées. Le nom "Qeren ha-Ofel" lui-même est repris de:"On a demandé à Rabbi Eliezer: à partir de quand doit-on prier pour que les eaux cessent? Il leur a répondu: lorsqu'un homme qui se tient à l'angle de l'Ofel trempe ses pieds dans le Cédron. Mais nous sommes sûr que le Miséricordieux n'amènera plus jamais de déluge. Et pourquoi ? «Parce que c'est pour moi comme les eaux de Noé à propos desquelles j'ai juré que les eaux de Noé ne couvriront plus jamais la terre»" (yTaan. 67a, l. 5-9; bTaan. 22b; tTaan. III,1, p. 218). Il ne fait aucun doute que nos sages désignaient par

---

[18] E. ROBINSON, Palästina, Halle 1841, II, p. 133; DALMAN, Jerusalem [ci-dessus, n. 2], pp. 70 et 200.

[19] F. DE SAULCY, Voyage en Terre Sainte, II, p. 17.

"Qeren ha-Ofel" l'angle nord-ouest de la ville de David[20] (2 Ch 27,3; 33,14; Mi 4,8; Ne 3,26-27; etc.), tandis qu'à l'époque de la rédaction du Guide, les Juifs de Jérusalem avaient attribué le nom à l'angle sud-est du Mont du Temple.

6. La Source de l'Orient (ligne 10b)

[10b] ...et en bas, dans le Wadi Ǧehennam se trouve la Source de l'Orient

"Wadi Ǧehennam", c'est ainsi que les Arabes, au Moyen Age, appelaient la vallée du Cédron. La "Source de l'Orient" c'est bien sûr la source de Gihon. On l'appelle aujourd'hui "Aïn ad-Daraǧ" (la "Source des Escaliers") à cause des marches qui y descendent, ou encore "Aïn Sitna Mariam" ("Source de Notre Dame Marie") du fait de la proximité du tombeau de Marie, mère de Jésus, dans la vallée du Cédron.

7. Les Portes de la Miséricorde - la Porte de Nikanor (lignes 10b-13a)

[10b] ...et dans le mur
[11] oriental, il y a deux portes, on les appelle les Deux Portes de la Miséricorde et son nom (pour les Juifs) est Porte
[12] de Nikanor, c'est là que le grand prêtre purifiait ceux et celles qui avaient eu un écoulement et
[13a] le lépreux et faisait boire la Sota.

Le nom "Portes de la Miséricorde" n'est pas mentionné dans les sources antérieures. Les portes elles-mêmes sont de construction byzantine tardive, bien que certains pensent qu'elles ont été construites sur l'emplacement d'une porte plus ancienne.[21] La "Porte de Nikanor" elle-même se trouvait dans l'entrée menant du "Parvis des Femmes" au "Parvis d'Israël", sur le Mont du Temple: "On la fait monter (la Sota) à la porte orientale dans l'entrée de la porte de Nikanor, car c'est là qu'on fait boire les Sota et qu'on purifie les femmes qui viennent d'accoucher ainsi que les lépreux" (mSota I,5).[22] "La porte orientale qui est dans l'entrée de la Porte de Nikanor" signifie le côté oriental de la Porte de Nikanor, qui donne sur le parvis des femmes, ce qui est bien la situation de la Porte de Nikanor; et à l'intérieur du parvis d'Israël commençait le camp de la Shekhina, celui qui y entrait approchait les lieux saints du Temple (NbR 7,8 [FREEDMAN, pp.195s.]). Il semble que l'identification des "Portes de la

---

[20] En bTaan. 22b, de même que dans la Tosefta Taanit, la leçon est: Qeren Ofel. RASHI commente:"un rocher élevé qui porte ce nom".

[21] SIMONS, Jerusalem [ci-dessus, n. 4], p. 428.

[22] L'auteur du Guide a sauté, dans ce qu'il a écrit semble-t-il de mémoire, la "purification des accouchées", mais à côté de cela il a ajouté la "purification des écoulements", qui est absente de mSota I, 5. Il se rappelle ce détail, semble-t-il, de mKer. II, 1.

Miséricorde" avec la "Porte de Nikanor" soit venue à la suite d'un parallélisme fait entre les deux portes. De la Porte de Nikanor il est dit:"et elle avait deux entrées, l'une à droite et l'autre à gauche" (mMid. II,6); de même les "Portes de la Miséricorde" avaient deux ouvertures, l'une "Bab al-Touva" ("Porte du Repentir") et la seconde "Bab al-Rahma" ("Porte de la Miséricorde").

8. La porte orientale - "elle est devenue aujourd'hui ... et la saleté" (lignes 13b-15a)

[13b] ... et il y avait là autrefois une porte
[14] appelée Porte Orientale, et à cause de la multitude des péchés elle est devenue aujour-d'hui...
[15a] et la saleté.

Par "Porte Orientale" notre Guide entend la porte dont il est dit:"La veille du Jour de Kippour, au matin, on le faisait se tenir (le grand prêtre) dans la Porte Orientale et on faisait défiler devant lui des taureaux, des béliers et des agneaux afin qu'il soit instruit du service et qu'il en ait l'expérience" (mYoma I, 3); c'est "la Porte Orientale, sur laquelle était figurée la citadelle de Suse, par laquelle sortait le grand prêtre qui brûlait la vache rousse, ainsi que la vache et tous ses auxiliaires, vers le Mont des Oliviers" (mMid. I, 3). Il y avait là un lieu où l'on brûlait la vache rousse (mPara III, 6). C'est encore la "Porte Antique", l'une des dix stations de la Shekhina lorsqu'"elle alla d'un chérubin à l'autre" etc. jusqu'à ce qu'elle soit montée au Mont des Oliviers en face du Mont du Temple qui était détruit (Lam.R. 25 [FREEDMAN, pp. 50s.]). C'est pourquoi "un homme ne se conduira pas avec légèreté en face de la Porte de l'Orient qui est dirigée vers le Saint des Saints" (mBer. IX, 5). A l'époque arabe, elle était appelée par les Juifs de Jérusalem "Porte du Cohen" (sous-entendu la porte du grand prêtre), bien qu'elle ne soit mentionnée qu'une seule fois dans la littérature midrashique, dans la tradition qui affirme que "la Porte du Cohen et les Portes de Houlda ne seront jamais détruites jusqu'à ce que le Saint-Béni-soit-Il les renouvelle" [Cant.R. II,9 § 4; FREEDMAN, p. 121; voir ci-dessus, § 1]. Et les Karaïtes justement, qui ne se servaient pas de notre littérature talmudique et midrashique, l'ont appelée "שער הקדים" ["Porte de l'Orient"], ou encore "שער המזרח" ["Porte Orientale"], ainsi qu'on peut l'apprendre de SAHL BEN MASLIAH, SALMON BEN YEROUHAM et d'autres. Il semble bien qu'ils l'aient nommée ainsi sur la base de ce passage de l'Ecriture:"la porte extérieure du sanctuaire, face à l'orient [קדים]" (Ez 44,1).

A l'époque arabe, la "Porte Orientale", ou "Porte du Cohen", était un lieu particulièrement saint[23], non seulement de par son passé, mais encore parce qu'elle était en vue de ceux qui priaient sur le Mont des Oliviers, en face du Mont du Temple, ainsi qu'en témoigne SAHL BEN MASLIAH dans sa préface au

---

[23] Pour plus de détails voir: Y. BRASLAVSKI, A propos des lieux de peuplement juif à Jérusalem à l'époque arabe, Yediyot 5 (1937) p. 27 [hébr.].

Livre des Préceptes, dans laquelle il s'exclame, à l'adresse de ses frères de la Gola:"Frères, il vous faut venir […] et vous tenir devant ses portes, et monter au Mont des Oliviers, en face de la Porte de l'Orient (שער הקדים)".[24] Seulement l'accès à cette porte (comme aux autres portes) s'accompagnait de pénibles affronts. Sur "Jérusalem est devenue impure" (Lam 1,17), on sait ce que dit SALMON BEN YEROUHAM (première moitié du Xe siècle), à savoir que les Arabes "ont fait de la Porte de l'Orient un lieu d'excréments [ou: déchets]"[25]. Y. PRAWER pense que l'expression "Porte de l'Orient lieu de déchets" désigne l'impureté du lieu due au fait qu'on sortait les morts depuis le Mont du Temple par cette porte[26], qui est appelée par les Arabes "Bab al-Ğanaïz", c'est-à-dire "Porte de l'Enterrement"[27]. Toutefois on est surpris par le parallélisme entre ce que dit notre Guide et les paroles de SALMON BEN YEROUHAM sur la "Porte Orientale", à savoir que "à cause de la multitude des péchés elle est devenue aujourd'hui … et la saleté". Il manque malheureusement un mot avant "et la saleté"; mais il semble que les Arabes n'ont pas seulement rendu impure la porte qui était sainte aux yeux des Juifs, en sortant par là leur morts du Mont du Temple et en les enterrant devant l'enceinte[28], mais encore qu'ils en ont fait de l'extérieur un "lieu d'excréments", vraiment un "lieu de … et de saleté". C'est la conclusion d'un commentateur karaïte des Psaumes qui écrit, peut-être à la suite de SALMON BEN YEROUHAM:"Au lieu des lévites portiers, à l'orient, il y a maintenant des tombes des impies, des égouts et des lieux d'aisance."[29]

---

[24] Cf. S. POZNANSKI, La Jérusalem de Luncz, 10, p. 98 [hébr.]; A. HARKAVY, Meassef Niddahim, n°13, Ha-Melitz 15 (1879) p. 642 = éd. Qedem, Jérusalem 1970, p. 202, l. 18-19; (chez BRASLAVSKI, ibid., p. 28) [hébr.]; Sefer ha-Yishouv II, p. 118b.

[25] POZNANSKI, ibid., p. 95; Sefer ha-Yishouv II, p. 116b, n. 21.

[26] Y. PRAWER, The Vicissitudes of the Jewish and Karaitic Quarter in Jérusalem during the Arabic Period, 640-1099, Zion XII (1946-47) p. 141.

[27] Voir NASIRI-CHUSRO [cf. ci-dessus, n.6], p. 26; MUDJIR AD-DIN, Jérusalem et Hebron [ci-dessus, n. 17], p. 348.

[28] "Aujourd'hui voici toutes ses portes laissées à l'abandon, et en face de la Porte de l'Orient les tombeaux d'impies maudits" (S. ASSAF, Prière du Karaïte Salmon ben Yerouham(?), Zion 3 (1937-38) pp. 90-93 [hébr.]; Sefer ha-Yishouv II, p. 117b). Comparez:"La Porte de l'Orient était un passage pour les impurs et les criminels" (ZULAI, Recueil, éd. Shukan 'Pour la Littérature', Tel Aviv 1941, pp. 141-145; Sefer ha-Yishouv II, p. 118b). Sur la sortie des morts du Mont des Oliviers voir encore:"Et vos frères qui sont en deuil nuit et jour ne se soucient plus de voir les litières des morts apportés dans le lieu où s'est tenue l'Arche de Dieu, et ensuite ils les sortent pour les enterrer autour du Temple" (SAHL BEN MASLIAH, dans sa préface au Livre des Préceptes: HARKAVY [ci-dessus, n. 24], Ha-Melitz 15 (1879) p. 640 = éd. Qedem, Jérusalem 1970, p. 198, l. 34 - p. 199, l. 2; Sefer ha-Yishouv II, 118b).

[29] Voir l'avis de PRAWER sur ce commentaire (The Vicissitudes… [ci-dessus, n. 26], p. 141, n. 27).

Un certain nombre de chercheurs, parmi lesquels les auteurs du Sefer ha-Yishouv II[30], pensaient que la "Porte du Cohen" était identique, ou susceptible d'être identique avec les "Portes de la Miséricorde", cependant Y. MANN, qui a publié le fragment de la liste des "prières sur les portes de Jérusalem", avait déjà fait observer que les "Portes de la Miséricorde" et la "Porte Orientale" sont mentionnées séparément à l'intérieur de la même liste.[31] Et il est intéressant de noter que même Rav ESHTORI HA-PARHI, au XIVe siècle, avait fait la distinction entre ces portes au moyen de sa seule intuition.[32] Et voici que notre Guide vient corroborer de façon absolue cette distinction.

9. Le Mont des Oliviers — "sur lequel on monte" (ligne 15b)

[15b] ... et de ce côté se trouve le Mont des Oliviers, sur lequel on monte.

Evidemment, le Guide veut dire "sur lequel on monte" entre le 17 Tammouz et le 9 Av[33], aux jours de fêtes, et spécialement à Hoshana Rabba. Voir détails plus loin.

10. Yad Abshalom — "al-Qamqam" (lignes 15c-17a)

[15c] ... ... au début de la montée
[16] Yad Abshalom, construction circulaire au sommet étroit (ou fin), semblable à une bouilloire
[17a] domestique avec son couvercle, c'est pourquoi les Arabes l'appellent la bouilloire.

Il semble que nous soyons en présence de la plus ancienne source désignant ce monument sous le nom de "Yad Abshalom". En tout cas le nom arabe "al-Qamqam" est nouveau et intéressant, car par la suite le nom courant en est "Tanturat Fira^cun", ce qui signifie "le chapeau pointu de Pharaon".

L'origine du nom "al-Qamqam", d'après la description du Guide, est la construction circulaire de la partie supérieure du monument, couronnée d'un "couvercle" qui monte en s'amincissant. "Qamqam" en arabe est soit "un ustensile bien connu, au col allongé, destiné à chauffer de l'eau" soit "un flacon à parfums avec lequel on asperge ses hôtes d'eau de rose". Dans la bouche de NASIRI-CHUSRO le Yad Abshalom, qu'il trouvait merveilleux, reçoit le nom de

---

[30] DALMAN, Jerusalem [ci-dessus, n. 2], p. 256; Sefer ha-Yishouv II, p. 47a.

[31] Cf. MANN, Texts and Studies, I, p. 459. Pour aller plus loin cf. B.Z. LOURIA, Vieux ponts de Jérusalem, flâneries dans la patrie, Jérusalem 1947, p. 261 [hébr.]; et en particulier PRAWER, The Vicissitudes... [ci-dessus, n. 26], p. 141.

[32] Le Bouton et la Fleur [*Kaftor wa-Perah*], éd. H. EDELMANN, Berlin 1852, p. 17b, l. 37-38; éd. A.M. LUNCZ, Jérusalem 1897, pp. 92s.

[33] Sefer ha-Yishouv II, p.47a et p. 43b.

"Bait Fira^cun" ("Maison de Pharaon")[34]; ainsi se pose la question: est-ce que par hasard le nom arabe du monument serait passé de "Bouilloire" à "Maison de Pharaon" dans l'époque qui va de la rédaction du Guide à la visite de CHUSRO, en l'an 1047 de l'ère chrétienne? Ou bien les Arabes désignaient-ils par "Maison de Pharaon" la "Grotte de Josaphat" qui se trouve à l'arrière de Yad Abshalom? Et quant à CHUSRO attribue-t-il ce nom au Yad Abshalom lui-même? De toutes façons, dans les dernières générations les Arabes ont transféré le nom "Maison de Pharaon" à la "Léproserie" (Tombeau des fils de Hazir); la "Tombe de Zacharie" est appelée par eux la "Tombe de la Femme de Pharaon"; et une autre tombe, dans le village de Siloé, "Tombe de la Fille de Pharaon".

11. "Tombe d'Arnan le Jébusite" (lignes 17b-19a)

[17b] ... et le chemin vers les tombes
[18] la tombe d'Arnan le Jébusite, et elle est d'une seule pierre, et les murs qui l'entourent leur longueur (leur hauteur) est
[19] 20 coudées, leur largeur douze, le toit (lui aussi) est d'une seule pierre[35].

Cette description correspond, par ses détails, au monument monolithique appelée aujourd'hui "Tombe de Zacharie". A l'époque de la rédaction du Guide, les Juifs de Jérusalem préféraient l'unique leçon "Arnan le Jébusite (1 Ch 21,18; 2 Ch 1,3) à la leçon multiple du Ketiv et du Qeré: הארונה / האורנה / הארניה" (2 S 24,16-24). Arnan avait eu droit à un monument sur sa tombe, non seulement parce qu'il avait dit vouloir livrer son aire à David afin qu'on y dresse un autel pour arrêter le fléau (2 S 24,21-22), mais encore parce que, d'après Rav Nahman, il était un "étranger résident" [observant les lois noachides] (Avoda Zara 24b). Selon le commentaire de Rabbi Levy ben Gershom sur 2 S 24,18 "il est vraisemblable que Arauna le Jébusite s'est converti". Les Juifs de Jérusalem semblent avoir pensé de même à l'époque de rédaction du Guide.[36] La "Tombe d'Arnan le Jébusite", cela confirme indirectement que la "Tombe de Zacharie", que l'on montrait à la même époque dans le "quartier des orientaux" (les Karaïtes), se trouvait bien, en fait, dans un autre endroit.[37]

---

[34] Relation de Voyage [ci-dessus, n. 6], pp. 20-21.

[35] Mais il est également possible de rattacher les mots "et d'une seule pierre" à "l'église de Jacques le frère du Messie" qui vient ensuite.

[36] Le Dr. Y. BEN ZEEV a attiré mon attention sur le fait que les Juifs de Jérusalem situaient au pied du Mont des Oliviers, entre Yad Abshalom et le Tombeau de Zacharie, le lieu du Tombeau d'Arnan le Jébusite, et même celui d'un "étranger résident" qui avait été enseveli à côté de lui; il conviendrait d'enregistrer des témoignages supplémentaires des anciens de Jérusalem sur cette tradition.

[37] PRAWER, The Vicissitudes... [ci-dessus, n. 26], pp. 141-145.

12. "Eglise de Jacques le frère du Messie" (lignes 19b-22)

[19b] ... communique avec elle, celle qui est à côté,
[20] d'une seule pierre, son plafond, son sol, ses murs et ses piliers...
[21] d'une seule pierre, et au dessus...
[22] l'Eglise de Jacques le frère du Messie...

D'après la connexion entre l'"Eglise de Jacques le frère du Messie" (Jésus) et la "Tombe d'Arnan le Jébusite", et la description de son plafond, de son sol, de ses murs et de ses piliers, faits d'une seule pierre, il ne peut s'agir que de la Tombe des fils de Hazir, appelée par la suite la "Léproserie".

Les noms des monuments et des tombes de la vallée du Cédron, ont subi dans la tradition chrétienne bien des avatars, c'est aussi le cas du nom attribué à la Tombe des fils de Hazir. A l'époque où l'on rédigeait le *Commemoratorium de casis Dei* (808), on montrait dans "la vallée de Josaphat" un lieu consacré à "Jacques" le frère de Jésus[38], sur la base, semble-t-il, de la tradition selon laquelle il avait là sa maison, ou encore que c'est là que Jacques avait vu son frère après la résurrection au troisième jour après sa mort (cf. 1 Co 15,7). Dans la tradition chrétienne, le lieu est appelé "la Chapelle de Jacques".[39] MASOUDI[40] (943) y fait aussi allusion. TOBLER penche pour l'identifier avec la "Grotte de Josaphat" qui se trouve derrière le Yad Abshalom[41], mais le Guide que nous avons sous les yeux témoigne à l'évidence qu'il s'agissait de la Tombe des fils de Hazir, appelée dans la tradition juive populaire tardive la "Léproserie", ce qui est aussi la tradition reçue dans la littérature chrétienne jusqu'à ce jour.[42] A l'époque des gaonim du pays d'Israël, les Juifs ne voyaient pas encore, dans la Tombe des fils de Hazir, un reste juif, quant à la "Léproserie", ils la signalaient sur les hauteurs du Mont des Oliviers (voir plus loin).

13. "Les églises construites par Salomon" (ligne 23)

[13] Les églises qu'a construites Salomon ... sous ... Moab.

Le Guide pense bien évidemment aux églises chrétiennes des deux côtés de la rivière du Cédron, mentionnées dans les sources chrétiennes et musulmanes des IXe et Xe siècles. Le mot "Moab", à la fin de la ligne lacunaire, fait allusion au fait que les Juifs voyaient en ces églises, peut-être dans celles d'entre elles qui étaient en ruines (ainsi par exemple, au Xe siècle, un certain nombre

[38] T. TOBLER, Descriptiones Terrae Sanctae, Leipzig 1874, p. 78.

[39] VINCENT/ABEL, Jérusalem, Paris 1926, p. 849.

[40] Le Livre de l'Avertissemnt et de la Révision, éd. 1893, p. 127 [trad. française B. CARRA DE VAU, Paris 1896].

[41] Descriptiones [ci-dessus, n. 38], p. 373..

[42] Les Guides Bleus, Syrie et Palestine [ci-dessus, n. 9], p. 591.

d'églises et de monastères étaient en ruines sur le Mont des Oliviers[43]) les héritières des "Bamot" que Salomon avait construites pour "Kemosh l'abomination de Moab" et pour les dieux des nombreuses épouses étrangères qu'il avait prises (1 R 11,7s.; 2 R 23,13).

14. Le palmier en face de la porte de la Géhenne (lignes 24-26a)

[24] Et à côté d'elle (ou: près d'elle) une palme (un palmier) pousse. D'après ce que disent les pères, cet endroit se trouve
[25] en face de la porte de la Géhenne, ainsi qu'il est dit "car là je siégerai pour juger
[26a] toutes les nations".

"Rabbi Jérémie fils d'Eleazar a dit: il y a trois portes à la Géhenne, une dans le désert, une dans la mer et une à Jérusalem... Rabbi Meryon a dit, Rabbi Josué fils de Lévy a dit (certains disent que c'est un enseignement de Rabbah fils de Meryon tiré de [l'Ecole de] Rabbi Yohanan ben Zakkaï): il y a deux palmiers dans la vallée de Ben Hinnom et la fumée s'élève entre eux, et c'est cela que nous avons appris «les palmiers de la Montagne de Fer sont valides» (Sukka III,1) et c'est la porte de la Géhenne" (bErouvin 19a; Sukka 32b). Cependant "les deux palmiers de la vallée de Ben Hinnom" se trouvent à l'est de la Mer morte, ainsi que l'atteste le rapprochement avec "les palmiers de la Montagne de Fer" au pays de Moab (comparer De Bello, IV, § 454); de surcroît, il est presque certain que le "Gé Ben Hinnom" de notre midrash est une corruption de "Gé Hamon" (Ez 39,11-17), nom appliqué au pays de Moab.[44] Cependant, du fait que le "Gé Ben Hinnom" se trouve malgré tout à Jérusalem, et qu'en outre l'une des trois portes de la Géhenne se trouve à Jérusalem, il était facile aux 'ancêtres' de l'auteur du Guide d'établir que le palmier qui poussait là, à proximité du "Gé Ben Hinnom", se dressait "en face de la porte de la Géhenne". A l'époque des Croisés, lorsque prit fin l'implantation juive à Jérusalem, cette tradition fut elle aussi oubliée; et au XIVe siècle, lorsque Rav ESHTORI HA-PARHI vint étudier la topographie de Jérusalem et du Mont des Oliviers, il conjectura que "cette entrée qui se trouve à Jérusalem" c'était "la porte qu'on appelle aujourd'hui la Porte des Tribus, à cause de l'adiposité de la poussière en face d'elle au dehors de la ville, elle se

---

[43] Selon le témoignage d'EUTYCHIUS (IBN BATRIQ), l'église de Gétsémani au pied du Mont des Oliviers, face au mur sud du Mont du Temple, était en ruines jusque la moitié du Xe siècle de l'ère chrétienne. Voir IBN BATRIQ, Le livre d'histoire recueillie d'une manière exacte et digne de foi, éd. L. CHEIKHO, Beyrouth 1905; Y. BRASLAVSKI, Guerre et Autodéfense des Juifs d'Eretz Israël entre la révolte de Bar Kokhba et la première croisade, Ein Harod, 1943, p. 93. Nous donnerons plus de détails plus loin, dans le dernier paragraphe.

[44] Pour les détails cf. Y. BRASLAVI (BRASLAVSKI), Tout autour de la Mer Morte ("Connais-tu le Pays" 3), dernière éd., le chapitre: Nahaliel — Gé Hamon — Gé Ha-cOverim? pp. 324-325; et aussi le chapitre: Baaras et Callirhoé — Porte de la Géhenne?, ibid. pp. 341-343 [hébr.].

trouve au Nord-Est du Mont du Temple"[45] (peut-être Rav ESHTORI HA-PARHI s'est-il laissé influencé par le nom arabe de la vallée du Cédron:"Wadi Ġehennam", et il aura supposé que la Porte des Tribus est aussi la "porte de la Géhenne", puisqu'elle s'ouvre sur "la vallée du Géhinnom"?).

15. "L'autre eglise construite par Salomon pour Kemosh l'abomination des Ammonites" (lignes 26b-27)

[26b] ... et à gauche du chemin une autre église, c'est celle qu'
[27] a construite Salomon aussi pour Kemosh l'abomination des Ammonites.

Comme nous l'avons dit, il est possible que l'auteur du Guide ne visait pas seulement des églises encore solides sur leurs bases mais aussi des églises détruites. Entre les mots "pour Kemosh l'abomination des Ammonites" ont chuté les mots "l'horreur de Moab et pour Milkom"; l'auteur, ou le copiste, auraient dû écrire:"pour Kemosh l'horreur de Moab et pour Milkom l'abomination des Ammonites" (2 R 23,13).

16. La pierre de la "station de la Shekhina" et le siège du chef de l'Académie au Mont des Oliviers (lignes 28-33)

[28] Et elle monte vers le Mont des Oliviers, vers une pierre d'une longueur de 10 coudées, d'une largeur
[29] de 2 coudées et d'une épaisseur de 2 coudées, c'est le siège du chef[46], et elle se dresse
[30] dans le lieu où s'est tenue la Gloire pendant trois et demi sur le Mont des Oliviers après
[31] qu'eût été détruite Jérusalem, ainsi qu'il est dit:"Et la Gloire du Seigneur s'éleva du milieu
[32] de la ville et se tint sur la montagne qui est à l'Orient de la ville"... et encore
[33] ... "En ce jour là ses pieds se poseront sur le Mont des Oliviers", etc.

"La Shekhina s'est déplacée dix fois ... d'un chérubin à l'autre chérubin, etc. ... puis de la ville au Mont des Oliviers,... comme il est écrit: 'Et la Gloire du Seigneur s'éleva du milieu de la ville et se tint sur la montagne qui est à l'orient de la ville' (Ez 11,23); Rabbi Yonatan a dit: pendant trois ans et demi la Shekhina est demeurée sur le Mont des Oliviers pensant qu'Israël ferait repentance et ils ne l'ont pas fait, et il y avait une Bat Qol qui proclamait: «revenez fils rebelles» (Jr 3,14), «revenez vers moi et je reviendrai vers vous» (Ml 3,7), etc..." (Lam.R. § 25 [FREEDMAN pp.50s.]; Rosh ha-Shana 31a).

---

[45] Le Bouton et la Fleur [*Kaftor wa-Perah*], ci-dessus n. 32], éd. Berlin, p. 17b; éd. LUNCZ, p. 98.

[46] Le Guide lit en fait: כורסי הראיס et non כורסי אל־ראיס, mais un homme qui écrivait alternativement l'arabe et l'hébreu pouvait très bien dans la précipitation de l'écriture substituer l'article hébreu *ha-* à l'article arabe *al-*. Dans la ligne précédente il a sauté, comme nous l'avons dit, "abomination de Moab et Milkom" pour cette même raison [précipitation].

Une lettre de l'Académie d'Israël à Jérusalem, datée de la fin du Xe siècle, parle de cette "station-séjour" de la Shekhina (le second verset de l'Ecriture cité ci-dessus dans le Guide est tiré de Za 14,4) et de la place de cette "station-séjour", qui a servi de centre pour les prières, les réunions publiques et les festivités du Mont des Oliviers; elle raconte à la diaspora qu'après la conquête du pays par les Arabes, "(les Juifs) ont acheté le Mont des Oliviers, sur lequel s'est tenue la Shekhina ainsi qu'il est écrit 'la Gloire du Seigneur s'éleva du milieu de la ville, etc...' [Ez 11,23] et c'est ce lieu où l'on prie les jours de fête, face au Temple[47] du Seigneur, le Jour d'Hoshana".[48] De même le Gaon BEN MEIR (deuxième quart du Xe siècle), le contradicteur de Rav Saadiah Gaon, s'y réfère quand il écrit à ses amis de Babylone:"Et nous vous mentionnons toujours dans nos prières ... sur le Mont des Oliviers, face au Temple du Seigneur, le lieu de l'escabeau [des pieds] de notre Dieu."[49] Cependant, les deux lettres ne signalent pas que le "lieu de station de la Shekhina" sur ce mont était une pierre déterminée, qu'il était possible de désigner comme "le lieu de l'escabeau de notre Dieu", ainsi qu'on peut le déduire du Guide. Cette source nous révèle pour la première fois que l'"escabeau" était une pierre de 10 coudées de long, 2 coudées de large et 2 coudées d'épaisseur, et encore qu'elle servait de siège au "Chef de l'Académie, Gaon de Jacob" —brièvement appelé en arabe "Raïs"[50] ("Chef")— dans le rituel de la célébration de Hoshana Rabba sur le Mont des Oliviers. C'est à ce siège que pense Rav SHLOMO BEN YEHUDA (1025-1050) lorsqu'il raconte dans l'une de ses lettres:"Et je me levai du siège."[51] A ses pieds "une robe" était étalée sur laquelle les pélerins "jetaient" leurs dons.[52]

Toutefois le lieu de la pierre,"l'escabeau des pieds de notre Dieu", n'est pas indiqué dans notre Guide, aussi ne peut-on fixer avec certitude où se déroulaient les prières, les réunions publiques et les festivités d'Hoshana Rabba, mais on peut penser que les Juifs avaient choisi à cet effet un lieu aussi élevé que possible[53], en sorte que le lieu de "station de la Shekhina" ne se trouve pas

---

[47] Ce n'est pas pour rien que MASOUDI, au Xe siècle, écrit que le Mont des Oliviers s'élève en face de la "Qibla"(!) [direction de la prière] des Juifs. Voir MASOUDI, Le Livre de l'Avertissement et de la Révision, trad. B. CARRA DE VAU, Paris 1896, p. 197.

[48] Y. MANN, The Jews in Egypt and in Palestine under the Fatimid Caliphs, Oxford 1920-22, II, p. 190 [réimpression Ktav, New York 1970, en un vol.].

[49] Idem, I, p.63; Sefer ha-Yishouv II, p.21b.

[50] Le titre de Raïs en arabe est donné à différentes personnes se trouvant à la tête d'institutions. Seul la caractérisation Ras al-Yehoud désignait le chef de la communauté; MANN, Jews in Egypt... I, p. 262; Texts and Studies I, p. 236.

[51] MANN, Texts and Studies I, p. 316.

[52] Ibid. p. 315.

[53] De l'avis de PRAWER, ce lieu de prières, de réunions et de festivités se trouvait sur la protubérance sud du Mont des Oliviers, dans les environs du cimetière juif. Voir son article The Vicissitudes... [ci-dessus, n. 26], p. 142 n. 29.

beaucoup plus bas que l'"Eglise de l'Ascension" qui était construite à cette époque sur le sommet du mont, à 809 mètres au dessus du niveau de la mer; d'autant plus que dans cette même église, fondée au IVe siècle de l'ère chrétienne[54], on avait coutume de montrer (au moins à partir du Ve siècle) la pierre depuis laquelle Jésus était monté au ciel et même, sur celle-ci, la marque de son pied.[55] Ainsi s'explique que les Juifs de Jérusalem se trouvaient obligés de prendre appui sur ce qui est dit de David:"Comme David arrivait au sommet, là où l'on adore Dieu" (2 S 15,32). Comme David avait prié au sommet du Mont des Oliviers, ainsi les Juifs de Jérusalem à l'époque des gaonim d'Israël. Et de fait, de suite après la description de la pierre sur laquelle s'est tenue "la Gloire trois ans et demi..." viennent les mots:"au sommet de la montagne" (l. 34), mais comme ils sont suivis de mots effacés, il est impossible de savoir si elle sont à relier aux lignes précédentes ou aux lignes suivantes. Finalement il faut supposer que cette pierre (longue de 10 coudées, large de 2 coudées et épaisse de 2 coudées) a été choisie comme "escabeau des pieds de notre Dieu" par jalousie envers celle de l'"Eglise de l'Ascension" depuis laquelle Jésus est monté au ciel, bien que la source de la tradition chrétienne elle même soit évidemment aussi Za 14, 4.[56] Il faut chercher la "pierre" et le lieu de prières, de réunions publiques et des célébrations, à l'époque des gaonim d'Israël sur l'un des trois ou quatre sommets de la chaîne du Mont des Oliviers, qui ne se distinguent que très peu les uns des autres du point de vue de la hauteur.[57]

17. "Les marches de l'année solaire", "les marches du deuxième Adar" et la "montée des oliviers" de David (lignes 34-39a)

[34] Au sommet du mont sept bassins (ou: citernes) et trente deux souches d'olivier

[35] ... marches, leur nombre est de 395 marches, 365 comme le nombre

[36] des jours de l'année solaire, et 30 pour le mois supplémentaire Adar

[37] Second, et les Arabes les appellent les Marches de l'Année, et leur nom (chez les Juifs) c'est Montée

[38] des Oliviers, ainsi qu'il est dit:"David gravissait en pleurant la Montée des Oliviers,

[39a] il montait en pleurant."

A notre regret un certain nombre de mots sont complètement effacés dans ces lignes, en sorte qu'il n'est pas possible de comprendre le lien entre les "pisci-nes" (ou: citernes d'eau) et les trente deux souches d'olivier avec les lignes précédentes, ou le lien entre celles-ci et les "marches" qui viennent ensuite.

---

[54] P. GEYER, Itineraria Hierosolymitana, Saeculi IV-VIII, 1898, pp. 23 et 77 [= CCL 175, pp. 17 et 72).

[55] Voir par exemple: PAULINUS NOLANUS (403) dans D. BALDI, Enchiridion Locorum Sanctorum, 1952, p. 390. On montre aujourd'hui cette pierre dans la mosquée de Kfar et-Tur, construite sur les fondations de l'Eglise de l'Ascension.

[56] Comme le reconnaissent ABEL/VINCENT, Jérusalem, 1914, p. 382.

[57] DALMAN, Jerusalem [ci-dessus, n.2], p. 40.

Mais malgré cela, nous sommes en mesure d'établir l'arrière-plan réel, et passionant, des "marches de l'année solaire" et de "la montée des oliviers" de David.

Une source arménienne datée de 660 de l'ère chrétienne environ, traduite dans un livre russe du Xe siècle, puis en anglais en 1896, parle de 250 marches de pierre, qui conduisaient au lieu où est inhumée la Vierge (Marie) dans la vallée de Getsémani (vallée du Cédron), et de 800 marches qui conduisaient au Mont des Oliviers, d'où Jésus est monté au ciel. Sur le lieu de "l'Ascension", il y avait un très bel édifice en forme de coupole[58], etc... Selon le *Commemoratorium de casis Dei* (808 de l'ère chrétienne), le nombre de marches qui conduisaient au sommet du Mont des Oliviers était descendu, au début du IXe siècle, à 537, et le nombre des marches qui conduisaient au tombeau de Sainte Marie, dans la vallée de Josaphat, à 195[59]; quant à l'époque à laquelle fut rédigé notre Guide, il ne restait plus que 395 des marches qui montaient au Mont des Oliviers, 365 d'entre elles correspondant aux "nombre des jours de l'année solaire", les Arabes les appelaient "les marches de l'année", et 30 autres marches correspondant "au mois ajouté Adar Second" (en année embolismique). Il est encore fait allusion à de nombreuses marches au Mont des Oliviers dans d'autres sources chrétiennes, mais sans indication de chiffres précis.[60] (Les sources chrétiennes parlent aussi de 300 marches jusqu'au sommet du Mont des Oliviers et de 7700 marches pour atteindre le sommet du Sinaï.)[61] Les Juifs ont vu dans les marches du Mont des Oliviers la "Montée des Oliviers" de David, où il montait en pleurant alors qu'il fuyait Absalom son fils (2 S 15); cependant, afin de porter les 365 "marches de l'année solaire" à 395, les Juifs ont mis en relation les trentes marches restantes avec le second mois de Adar de l'année embolismique, selon l'intercalation hébraïque.

18. Le palais d'Osias — la "léproserie" (lignes 39b-40)

[39b] ... et, au bout de ces marches, le palais d'Osias
[40] ...on l'appelle la léproserie, et les incirconcis...

"Et au bout de ces marches", cela n'oblige pas à fixer la "Léproserie" (2 R 15,5) précisément au sommet du Mont des Oliviers, puisque nous ne sommes

---

[58] R. NISBET BAIN, [P.E.F.]Q.S. 1896, p. 348; ABEL/VINCENT, Jérusalem, 1914, p. 413; BALDI, Enchiridion [ci-dessus, n. 55], p. 402.

[59] Chez TOBLER, Descriptiones [ci-dessus, n. 38], p. 384.

[60] SOPHRONIE chante en grec, entre autres:"De l'illustre défilé [vallée du Cédron], gravissant les degrés bien connus, je baiserai le Mont des Oliviers d'où il est monté aux cieux" (ABEL/VINCENT, Jérusalem, 1914, p. 413). ADAMNANUS transmet au nom d'ARCULFE:"les nombreuses marches qui montent depuis la vallée de Josaphat" (P. GEYER, p. 248 [= CCL 175, p. 201]); ANTONINUS, au VIIe siècle parle aussi des nombreuses marches qui montent vers les portes de Jérusalem [CCL 175, pp. 137-38].

[61] TOBLER, Descriptiones [ci-dessus, n. 38], p. 83 et ses notes de la p. 384.

pas en mesure d'établir où s'arrêtaient les centaines de marches qui conduisaient à l'église de l'Ascension au sommet du mont.

[lignes 41'-43'a: le commentaire manque]

19. En Roguel qui monte en hiver (lignes 43'b-45')

[43'b] ... et lorsqu'arrivent
[44'] les pluies les eaux débordent ... et fort comme un torrent
[45'] (pendant) trois mois, ou moins ... on l'appelle En Roguel.

Au sommet de cette page, la première ligne manque, et des trois lignes suivantes, il ne reste que deux mots à la fin de chaque ligne. Entre autres, s'y trouve bien sûr décrit le "Bir Ayoub" que les Juifs ont identifié avec certitude comme étant le En Roguel (2 S 17,17ss.). Le débordement des eaux de la source hors du puits, les hivers des années pluvieuses, est un fait bien connu. Il a fourni le motif de rassemblements et de fêtes autour du puits.

20. Le Tofet — "un lieu de pierre" (lignes 46'-50'a)

[46'] Et en dessous, sur le côté du mont, le lieu où ils faisaient passer leurs fils
[47'] et leur filles par le feu, et c'est un 'maqâm' en pierre,
[48'] dessus il y a sept maisons communicant entre elles, et en dessous de la forme (ou: de l'image) un bassin en pierre
[49'] et du sol de la sépulture de la forme coule de l'eau ... que le Seigneur déracine l'idôlatrie
[50'a] de notre terre! et les gentils l'appellent Der al-Sanya.

"Le lieu dans lequel ils faisaient passer leurs fils et leurs filles par le feu" (d'après 2 R 17,17), c'est bien entendu "le Tofet de la vallée de Ben Hinnom", où l'on faisait passer son fils et sa fille par le feu pour Molekh (2 R 23,10). Le Guide l'appelle "maqâm", c'est-à-dire un lieu saint pour les chrétiens. Certes, une explication précise des détails de cette description impliquerait une "plongée" dans les profondeurs de la littérature chrétienne antique, mais peut-être ne nous égarerons-nous pas en affirmant que le "maqâm fait de pierre" est ce même "espace cubique taillé dans la pierre" sur lequel s'arrête Titus TOBLER en 1854.[62] Les "sept maisons communicant entre elles", ce sont les habitations des moines dont discute ANTONINUS PLACENTINUS au VIIe siècle[63], ainsi que d'autres sources chrétiennes. La "forme" ou "l'image" rappelle les frises aux motifs religieux sur lesquelles s'est penché DE SAULCY en 1882.[64] L'eau (la lecture n'est pas certaine) qui s'écoule du "sol de la sépulture" de la "forme", ces mots font allusion à la sépulture commune des pélerins chrétiens, dans la

---

[62] T. TOBLER, Topographie von Jerusalem, Berlin 1854, II, p. 266.

[63] GEYER, Itinera, p.177 [= CCL 175, p. 143].

[64] DE SAULCY, Jérusalem, Paris 1882, p. 269.

terre et "par-dessus" (quand il n'y avait personne pour les enterrer), dans le Gé Ben Hinnom[65] qui était un lieu saint pour les chrétiens comme "Haqel Dama" de l'Evangile (Mt 27,7). La lecture du nom du monastère n'est pas certaine.[66] A "Haqel Dama" il y a eu une église à partir de la période byzantine.[67]

21. Le canal d'Ezéchias en direction du Mont Sion (lignes 50'b-55'a)

[50'b] ... et un canal monte
[51'] sur le versant de la montagne vers Sion qu'elle soit vite consolée, et il y a là le chemin des eaux
[52'] qu'Ezéchias a fait entrer dans la ville, le canal de la source, ainsi qu'
[53'] il est dit:"et qu'il a construit la piscine et le canal et fait venir
[54'] les eaux dans la ville"; quant à ce canal il est extraordinaire, il parcourt plus
[55'a] de mille milles(?).

Ce fragment ne demande pas de commentaire. Il faut savoir gré à l'auteur du Guide de ce qu'il donne aussi son avis sur le "canal d'Ezéchias" (2 R 20,20), alors que les autres sources ne le mentionnent quasiment pas. La lecture "mille milles" n'est pas certaine. Il n'y a pas de limites à l'imagination de l'homme.

22. La maison de purification (le Miqve) (ligne 55'b)

[55'b] ... et le chemin depuis la source d'eau vers la maison de purification...

"La maison de purification" (miqve) c'est bien sûr ces mêmes "eaux de Siloé pour l'immersion" que mentionnent les Juifs d'Israël dans les demandes qu'ils font au Prince des Croyants (Omar) de leur permettre de revenir s'installer au sud de Jérusalem après la conquête arabe.[68] Ce sont aussi ces mêmes eaux de Siloé où "l'on ne permet pas aux gentils de se baigner"[69] et dont il est question dans la lettre de Rav YEHIEL fils de Rav Yitshaq, le gendre de Rav Anatoli, au début du XIIIe siècle.[70]

---

[65] GEYER, pp. 244 et 307 [= CCL 175, pp. 198 et 259].

[66] *Der al-Sanya* pourrait signifier le "monastère élevé" (*Sanya* de la racine *sny, saniyah* = élévation); la remarque est du Dr. Y. BEN ZEEV à qui vont mes remerciements.

[67] ABEL/VINCENT, Jérusalem, 1926, p. 865.

[68] S. ASSAF, Yediyot 7, pp. 22-28 [hébr.]; Sefer ha-Yishouv II, p. 18b.

[69] MANN, The Jews in Egypt... II, p. 304.

[70] Y. BRASLAVI (BRASLAVSKI), Fragments de la Geniza sur les sages de France et d'Europe en Israël et en Egypte, à l'époque de Maïmonide et de son fils, Eretz Israel 4 (1957) pp. 157-158 [hébr.].

23. L'église de Betlehem — la forteresse d'Asa — le Tombeau de Rachel (lignes 56'-72')

[58'] ... Et sur laquelle était assis...
[59'] ... et à Bet-
[60'] léhem se trouve une église ...
[61'] ... à Betléhem ...
[62'] Betléhem ...
[63'] et Asa ... et entourons la muraille,
[64'] de tours, de portes et de verrous ... Tombeau de Rachel ...
[65'] A une certaine distance ... 'Temple' (Jérusalem), à l'Ouest du Tem-
[66'] ple au loin ... une piscine...".

Ce sont là les mots qu'il est possible de sauver sur la quatrième page, où manquent les quatres lignes du haut, elle est déchirée dans la largeur pour un bon nombre d'autre lignes et l'encre y est estompée au point qu'il n'est plus possible d'identifier les caractères. Il semble que l'auteur ait consacré une description à l'Eglise de la Nativité à Betléhem, aux ruines de fortifications attribuées à Asa, roi de Juda (2 Ch 14,6), au Tombeau de Rachel (Gn 35,16) et peut-être aussi aux piscines de Salomon qui se trouvent au sud de Betléhem.

Résumé et Conclusions

Les noms attestés par le Guide et qui ne sont pas mentionnés dans les autres sources juives sont les suivants:

1) "Portes du Mishné", pour désigner la salle intérieure des portes de Houlda.
2) "Cour de Bat Sheva", pour désigner le "Dar al-Akhmas" ("la maison des servants du Cinquième") qui se trouvait devant les "Abwab al-Akhmas" ("Portes du Cinquième") dans le mur sud du Mont du Temple.
3) "Porte de l'eau", "Porte du Chant" et "Porte des Femmes", qui ont été identifiées avec la "Porte Triple" et murée qui se trouve à l'est des "Portes de Houlda".
4) "Qeren ha-Ofel", comme nom de l'angle sud-est de l'enceinte du Mont du Temple.
5) La "Porte de Nikanor", identifiée comme étant les "Portes de la Miséricorde".
6) La Pierre, lieu de "station de la Shekhina" au Mont des Oliviers après qu'elle eût quitté le Mont du Temple, et siège du chef de l'Académie, Gaon de Jacob dans le rituel des fêtes sur cette montagne.
7) La "Montée des Oliviers" de David, lorsqu'il s'enfuit de devant Absalom son fils, comme désignation des 395 marches vers "l'Eglise de l'Ascension de Jésus au Ciel", reste des 800 marches du VIIe siècle.
8) 30 marches correspondant au deuxième mois de Adar de l'année embolismique.
9) Le "Palais d'Osias" - léproserie sur les hauteurs du Mont des Oliviers.

10) Le palmier en face de la porte de la Géhenne, à la frontière entre la vallée du Cédron et celle de Ben Hinnom.
11) Les églises construites par Salomon pour Kemosh et l'abomination des Ammonites.
12) Les constructions ou les ruines de forteresses attribuées à Asa roi de Juda, entre Jérusalem et Betléhem.

Les noms et les traditions qui ont été remplacés par d'autres noms ou traditions au cours du temps:

1) La "Tombe d' Arnan le Jébusite", devenue la "Tombe de Zacharie".
2) L'"Eglise de Jacques le frère du Messie", devenue la "Léproserie".[71]

Les noms arabes que nous n'avons pas trouvés dans les sources musulmanes et chrétiennes du Moyen Age qui se trouvaient à notre disposition:

1) "Abwab al-Akhmas" dont nous avons parlé plus haut.
2) "Dar al-Akhmas", également discuté ci-dessus.
3) "Al-Qamqam" comme désignation de Yad Abshalom.
4) "Darağ al-sana al-shimsaya" ("les marches de l'année solaire"), ainsi que les Arabes appelaient 365 des 395 marches qui restaient au Mont des Oliviers.
5) "Der al-Sanya" (dont la lecture n'est pas certaine), au lieu du Tofet, dans la vallée de Ben Hinnom.

La conclusion qui découle de notre résumé c'est qu'entre l'époque de rédaction de notre Guide et l'époque du renouvellement des noms et des traditions qui sont reçus jusqu'à aujourd'hui, il y a eu, sans aucun doute, une interruption prolongée dans la continuité de l'implantation juive à Jérusalem. Comme on le sait, ce fut à l'époque des croisades. C'est à cette époque qu'étaient susceptibles d'être oubliées des traditions qui s'étaient développées entre la conquête arabe et la première croisade; et lorsque l'implantation juive se renouvela, à partir de l'époque de Salah ad-Din, les Juifs façonnèrent un certain nombre de traditions, différentes de celles qui s'étaient transmises avant l'époque des Croisés, tandis qu'un certain nombre de traditions de l'époque arabe n'étaient pas reprises, ni même remplacées par d'autres traditions. La première croisade représente donc le terminus ad quem pour dater la rédaction du Guide.

Toutefois, on trouve dans le Guide un certain nombre d'allusions suggérant une rédaction antérieure d'au moins 150 ans à la première croisade. Ces allusions peuvent aider à éclaicir certaines questions touchant à l'implantation juive à Jérusalem dans la première moitié du Xe siècle.

---

[71] Rav BENYAMIN de Tudèle (1170) parle du "Tombeau d'Osias" et du "monument de Yad Abshalom" qui se trouve devant (A. YAIRI, Voyages en Eretz Israël, Tel-Aviv 1946, p. 40 [hébr.]), mais il pense, semble-t-il au "Tombeau de Zacharie" avant qu'il n'ait reçu un nom plus tardif, et non à la "Léproserie". Nous sommes là en présence d'une "tradition provisoire" d'avant le renouvellement du peuplement juif postérieur à la période des Croisés.

1) Le Guide témoigne de ce que la "Porte Orientale", "à cause des nombreux péchés est devenue aujourd'hui(!)... et la saleté". Un témoignage semblable nous est transmis par le Karaïte SALMON BEN YEROUHAM, témoignage mis par écrit, à ce qu'il semble, dans le second quart du Xe siècle. De là nous pouvons déduire que notre Guide a été rédigé dans la première moitié du Xe siècle.

2) La description de la salle intérieure des "Portes de Houlda" (appelées dans notre Guide les "Portes du Mishné"), de son pilier monolithique central, qui soutient, en même temps que les voûtes, la mosquée al-Aqsa, la connaissance en particulier des dimensions du pilier et de la présence dans la salle du "Petit Soleil", que les sources arabes ne mentionnent pas, tout cela indique qu'à l'époque de rédaction du Guide, les Juifs avaient encore le droit d'entrer dans cette salle, car s'il n'en était pas ainsi il est bien évident que l'auteur, qui voulait proposer une visite intelligible pour les excursions, ne se serait pas donné la peine d'en décrire aussi scrupuleusement l'aspect intérieur.

3) Dans les "Portes du Mishné" il semble qu'il faille voir aussi la "Dernière Porte", celle dans laquelle il fut permis aux Juifs de prier après qu'ils aient étés exclus des autres portes du Temple. Du commentaire de SALMON BEN YEROUHAM sur Ps 30,10 nous apprenons que "lors de l'apparition du royaume d'Ishmaël" furent remis aux Juifs "les parvis de la Maison de l'Eternel, et ils prièrent là un certain nombre d'années" (et non pas:"un certain temps" comme l'écrit le traducteur), plus tard "le roi d'Ishmaël ordonna de les expulser vers l'une des portes du Temple et ils priaient à l'intérieur (et non:"là"!)[72], mais il ne leur était pas interdit de faire le tour des autres portes", jusqu'à ce que "domine sur nous celui qui nous a chassés de la porte du Temple".[73] Cette dernière expulsion — nous dit MANN — eût lieu semble-t-il à l'époque de SALMON BEN YEROUHAM[74]. SALMON, à notre grand étonnement, n'indique pas le nom de la "Dernière porte"[75]; mais comme la porte la plus vénérée par les Juifs, à

---

[72] וצלו פיה signifie:"et ils priaient au dedans", comme:פכאנו פיה יצלון ("et ils étaient à l'intérieur priant") qui est dit à propos des prières dans les "parvis du Seigneur", juste avant (comparer: MANN, Texts and Studies II, 18; Sefer ha-Yishouv II, p. 20b, § 20). Il y a donc une grande différence entre "et ils priaient au dedans" — c'est-à-dire véritablement à l'intérieur de la Porte— et "ils priaient là", ce qui revient à dire peut-être aussi devant la porte, à l'extérieur de celle-ci.

[73] Même après l'émendation de PRAWER (The Vicissitudes... [ci-dessus, n. 26], p. 138): מן באב אלקדס au lieu de פקאם עלינא מן תרדנא מן אבואב אלקדס la "Dernière Porte" ne disparaît pas pour autant, car il est dit auparavant:"ברדהם אלי באב מן" "אבואב אלקדספאמר" ("et il ordonna de les chasser vers une des portes du Temple").

[74] MANN, Texts and Studies II, p. 19.

[75] Si l'expulsion a eu lieu à son époque, comme le pense MANN, comment se peut-il que SALMON BEN YEROUHAM ne connaisse pas le nom de la "Dernière Porte", et qu'il la désigne comme "une des portes du Temple"? Serait-ce que l'expulsion est advenue une dizaine d'années avant lui, et que pour cette raison il n'a pas relevé le nom de la porte? Il se peut que les mots "celui qui nous a chassés" s'appliquent à "nous les Juifs" en général, et pas précisément aux contemporains de SALMON BEN YEROUHAM.

l'époque arabe, était la "Porte du Cohen"[76], qui est aussi la "Porte Orientale" ou "Porte de l'Orient" (שער הקדים), H.Z. HIRSCHBERG estime qu'on peut y voir la "Porte du Cohen", ou "Porte de l'Orient", qui était située, à ce qu'il semble, sur l'emplacement de la "Porte d'Or", ou "Porte de la Miséricorde", d'aujour-d'hui.[77] Cependant, non seulement la "Porte du Cohen" n'est pas identique à la "Porte de la Miséricorde", comme nous l'avons dit, mais la nature de la "Porte du Cohen" ainsi que ses dimensions relativement à la possibilité d'y prier à l'intérieur ne nous sont pas suffisamment connues. La difficulté essentielle de l'identification de la "Porte du Cohen" comme "Dernière Porte" tient à son rôle comme porte de sortie des morts du Mont du Temple. Car alors on est amené à se poser les questions suivantes : est-ce que les musulmans auraient permis aux Juifs de prier dans la porte par laquelle ils sortaient leurs morts? Et bien plus: est-ce que les Juifs auraient accepté de prier dans l'impureté intérieure de la porte? Cela étant dit, il est probable que la description de la salle intérieure des "Portes du Mishné", ainsi que la connaissance des dimensions du pilier qui s'y trouvait, indiquent que cette salle est bien la "Dernière Porte" dont parle SALMON BEN YEROUHAM.

La tradition concernant la prière à l'intérieur des "Portes de Houlda", ou "Portes du Mishné", est soutenue par l'inscription:"Yona et Sabatia, son épouse, Sekalia ont été guéris", découverte par DE SAULCY en 1863, sur le pilier central de la salle, quand on eût retiré la couche de plâtre qui la recouvrait. Certes, d'un point de vue épigraphique, l'inscription est peut-être, au plus tard, de la fin de l'époque byzantine[78], mais il est possible que les autres inscriptions de couleur rouge, fouillées par DE SAULCY sur un second pilier de la même salle, et qui n'ont pu être déchiffrées[79], soient de la période arabe. Si notre déduction est juste, à savoir que lorsque fut rédigé le Guide les Juifs avaient encore le droit d'entrer à l'intérieur des "Portes de Houlda", alors nous avons un indice, non seulement pour la "Dernière Porte", mais encore pour l'époque de rédaction du Guide qui aurait précédé même les Ecrits de SALMON BEN YEROUHAM.

---

[76] Il me semble à présent que l'expression "le groupe des rabbins qui résident à la Porte du Cohen", que l'on trouve dans une lettre de Jérusalem des années 1024-1029 (MANN, The Jews II, p. 179, l. 11), et qui était à la base de mon article "A propos des lieux de peuplement juif à Jérusalem à l'époque arabe" (Yediyot 1937 [ci-dessus, n. 23]), article qui incita dans la mesure que l'on sait Z.H. HIRSCHBERG et Y. PRAWER à s'occuper de ce sujet dans leurs recherches des années 1937-1938. Il me semble que cette expression est de pure rhétorique, puisque la colonie juive de la Cité de David, au sud du Mont du Temple (PRAWER), n'avait pas de lien organique avec une porte du mur est du Mont du Temple, même proche de l'extrêmité sud de ce mur.

[77] Sur les questions touchant au Mont des Oliviers à l'époque des gaonim, voir Yediyot 13 (1947), p. 159.

[78] A. L. SUKENIK, Les inscriptions juives du Mont du Temple, Zion, 1930, p. 136 [hébr.].

[79] Ibid., p. 136.

Quand ont commence les prières et les célébrations au Mont des Oliviers ?

L'information la plus importante contenue dans le Guide est la désignation du lieu où s'est tenue la Shekhina sur le Mont des Oliviers quand elle s'exila du Temple qui avait été détruit, et qui est aussi le lieu où se tenait le siège du chef de l'Académie, Gaon de Jacob, lors des célébrations festives sur cette même montagne à Hoshana Rabba. Ce qui pose à nouveau le problème de la date à laquelle les Juifs commencèrent à se rassembler au Mont des Oliviers pour les prières, les réunions publiques et les célébrations festives.

Selon la lettre de l'Académie de Jérusalem, citée plus haut, "les Juifs ont acheté le Mont des Oliviers" aussitôt après la conquête arabe, ce qui était l'époque la plus favorable pour cet "achat". Certaines sources chrétiennes indiquent que de nombreuses églises de Jérusalem, et parmi elles celles du Mont des Oliviers, furent détruites à l'époque de la conquête perse[80], et que même les Juifs s'associèrent à l'oeuvre de destruction[81]; à la vérité une partie des églises fut reconstruite déjà pendant la brève domination perse, mais l'"Eglise de Getsémani" et l'"Eglise Nouvelle" au Mont des Oliviers était encore en ruines du temps d'EUTYCHIUS (Xe siècle).[82] Les églises du Mont des Oliviers subirent aussi des dommages et des affronts lors de la conquête arabe. D'après le témoignage de SEBEOS L'ARMENIEN (troisième quart du VIIe siècle), "les Juifs ont joui pendant un certain temps de l'aide et de la sympathie des conquérants arabes, et ils tramaient des intrigues contre les chrétiens, etc…"[83] Selon THEOPHANES et MIKHAEL LE SYRIEN qui marche sur ses traces, les Juifs avaient une telle influence sur les Musulmans au début de la conquête arabe que, sur leurs avis, ils descendirent les croix de celles des églises du Mont des Oliviers qui faisaient face au Temple. De même les Juifs descendirent-ils eux-mêmes les croix des églises chrétiennes et des maisons privées non seulement à Jérusalem mais aussi à Damas.[84] A l'inverse YAQOU-BI, TABARI et IBN BATRIQ signalent que Omar avait fait promettre de ne pas

---

[80] K. HILKOVITZ, Sur la question de la participation des Juifs à la conquête de Jérusalem par les Perses, Zion, 1939, p. 311 [hébr.] (voir BRASLAVSKI, Guerre et autodéfense des Juifs… [ci-dessus, n. 43], p. 59).

[81] BRASLAVSKI, ibid.

[82] IBN BATRIQ, Le livre d'histoire recueillie de manière exacte et digne de foi, éd. L. CHEIKHO, Beyrouth 1905, p. 216; BRASLAVSKI, ibid.

[83] M. SWABE, Les Juifs et le Mont du Temple après la conquête de Jérusalem par Omar, Zion 2 (1927), p. 103 [hébr.]; BRASLAVSKI, ibid., p. 85, d'après la traduction française de cette source: Histoire d'Héraclius par l'Evêque Sebéus, traduite de l'Arménien et annotée par Fr. MACLER, Paris 1904, p. 102.

[84] SWABE, ibid., p.102; BRASLAVSKI, ibid., p. 86, d'après MIKHAEL LE SYRIEN, pp. 431-434.

détruire les églises et les croix de Jérusalem.[85] H.Z. HIRSCHBERG montre que les paroles de THEOPHANES sur le sort de l'église (Eglise de l'Ascension, X,2) du Mont des Oliviers n'ont pas de bases sur lesquelles s'appuyer, car ARCUL-FE (670 de l'ère chrétienne) loue à l'excès cette église, et même Saint WILIBALD (754) parle de cette église sans mentionner l'enlèvement des croix. Il en conclut qu'il faut rattacher les paroles de THEOPHANES à sa propre époque, c'est-à-dire au début du IXe siècle, lorsque les Juifs tirèrent parti d'un moment favorable pour tourmenter les chrétiens et leur rendre la monnaie de leur pièce, et que les Juifs choisirent l'Eglise de l'Ascension comme objet de leur vengeance contre les chrétiens, car ce n'est qu'au début du IXe siècle, après leur exclusion totale des portes du Mont du Temple, qu'ils commencèrent à monter au Mont des Oliviers pour y faire leurs prières et y tenir leur réunions.[86]

A vrai dire, l'"Eglise de l'Ascension", au sommet du Mont des Oliviers, se conserva pendant presque toute la période arabe[87], mais sa conservation n'exclut pas la possibilité qu'au début de l'époque arabe, quand les Juifs trouvèrent grâce aux yeux des Musulmans du fait de leur soutien lors de la conquête du pays et de Jérusalem[88], les croix aient été enlevées un certain temps de l'ensemble des églises, puis qu'on ait permis ensuite de les remonter. Dans tous les cas, c'est une preuve de ce qu'affirment nettement VINCENT et ABEL, à savoir qu'à la suite de la conquête arabe, le patrimoine des chrétiens sur le Mont des Oliviers a été très contesté et que le nombre de leurs églises et de leurs monastères a diminué dans une mesure notable.[89] Et tandis que THEODOSIUS (du Ve siècle) donne le nom de 24 églises du Mont des Oliviers[90], Saint WILIBALD, au VIIIe siècle, ne parle que de deux églises, et la *Commemoratio*, au début du IXe siècle, seulement de trois églises.[91] La période des Omayyades, juste après la conquête arabe, était plus favorable à "l'achat du Mont des Oliviers" que les périodes postérieures plus empreintes du fanatisme religieux musulman. Cette "acquisition" fut bien évidemment partielle, car il est impossible de concevoir l'achat de la totalité de la montagne par les Juifs; d'autant qu'au sommet du mont resplendissaient, outre l'Eglise de l'Ascension, au moins deux églises et une mosquée musulmane au nom du kalife Omar, en mémoire de son campement sur cette même montagne[92] lors de

---

[85] M. ASSAF, Histoire de la domination arabe en Israël, Tel Aviv 1935, p. 110 [hébr.].

[86] Yediyot 13 (1947), p. 162.

[87] Sur son existence au IXe siècle voir ci-dessus, pp. 15s., sur son existence à la fin du Xe siècle, cf. AL-MAQDISI, La meilleure des divisions... [ci-dessus, n. 5], p. 172.

[88] Pour les détails cf. BRASLAVSKI, A propos des lieux de peuplement... [ci-dessus, n. 76], pp. 67-90.

[89] ABEL/VINCENT, Jérusalem, 1914, p. 398.

[90] GEYER, p. 140 [= CCL 175, p. 117].

[91] TOBLER, Descriptiones [ci-dessus, n. 38], p. 33.

[92] AL-MAQDISI, La meilleure des divisions... [ci-dessus, n. 5], p. 172.

Jérusalem. Il paraît donc plutôt difficile d'appliquer les paroles en question de THEOPHANES (lesquelles sont plus qu'explicites) au temps de cet auteur, au début du IXe siècle, et de les mettre en rapport avec quelque moment de faveur, où "les Juifs ont choisi l'Eglise de l'Ascension comme objet de leur vengeance contre les chrétiens", et surtout de les rattacher au commencement de la montée au Mont des Oliviers pour prier et célébrer Hoshana Rabba, précisément au début du IXe siècle.

De notre Guide nous apprenons que la montée au Mont des Oliviers ne fut pas nécessairement conditionnée par l'exclusion des Juifs des portes du Mont du Temple, car il y avait sans cela une raison suffisante pour le transformer en lieu de prière et de réunion — c'est la sainteté particulière qu'il avait en tant que lieu de "station de la Shekhina", après la séparation de celle-ci du Mont du Temple. Et ce d'autant plus que depuis la hauteur de ce mont, ceux qui priaient pouvaient contempler l'ensemble du territoire chéri qui leur avait été enlevé, ce qui n'était pas possible depuis les portes elles-mêmes, même à l'époque où il avait été permis aux Juifs d'entrer à l'intérieur de celles-ci. Comme nous l'avons dit, "l'adoration de Dieu par David au sommet du mont" ainsi que la jalousie des Juifs envers l'église de l'Ascension, étaient susceptibles de les pousser à "acheter le Mont des Oliviers", peu après la conquête arabe, alors que les Juifs trouvaient encore grâce aux yeux des conquérants musulmans. De cette "jalousie" témoigne dans une certaine mesure la pierre — dont la longueur est de 10 coudées, la largeur de 2 coudées et l'épaisseur de 2 coudées — qui signalait le lieu de "station de la Shekhina", car on montrait dans l'église de l'Ascension, comme nous l'avons dit, déjà depuis le Ve siècle, la pierre de laquelle Jésus était monté au ciel.

Sur la base du Guide, les paroles de BEN MEIR, Gaon du pays d'Israël et contradicteur de Rav Saadia Gaon, concernant "l'escabeau des pieds de notre Dieu" et les "proclamations du Mont des Oliviers" reçoivent, au sujet du calendrier et de l'embolisme des années, des significations susceptibles de confirmer l'ancienneté de la montée traditionnelle au Mont des Oliviers.

H.Z. HIRSCHBERG déduit de l'affirmation de BEN MEIR:"Vos pères, paix à leur âme! recevaient la proclamation du Mont des Oliviers, et jamais vos pères, paix à leur âme! n'ont touché à cette coutume ni changé la règle", que "deux générations avant qu'il ne monte sur le trône de Gaon (c'est-à-dire depuis la moitié du IXe siècle de l'ère chrétienne, mais on peut supposer encore une génération auparavant) on avait commencé à faire les proclamations de l'embolisme de l'année au Mont des Oliviers".[93] Or, une lettre envoyée par les maîtres babyloniens au Gaon, ainsi qu'un certain nombre de passages de ses lettres à Babylone, nous apprennent que "la proclamation du Mont des Oliviers" se pratiquait longtemps avant cela. "Les premiers envoyaient chaque année demander à nos maîtres du pays d'Israël la fixation des mois — reconnaissent les maîtres babyloniens dans leur lettre à BEN MEIR — "parce qu'ils n'étaient

---

[93] Yediyot 13 (1947), p. 160.

pas experts comme eux dans la question de l'embolisme ... mais cela fait déjà de nombreuses années qu'ils ont fixé seuls les mois à Babylone, et les sages du pays d'Israël calculent aussi et fixent les mois de leur côté, et durant toutes ces années les calculs ont été en harmonie, il ne s'est pas trouvé de différence ... Il y a dans les Académies des anciens qui ont atteint l'âge héroïque [80 ans] et qui même sont devenus très âgés et aucun d'entre eux ne se souvient que les gens de Babylone aient été obligés de demander en Israël des indications sur l'embolisme de l'année et la fixation des mois."[94] Ces paroles contredisent l'affirmation susdite de BEN MEIR, c'est qu'en fait le Gaon visait le passé lointain où Babylone était encore soumise à l'autorité du pays d'Israël. Dans son conflit avec Rav Saadia Gaon concernant les différences de calcul dans l'établissement du calendrier, BEN MEIR cherche à convaincre par la force de cette autorité antérieure. Et en voici la preuve: dans une seconde lettre il revient avec insistance sur le fait qu' "il n'est pas permis à un homme d'Israël de déplacer la frontière des anciens"; "l'autorité est de la compagnie du pays d'Israël sur les sages de l'Exil, et les gens de l'Exil n'ont pas de pouvoir sur ceux du pays d'Israël, et l'on n'a jamais vu ni entendu les gens de l'Exil enseigner ou juger ou s'arroger une autorité sur ceux du pays d'Israël"[95] (comparer:"si l'embolisme est décidé en dehors d'Israël, l'année n'est pas embolismique"; mSanh. I, 2; Ned. fin du ch.10).

"Vos pères, paix à leur âme! recevaient la proclamation du Mont des Oliviers, et jamais vos pères, paix à leur âme! n'ont touché à cette coutume ni changé la règle": dans cette phrase le Gaon BEN MEIR vise donc un passé lointain, et l'on peut déduire de là que la montée au Mont des Oliviers, et avec elle les prières, les réunions publiques, les festivités et les proclamations étaient très anciennes. Il se peut qu'elle ait son origine au début de l'époque arabe.

---

[94] Sefer ha-Yishouv II, p. 101, § 6.

[95] Ibid., p. 102, § 7.

UNE FRESQUE DU MONT DES OLIVIERS ATTRIBUEE AU PEINTRE BERNARDINO LANINO (LUGANO, SANTA MARIA DEGLI ANGIOLI, XVIe s.)[1]

Flavio G. Nuvolone

L'église Santa Maria degli Angioli, à Lugano, est bien connue des historiens de l'art[2]: Bernardino Luini, avec sa "Lunette de la Vierge", la "Sainte Cène" et surtout les 11,60 x 9,50 m de sa "Passion et Crucifixion", fit apprécier cet édifice franciscain et son jubé en particulier. Il est vrai que l'église ne démérite

[1] J'exprime ma reconnaissance au Fonds National Suisse pour la Recherche Scientifique, au Conseil de l'Université de Fribourg et à la direction de la Banca del Sempione (Lugano), ainsi qu'à MM. Brenno BERNARDI (Lodrino), Ursula BLÄTTLER (Zürich), Stefano BONA (Brescia), Claudio FLISI (Caneggio), Giulio FOLETTI (Lodrino), Jean-Michel GIRARD (Grand-St-Bernard), Max KÜCHLER (Fribourg), Isidoro MARCIONETTI (Lugano), Mario NUVOLONE (Milano), Giovanni SPINELLI (Pontida), Thomas STAUBLI (Bern), Christoph UEHLINGER (Fribourg), Dirk VAN DAMME (Fribourg).

[2] Sans aucun souci d'exhaustivité, et en omettant en principe la riche bibliographie "luinienne", ainsi que plusieurs études secondaires ou de détail, je renvoie (dans l'ordre alphabétique) à: B. ANDERES / L. SERANDREI, Guida d'Arte della Svizzera Italiana, Porza-Lugano 1980, pp. 258-261; L. BELTRAMI, La cappella Camuzio nella chiesa di Santa Maria degli Angeli in Lugano: Bollettino Storico della Svizzera Italiana 25 (1903) 1-15; E. BERTA, Pitture del rinascimento: La cappella Camuzio nella chiesa di S.M. degli Angeli in Lugano [= Monumenti storici ed artistici del Cantone Ticino, puntata XIII, Serie IV, fasc. 3], Milano 1925 (avec bibl. à la p. 13); L. BRENTANI, Miscellanea Storica Ticinese. Notizie d'arte, di coltura, di religione, di politica e di curiosità, Como 1926, I, pp. 58-62.103-105.118-133. 264-265.284-285; ID., Antichi maestri d'arte e di scuola delle terre ticinesi. Notizie e documenti, Como 1941, VII, pp. 227-230; A. CALDERALI, Arte e Storia nel Ticino, Catalogo, Locarno 1975, pp. 101-102; La Chiesa di S. Maria degli Angioli in Lugano. Ricordo Storico del IV Centenario dalla sua fondazione - 1499-1899, Lugano 1899; F. CHIESA, Monumenti storici ed artistici del Cantone Ticino restaurati dal 1910 al 1945 [= Monumenti storici ed artistici del Cantone Ticino, N.S. Fasc. 6], Bellinzona 1946, pp. 29-34; C. CHIESA - GALLI, La Chiesa di Santa Maria degli Angeli in Lugano, Lugano 1932; A. GAROVAGLIO - G. POLARI, Affreschi del principio del Cinquecento nella chiesa degli Angioli in Lugano: Bollettino Storico della Svizzera Italiana 13 (1891) 197-201; ID., Della pittura della Chiesa degli Angioli in Lugano, ibid., 14 (1892) 83-86; I. MARCIONETTI, Chiesa e Convento di S. Maria degli Angeli in Lugano, Lugano 1975; S. MONTI, Storia ed arte nella provincia ed antica diocesi di Como, Como 1902, pp. 305-315.373; E. MOTTA, Documenti per la fondazione del convento degli Angioli in Lugano: Bollettino Storico della Svizzera Italiana 9 (1887) 11-12; U. ORELLI, I Frati Minori del Convento di Santa Maria degli Angeli in Lugano, in: Der

pas non plus pour d'autres peintures, qu'il s'agisse par exemple de la "Cappella Camuzio", de celle de la Madonna, ou des épisodes de la "Vie de la Vierge" derrière le maître-autel. Mais, compte tenu de tels chefs-d'oeuvre, certains éléments furent vite éclipsés, parce que considérés plus tardifs, ou naïfs, voire encore d'auteur secondaire. Il suffit ainsi de parcourir la plus récente et importante monographie qu'on ait consacrée à cette église, celle due à Mons. Isidoro MARCIONETTI - publiée avec le concours munificent de la Banca del Sempione, une éclairante introduction de Franco MASONI et une richissime documentation iconographique - pour y rencontrer un cas symptomatique: celui de deux fresques représentant des vues de Jérusalem et du Mont des Oliviers. L'historien leur voue cinq pages, denses de sympathie pour leur auteur, un "fraticello" peignant d'après une gravure, ou puisant dans ses propres expériences palestiniennes. Le premier élément de l'alternative jouit des préférences du nôtre, qui parle de "raffigurazioni convenzionali", cite un parallèle sur la paroi "cinquecentesca" du cloître du Couvent St-Joseph à Brescia, où seraient résumées les deux lunettes de Lugano, et considère somme toute l'ouvrage tel qu'un "simpatico saggio di paesaggistica *naif*".[3]

1. Cette recherche

Lors d'une visite à Lugano, l'un de nos amis, Thomas STAUBLI, remarqua les deux fresques et en prit des dias. Des tirages photographiques dévoilèrent à Max KÜCHLER et au soussigné le véritable intérêt des représentations, et Max me suggéra une analyse plus approfondie. Grâce à l'aide essentielle de l'abbé

Franziskusorden... Die Minimen in der Schweiz [= Helvetia Sacra, Abt. V, Bd. I], Bern 1978, pp. 491-525 (bibl. à la p. 512); G. PASQUALIGO, Manuale ad uso del forastiere in Lugano, ovvero Guida storico-artistica della città e dei contorni, Lugano 1855, pp. 86-99; J.R. RAHN, Geschichte der bildenden Künste in der Schweiz von den ältesten Zeiten bis zum Schlusse des Mittelalters, Zürich 1876, p. 548s; ID., Die Malereien aus dem Renaissancezeitalter in der italienischen Schweiz: Repertorium für Kunstwissenschaft 12 (1889) 15-17; ID., Neueste Funde von Wandgemälden im Tessin: Anzeiger für Schweizerische Alterthumskunde 3 (1892) 96-100; ID., Monumenti Artistici del Medio Evo nel Cantone Ticino.- Traduzione con aggiunte all'originale tedesco eseguita...da Eligio POMETTA, Bellinzona 1894, pp. 188-193; E. SCHMID, Lugano und Umgebung, Frauenfeld 1948, pp. 17-22; W. SUIDA, Tessinische Maler des beginnenden Cinquecento und ihre Beziehungen zu Bramantino. III: Der Meister der Capella Camuzio: Anzeiger für Schweizerische Alterthumskunde 14 (1912) 222-236. Les renvois à ces ouvrages seront faits au nom et, si nécessaire, au premier mot significatif du titre.

3 MARCIONETTI, pp. 89-93. Quelques éléments de ce jugement étaient déjà exprimés en 1932 par Corinna CHIESA-GALLI: "Sulle pareti del sottopassaggio mediano, furono scoperti due affreschi del 500 ma con carattere primitivo, rappresentanti il paesaggio e l'ambiente immaginario dove si svolse la Vita e la Passione di Cristo, con le relative iscrizioni. Questo genere di decorazione pittorica assai comune in quell'epoca, fantasioso e pieno di fresca ingenuità, è straordinariamente interessante e suggestivo, e dà la sensazione di un'arte inconsciamente raffinata, come se l'artista primitivo e maldestro, ma felicemente geniale, avesse saputo infondervi un sottile incanto che rimane tuttora" (p. 62).

Claudio FLISI - dont les intérêts palestiniens se concrétisèrent il y a quelque temps déjà, dans un intelligent mémoire de licence[4] - je pus travailler sur toute une série de reproductions remarquables couvrant systématiquement l'ensemble de la surface des fresques.

Je présente ici les premiers fruits, encore que provisoires et incomplets, de mon analyse: elle débouchera, dans un futur prochain, sur une publication de l'ensemble des résultats avec les élucidations nécessaires. Deuxième limitation: bien qu'ayant déjà relevé les données propres à la deuxième fresque, celle de la ville de Jérusalem, je me borne pour cette occasion à la vue du Mont des Oliviers et, en particulier, à son aspect épigraphique. Chaque inscription a été relevée, numérotée (l'on se référera a cette numérotation pour replacer les légendes dans la fresque grâce à la photo et au transparent correspondant joints entre les pp. 96 et 97) et, le cas le permettant, restituée.

L'état des peintures laisse beaucoup à désirer. Par la force des choses, des goûts et des personnes, nos fresques furent recouvertes, vraisemblablement assez tôt (au XVIIe s.?), à l'époque où l'on pensa introduire des images considérées mieux adaptées au décor d'une église.[5] Cette couche supplémentaire, jointe au manque d'éclairage du passage sous le jubé, qui au siècle dernier fut aggravé par la fermeture de quelques fenêtres latérales, représenta un obstacle de taille pour qui découvrit les fresques et pour qui dut s'appliquer à leurs 'complètes' récupération et restauration en 1929-1930. De ce fait tout élément sombre, et noir en particulier (tels les écriteaux), était destiné à être évincé. Cette méthode simpliste a été appliquée à des degrés divers, il est vrai; sinon aujourd'hui, pourvu que je m'en fusse aperçu, et que les traces et empreintes diverses me l'eussent permis, je n'aurais listé qu'une longue série de parenthèses, remplies de petits points. Dans certains cas, toutefois, les interventions des ou du restaurateur ont frisé l'inintelligence; dans d'autres l'élimination d'un détail a 'conseillé' l'abrasion totale d'une image; enfin des vues artistiques personnelles ont inspiré la modification de secteurs entiers des fresques.

Un exemple pour la première affirmation est à vérifier dans l'enceinte du Gethsémani où un élément décoratif a été râclé opiniâtrement dans la presque

---

[4] La Catechesi Battesimale Gerosolimitana nell'Itinerarium Egeriae, Université de Fribourg, Faculté de Théologie 1985, IX -121-49* p.

[5] Cf. La Chiesa: "Ricordiamo ancora nel passaggio di mezzo della tribuna un santo vescovo e S. Francesco..." (p. 11). Si telle était la situation en 1899, elle n'avait pas encore changé lors de la prise des vues reproduites par Francesco CHIESA, p. XII, à titre de témoignage de l'état des lieux avant les restaurations; toutefois il est bien difficile de préciser le genre de traitement auquel on a soumis les lunettes elles-mêmes. S'il faut en croire GAROVAGLIO (Affreschi, p. 200), qui parle des "pitture che fregiano il sottarco del passaggio", des sondages purent révéler la présence de nos fresques, mais leur véritable mise à jour précéda de peu les travaux de 1929-1930. GAROVAGLIO doit cependant se référer aux peintures découvertes dans le passage créé artificiellement lors de l'enfoncement de la chapelle de la Vierge.

totalité des cas parce que correspondant à un rond ... noir. Ailleurs l'effacement accidentel d'un bout d'arbre, de caverne, de coupole, de figurant etc. suggéra au peintre de 'gommer' le tout. Aboutissement de ce procédé hâtif, entremêlé d'une certaine préméditation, fut la création de deux cieux là où le peintre du XVIe s. avait représenté, de part et d'autre de Jérusalem, l'ensemble de la Terre Sainte. Un trompe-l'oeil qui rappelle ce que le peintre Edoardo BERTA, surintendant des travaux et membre de la Commission Cantonale pour les Monuments Historiques (autrement dit pratiquement juge et partie en cause), avait essayé d'imposer dans la restauration même de la grande fresque de LUINI (altération des tonalités pour obtenir une certaine perspective et éloigner ainsi les petites scènes[6]) et concrétisa dans la soi-disante "fresque de la peste" (changement des couleurs du ciel passé du sombre d'un orage à un azur bien calme[7]). Mais, il faut le reconnaître, les critères qui présidaient aux interventions analogues à cette époque, n'étaient pas nécessairement les nôtres.[8]

L'on imagine aisément les conséquences d'une telle méthode sur les écriteaux et les légendes qui n'étaient pas essentiels à la perspective et aux autres qualités artistiques des fresques, voire même les entravaient. Ils disparurent, au même titre que les images auxquelles ils se rapportaient, quittes à n'émerger plus que par débris, de même que celles-ci, dans l'arrière-plan. Ailleurs ils furent plus ou moins soigneusement effacés ou simplement oblitérés. Bien rares furent les inscriptions laissées intactes. Il est symptomatique que la plus lisible avoisine la scène de la pendaison de Judas, une figuration appréciable qui des quatre lettres gothiques de *Juda* acquiert clarté et élégance synthétiques.

Face à une telle situation, qui offrait non seulement des ratures mais aussi la superposition récente de teintes diverses, ma tâche n'a pas été facile. L'on comprendra en conséquence pourquoi j'ai signalé l'état des inscriptions et le caractère plus ou moins hypothétique de leur restitution. En effet il aurait été pour moi bien tentant de lire, d'après des connaissances acquises ailleurs, ce qui n'était pas écrit, ou de dénaturer la teneur de l'information. Dans la mesure du possible, j'ai tenu compte non seulement des lettres lisibles, mais aussi de celles reconnaissables, bien qu'atténuées ou fragmentaires, des reliques problématiques, des contours de lettres assez bien reproduites d'après des modèles, des lignes-guide présentes par endroits et de toute empreinte pouvant représenter le négatif d'une lettre éliminée par le procédé de découverte et restauration des fresques. Il est vrai, la technique suivie pour la réalisation des légendes, au niveau des parallèles destinées à orienter les lettres, des modèles utilisés, des abréviations, des combinaisons de caractères, de la langue, de

---

[6] Cf. MARCIONETTI, p. 223, note 21.

[7] Cf. ID., p. 222.

[8] Cf. F. CHIESA cité par MARCIONETTI (p. 218): "Il Berta come restauratore consentiva, e si capisce, all'idea che del restauro si faceva in quel tempo: si ammetteva la possibilità di colmare i vuoti, d'intonare gli elementi autentici con le aggiunte, di confondere il tutto in un'apparenza di unità - 'contentar l'occhio', si diceva - : insomma, era concessa una libertà assai grande al restauratore."

l'orthographe italienne etc., manque souvent d'homogénéité. D'autre part l'outil du restaurateur, qu'on devine gaucher et oeuvrant souvent par des mouvements nerveux descendant en diagonale de gauche à droite, a de temps à autre enlevé beaucoup plus que la simple couche de l'inscription (en atteignant le support mural ou en redécouvrant des essais que le peintre avait volontairement corrigés et qui ne sont pas à considérer comme parties de l'oeuvre finie) ou laissé par contre trainer des restes de peinture ayant appartenu aux superpositions postérieures.

Afin de visualiser les différentes situations des inscriptions, et sans vouloir entrer dans une diversification excessive de la typologie des lettres et des signes diacritiques (dont la gamme et le choix auraient de toute façon fortement relevé du domaine du subjectif), j'ai sélectionné trois échelons graphiques:
1. les lettres habituelles indiquent les éléments intègres;
2. l'*italique* signale toute lettre identifiable avec un bon degré de certitude, bien que plus ou moins fortement endommagée;
3. les parenthèses carrées (en lieu et place des crochets habituels, pour des raisons purement techniques) renferment les lettres reconstruites à partir de débris et traces divers ou intégrées encore par simple conjecture.

Suite à tout détail épigraphique, des notes ponctuelles indiqueront quelques aspects immédiats de la morphologie de l'inscription, de l'état de sa conservation et de la nature de sa restitution. Des raisons éminemment pratiques m'ont par contre conseillé d'omettre une meilleure description de la localisation des écriteaux et des figurations qui lui sont liées, ainsi que leur ancrage dans les traditions historiques et littéraires. Ce sera pour la publication en préparation.

2. Les fresques et la structure de l'église

Si la collocation des fresques ne leur a pas valu, même à l'époque de l'ouverture des chapelles latérales, de l'accès des fidèles à l'église conventuelle et des restaurations, la rénommée et l'attention qu'elles méritaient, le fait n'implique pas qu'*a fortiori* dans une situation originaire, avec une grille placée devant le seul passage central et donc dans des circonstances encore moins favorables - exceptée la curiosité de ceux qui s'y pressaient afin d'apercevoir les cérémonies de l'église conventuelle -, qui conçut l'idée des fresques et en choisit l'emplacement n'eût pas une conception globale bien précise.

En effet, si nous considérons le plan de l'église, avant l'enfoncement des deux chapelles sous le jubé en 1853[9], nous relevons, sur la base d'une structure assez connue et répandue, un tout suggestif. La construction de cette église débuta le dimanche 17 février 1499, tandis que sa consécration se fit le 26 juin 1515[10], un mardi[11]. La communauté qui habitait le couvent et des-

---

[9] Cf. MARCIONETTI, pp. 83-84.

[10] Cf. *ibid.*, pp. 28-30.   [11] Le 26 juin tombait en dimanche en 1513.

servait l'église, sans venir de l'homonyme fondation de Bellinzone[12], entretenait avec celle-ci des rapports certains. L'on a par exemple remarqué depuis longue date que les deux églises conventuelles offrent une structure et une décoration assez semblables. Malgré ce fait et l'antériorité relative de la construction *bellinzonese*, consacrée le 5 septembre 1505[13], celle de Lugano s'en distingue surtout de par ses dimensions, l'abside du presbytère, l'emplacement et le nombre des chapelles latérales. Grâce à un raccourci hasardeux l'on pourrait résumer ces divergences dans l'absence, à Bellinzone, d'un cinquième de l'église des fidèles, correspondant latéralement aux dimensions d'une chapelle. Contrairement aux mensurations 'incomplètes' de cette dernière église, sa 'jumelle' (cf. le plan offert à la p. 89[14]) présente le corps de son unique nef telle la somme assez précise de trois cubes de 11,00 m de côté, séparés par la paroi transversale du jubé et une deuxième division analogue mais idéale: donc un tiers prévu pour l'église conventuelle et deux tiers pour celle des fidèles. Une structure bien classique[15], dont l'élément carré se retrouve répercuté dans le choeur (4), dans les sous-arcs du jubé (5,6,7), les quatre chapelles latérales (8,9,10,11) et le clocher (12): un total dont le symbolisme n'est plus à démontrer.

Revenons maintenant à l'entrée de l'église: nous sommes contraints d'admettre que l'espace longitudinal est partagé en sept secteurs successifs et que la distribution ancienne des autels nous conduit au même total de sept. Nous en tirons une impression certaine d'ordonnance symbolique à l'intérieur d'un mouvement en tension. En effet, si aux six autels desservant les fidèles correspond le seul maître-autel à l'intérieur du secteur conventuel, les fidèles sont encore logés dans quatre secteurs, le cinquième étant destiné à leur culte. Tout accès au-delà, et donc aussi à l'unité qui répond à la multiplicité, leur est apparemment barré, si ce n'est que par une progressive pédagogie d'approche

---

[12] Ainsi que le suggère CHIESA-GALLI, p. 3.

[13] Cf. V. BELLONI, Bellinzona: Affreschi in Santa Maria delle Grazie, Genova 1975, p. 16; ORELLI, pp. 483-490 (bibl. à la p. 485). Dernièrement F. MARONE (Gli affreschi del ciclo della Vita e Passione di Cristo nella Chiesa di S. Maria delle Grazie a Bellinzona: Unsere Kunstdenkmäler 38 (1987) 232-245; bibl. aux pp. 242-243, note 3) a bien mis en évidence les parentés de style entre les fresques en question et les oeuvres de Gaudenzio FERRARI, maître de Bernardino LANINO. Ce qui me paraît plus que suggestif aussi pour la présence de cet atélier dans Santa Maria degli Angioli.

[14] Je me suis inspiré, par l'intermédiaire de Mme CHIESA-GALLI, du plan et de la coupe préparés par RAHN (Monumenti, p. 188), qui étaient déjà repris en 1899 par La Chiesa, p. 9 et plus près de nous par MARCIONETTI, p. 170. L'on retrouvera des états des lieux plus récents et détaillés dans MARCIONETTI, p. 172 et ANDERES, p. 260.

[15] Cf. A. CURUNI, Architettura degli Ordini Mendicanti in Umbria. Problemi di rilievo, *in*: Francesco d'Assisi, Chiese e Conventi, Milano 1982, pp. 83-180, *passim*; A. CADEI, Architettura mendicante: il problema di una definizione tipologica: Storia della città 8 (1983) 26/27, 15-32.

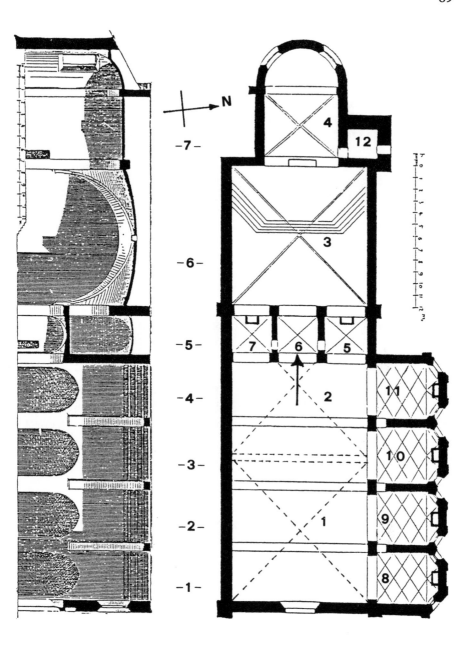

Lugano, Santa Maria degli Angioli (cf. note 14): coupe longitudinale et plan de la construction 'primitive'. Attention: le choeur offre dans le dessin une voûte en berceau, alors que les restaurations des années '30 lui ont restitué une voûte d'arêtes. La flèche indique le passage cloîtré entre l'église des fidèles et l'église conventuelle, passage décoré des deux fresques hiérosolymitaines.

du divin. En effet on leur indique d'un côté les médiations représentées par les vénérations de St-François (chapelle de gauche [7]) et de la Vierge *salus infirmorum* (chapelle de droite [5]) et de l'autre une possibilité d'accès au 'cercle angélique' de la vie monastique par la pérégrination aux Lieux Saints. Cette invitation au pèlerinage crée ainsi une sorte d'unité possible parmi les douze tribus du nouveau Israël. Si en effet le but catéchétique reste évident par exemple dans la grandiose "tapisserie"[16] de maître Luini, et son morcellement en plusieurs scènes juxtaposées ne put inspirer - de même que les multiples exemples parallèles[17] et les tentures qu'on déroulait devant l'assemblée à la façon des plus anciens rouleaux de l'*Exultet* pascal[18]- qu'une méditation ponctuelle et progressive des faits de l'histoire du salut, la lecture des deux lunettes restant suffisamment problématique pour ne pas être inspirée par les mêmes finalités. Seulement la *'sancta curiositas'* des fidèles pouvait les déceler dans la pénombre des lieux et l'élucidation des Frères, les gardiens des Lieux Saints, intervenait alors, essentielle pour éclairer, de la voix compétente des témoins oculaires, le pourquoi de la centralité de la Ville Sainte, les caractéristiques et les traditions de chaque site, le caractère indispensable d'une *peregrinatio*.

L'initiative qui poussa les Frères Mineurs de Lugano à confier à un fresquiste les sujets des deux lunettes s'inscrivait dans un courant franciscain qui puisait ses racines dans trois siècles de présence officielle en Palestine, tout en s'appropriant la spiritualité classique de la *peregrinatio ad loca sancta*[19] et en s'appliquant à l'étayer d'arguments tirés de sa propre spiritualité.

D'autre part, exactement pendant la même période, se multiplient en Occident les reproductions des Lieux Saints qui, avec l'épuisement des croisades, étaient devenus d'accès plus problématique.[20] A partir du dernier quart du XVe s., grâce à l'activité de Bernardino CAIMI, ex-commissaire de Terre Sainte, l'on

---

[16] ANDERES, p. 260.

[17] Cf. A. NOVA, I tramezzi in Lombardia fra XV e XVI secolo: scene della Passione e devozione francescana, *in*: Il Francescanesimo in Lombardia, storia e arte, Cinisello B. 1983, pp. 197-215.

[18] Cf. Myrtilla AVERY, The Exultet Rolls of South Italy, I-II, Princeton 1936; G. CAVALLO / C. BERTELLI, Rotoli di Exultet dell'Italia meridionale..., Bari 1973.

[19] Cf. E.R. LABANDE, Pauper et peregrinus. Les problèmes du pèlerin chrétien d'après quelques travaux récents, *in*: Wallfahrt kennt keine Grenzen, München 1984, pp. 23-32; A. SOLIGNAC et al., Pèlerinages: Dictionnaire de Spiritualité 12 (1984) 888-940; C. FLISI, *o.c.* à la note 4, pp. 1-14 et bibl.; P. MARAVAL, Lieux saints et pèlerinages d'Orient. Histoire et géographie. Des origines à la conquête arabe, Paris 1985.

[20] Cf. P. AEBISCHER, "Sancta Hierusalem": Bollettino storico lucchese 11 (1939) 81-92; D. NERI, Il Santo Sepolcro riprodotto in Occidente, Jerusalem 1971; G. BRESC-BAUTIER, Les imitations du Saint-Sépulcre de Jérusalem (IXe-XVe siècles). Archéologie d'une dévotion: Revue d'histoire de la spiritualité 50 (1974) 319-341; F. CARDINI, Le riproduzioni occidentali del Santo Sepolcro e Luoghi Santi: Città di Vita 40 (1985) 33-44.

parvient enfin à créer des "sacri monti", où le pèlerinage 'spirituel' pouvait jouir d'une scénographie apte à évoquer de près les Lieux Saints et donc à se re-transformer à nouveau en itinéraire réel. Les intentions du Père CAIMI se concrétisèrent à Varallo Sesia, moyennant l'accord de la comunauté locale en 1481 et la fondation officielle de 1493, mais l'enquête préalable qu'il avait conduite dans plusieurs localités, y compris le Tessin, fut vraisemblablement à l'origine d'une initiative plus modeste à la Madonna del Sasso, au dessus de Locarno. Les Frères Mineurs de S. Francesco de Locarno y firent en effet édifier une série de chapelles: deux sont consacrées en 1487, une troisième est de 1502 et une quatrième suit toujours au XVIᵉ s.[21]

A Lugano on ne disposait pas d'une situation analogue: le terrain, bien que la comunauté ait réussi à l'augmenter dès les premières années[22], restait exigu. Peut-être celle-ci choisit tout simplement de procéder autrement: documenter les Lieux Saints de la façon la plus complète possible, bien qu'en vues nécessaire-ment ramassées et avec des éléments iconographiques partiellement symboli-ques. L'expérience de l'Ordre pouvait livrer au peintre un plan des sites assez précis et détaillé et les Frères n'attendaient qu'à intervenir pour améliorer, préci-ser, corriger. La marge de manoeuvre de l'artiste allait être extrêmement mince: étant donné l'état actuel, et malgré d'évidentes améliorations dans la perspective et le décor de quelques édifices[23], il ne nous est pas permis de savoir s'il dé-veloppa son habileté surtout dans la distribution des composantes de l'arrière-plan. L'essentiel, tant pour les Frères de Lugano que pour ceux, par exemple, de la Jérusalem de S. Vivaldo et de ces 34 lieux privilégiés[24], était que les reproductions adhèrent étroitement à la Ville Sainte, à ses hauts-lieux et à ses différents itinéraires.

3. Les fresques et leur 'auteur'

Les deux fresques, représentant Jérusalem et le Mont des Oliviers[25], re-spectivement sur les parois de gauche et de droite du passage cloîtré qui con-

---

[21] Cf. V. GILARDONI, Locarno e il suo Circolo [= Monumenti d'arte e di storia della Sviz-zera, I Monumenti d'arte e di storia del Cantone Ticino 1], Basel 1972, p. 418. Un survol, iconographiquement remarquable, de plusieurs fondations analogues dans P. MERISIO/ C. SORGI, Sacri Monti delle Alpi, Lugano 1981. Un exemple mérite une attention particulière, parce que placé au début du XVIᵉ s. et parce qu'objet d'une étude de détail: F. CARDINI / G. VANNINI, San Vivaldo in Valdelsa: problemi topografici ed interpretazioni simbologiche di una "Gerusalemme" cinquecentesca in Toscana, in: Due casi paralleli: La Kalwaria Zebrzy-dowska in Polonia e la "Gerusalemme" di San Vivaldo in Toscana, Firenze 1983, pp. 21-72; F. CARDINI, Gerusalemme in Val d'Elsa: Atlante (Aprile 1987) 120-129.

[22] Cf. MARCIONETTI, p. 31.

[23] Cf. no. 76.

[24] Cf. note 21.

[25] B. ANDERES se trompe en parlant de "Gerusalemme e del Calvario" (p. 261), mais il a

duisait à l'église conventuelle, s'insèrent dans des lunettes de ca. 3 x 1,60 m. Leur cadre, en bandes multicolores, est assez irrégulier, allant de ca. 6 cm pour la majeure partie de la circonférence des demi-cercles et les deux bases (= diamètres), jusqu'à ca. 11 cm dans les zones de jonction entre courbe et droite. L'artiste essaie de se rapprocher ainsi, dans la totalité des vues, des dimensions idéales d'un cercle, qui résulte de fait légèrement plus développé aux pôles en raison de la surface disponible. Résultat: sans avoir recours à l'expédient primitif de représenter renversé l'un des deux versants, Mont des Oliviers ou Ville[26], l'artiste obtient une représentation circulaire de Jérusalem et de ses environs avec en arrière-plan les deux portions de la Palestine. Il se place de la sorte dans la tradition des figurations circulaires de la ville et de sa région, faisant de cette portion géographique un tout symbolique par rapport auquel est lu le reste de l'univers.[27] Jérusalem rappelle ici son rôle de centre de la terre, de nombril de l'univers.[28] Toutefois, si telle est l'idée de départ, la réalisation s'en distancie sur plusieurs points: 1) le cercle n'est pas matériellement réuni; 2) la ville n'est pas contrainte dans une forme circulaire; 3) l'arrière-plan palestinien, véritable deuxième partie des fresques, nécessairement comprimé, est toutefois distribué par le jeu de la perspective depuis le Liban jusqu'à la Mer Rouge, comme si une fenêtre s'ouvrait sur la région; 4) le centre est déplacé dans la Vallée de Josaphat.

Ce dernier fait, sans être à surévaluer, me paraît important. Il ne signifie pas que la division passe par le Cédron: de même que l'Ascension est à la limite du secteur gauche de la lunette, et non pas parfaitement centrale, ainsi le passage d'une lunette à l'autre se fait dans un point de la vallée, là où cela posait le moins de problèmes au peintre. Il n'indique pas non plus deux secteurs d'itinéraires autonomes: il permet au spectateur de se placer dans cette vallée, d'identifier sa situation personnelle, qu'il s'agisse du fidèle qui se tenait près de la grille ou du religieux matériellement à l'intérieur du sous-arc. La définition de la vie du *viator* chrétien comme parcours dans une vallée de larmes, s'accordait bien avec la tradition[29] qui situait dans cette vallée l'aboutissement de l'humanité pour le jugement dernier, et avec la prédication pénitentielle franciscaine qui était placée sous le signe du jugement divin.[30]

---

dû être inspiré par le raccourci de ceux qui définissent l'ensemble "Luoghi della Passione" (MARCIONETTI, p. 89) ou justement la deuxième peinture "Paesaggio della Passione" (CHIESA-GALLI, p. 64).

[26] Cf. une telle solution dans une publication de 1741 reprise, mais renversée, dans Z. VILNAY, The Holy Land in old prints and maps, Jerusalem 1965, pl. 181.

[27] Cf. *ibid.*, pl. 16-19.22 etc.

[28] Cf. *ibid.*, pl. 20-21.38.

[29] Cf. P. MARAVAL, *o.c.* à la note 19, p. 262.

[30] Une objection majeure à l'encontre de cette interprétation découlerait du fait qu'aucune référence explicite à cet événement ne soit présente parmi les inscriptions. Il faut toutefois avouer que le bas de la peinture est particulièrement abîmé.

Voilà dans quelle direction il faudrait probablement intégrer l'invitation au pèlerinage, comme réalité indispensable pour un accès privilégié au divin, que j'avais cru déceler dans la situation des fresques par rapport à la structure de l'église. Dans ce sens, l'emploi des figurations pour promouvoir une spiritualité du pèlerinage et pour illustrer la prédication n'est pas à exclure, bien que dans le cadre du sous-arc elles semblent desservir surtout l'église conventuelle.

Quelques auteurs, dans le passé[31], ont qualifié les fresques de reprise de décorations assez fréquentes au XVIe s. Le fait m'avait inquiété et je fus amené à vérifier l'affirmation ainsi qu'un renvoi exemplaire à une fresque offrant la synthèse de nos deux vues. J'imagine que, malgré la richesse de la documentation iconographique, je suis bien loin d'avoir fait le tour de la question et que plusieurs éléments doivent encore m'échapper: mes allégations sont en conséquence sujettes à caution. Pour le moment toutefois, aucun parallèle étroit, ayant pu inspirer les deux fresques dans leur ensemble, n'a pu être repéré. Si d'autre part nous nous rapportons à la documentation antérieure à 1530, les exemples sont particulièrement rares: on ne peut y repérer que quelques éléments de nos fresques, qui sont donc le résultat d'une élaboration composite, combinant peu de reprises - médiées par quelle voie? - à des originalités indéniables. Une confrontation avec un exemple antérieur, peint sur la paroi du salon de justice du château d'Issogne, dans la Vallée d'Aoste, avant 1509, reste assez décevante.[32] La synthèse présente dans le Couvent St-Joseph de Brescia n'en est pas une et remonte au début du XVIIe s. La paroi du cloître révèle en effet aujourd'hui seulement le côté ville de la vallée. Si autrefois elle présentait, dans une perspective écrasée due à un point d'observation idéal dominant le Mont des Oliviers, et à la façon de quelques vues devenues classiques [33], aussi le côté est de la vallée du Cédron, il ne nous est plus permis d'en juger dans l'état actuel de la peinture. D'autre part, il me semble que l'artiste ait ici puisé beaucoup d'informations dans une gravure inspirée par les travaux de B. AMICO, justement à partir du début du XVIe s.[34]

L'isolement relatif des fresques de Lugano n'est pas non plus rompu par les nombreuses églises offrant une structure analogue, c'est-à-dire le jubé séparant la nef en deux tronçons et assez caractéristique des fondations franciscaines des XIVe-XVe s. Le rêve de pouvoir intégrer les inscriptions malmenées de Lugano

---

[31] Cf. note 3.

[32] Il s'agit d'une vue de la ville, avec un Calvaire décentré et entouré d'une scène de chasse dans une verdure bien alpine: peu d'éléments sont sûrement identifiables avec la topographie réelle de Jérusalem. Cf. A.M. FERRERO, Il castello di Issogne, Aosta 1981, p. 50; A. ROVETTA, L'immagine della Gerusalemme celeste nei secoli XV-XVI: Città di Vita 40 (1985) 99 (83-106).

[33] Cf. par ex. F. QUARESMI, reproduit par Z. VILNAY, o.c. à la note 26, pl. 43. Sur la fondation cf. V. FRATI, Gli osservanti a Brescia e la fondazione del convento di S. Giuseppe, in: Il Francescanesimo in Lombardia, storia e arte, Cinisello B. 1983, pp. 437-448.

[34] Cf. ibid., pl. 36.

par des témoins épigraphiques semblables, grâce au repérage des mêmes fresques dans des édifices comparables, a vite été brisé. Il ne nous reste plus qu'à faire état de cet *unicum,* dont l'existence est peut-être due non seulement aux soucis ultramarins des Frères Mineurs, ou à une possible suggestion du consacrant de l'église, l'évêque de Tibériade Galeazzo BALDIRO[35], mais à l'activité avouée du peintre Bernardino LANINO.[36]

La signature du peintre, en vert épinard sur le vert plus clair des prés, est placée entre les constructions du Credo (no. 45), de l'Annonce du jugement (no. 46) et du Pater (no. 50), sur la droite du mur qui joint ces deux dernières bâtisses. En demi-cursive, elle est aujourd'hui passablement abîmée. Raison qui, jointe aux limites actuelles de mon analyse, et aux difficultés d'une comparaison étroite avec le style connu du peintre, m'a poussé à parler de simple attribution, plutôt que d'une certitude mathématique. Il n'est pas d'autre part courant qu'un artiste, et le nôtre en particulier, signe de la sorte. Les écriteaux de Bernardino LANINO nous ont habitués à une officialité bien autre. Pourquoi alors ce procédé cachottier ?

Né entre 1509 et 1513, très probablement à Mortara[37], B. LANINO entre le 2 mars 1528 dans l'atélier du peintre Baldassarre de Chadigis pour une période programmée sur 4 quatre ans. Mais déjà en 1530 il apparaît à côté de Gaudenzio FERRARI et le 10 janvier 1532 il est cité en sa qualité de peintre dans un acte notarial.[38] Il est tentant d'attribuer les fresques de Lugano à la période pendant laquelle B. LANINO oeuvre en tant qu'apprenti, aide et collaborateur et ne dispose pas du droit de signer "ses" travaux. L'on connaît d'autre part l'activité de FERRARI et de LANINO à Varallo Sesia et Verceil, dans des églises qui rappellent les structures et les thématiques présentes à Bellinzone et Lugano. L'on sait aussi de l'intérêt probable avec lequel G. FERRARI suivit le travail de Bernardino LUINI dans l'église degli Angioli (1528-1529) pour s'y inspirer en 1532 et 1542.[39] Quant aux particularités de style présentes dans les deux fresques, elles doivent découler du genre des sujets traités, des modèles soumis au peintre, de la présence permanente des commanditaires, du peu d'autonomie

---

[35] Cf. OLDELLI, p. 510; le nom de l'évêque titulaire varie selon les auteurs: l'on retrouve BALDINO mais aussi BALDUS (cf. Hierarchia Catholica Medii et recentioris Aevi, Monasterii 1923, T. III, p. 313).

[36] Cf. S. WEBER, Bernardino Lanino, *in*: Festgabe Hugo Blümner..., Zürich 1914, pp. 399-424; A. VENTURI, Storia dell'arte italiana, IX. La Pittura del Cinquecento, Parte II, Milano 1926, pp. 875-888; B. BERENSON, Italian Pictures of the Renaissance, Central Italian & North Italian Schools I, London 1932, pp. 206-209 + III, Plates nn. 1240.1275-1284; G. ROMANO, Gaudenzio Ferrari e la sua scuola. I cartoni cinquecenteschi dell'Accademia Albertina, catalogo della mostra..., Torino 1982; P. ASTRUA / G. ROMANO, Bernardino Lanino, Vercelli, Museo Borgogna aprile-luglio 1985, Milano 1985 (bibl. aux pp. 167-170).

[37] Dans les documents les plus anciens le peintre est en général qualifié comme B. de Mortara (cf. WEBER, *o.c.*, p. 340 et ASTRUA, *o.c.*, pp. 27-34 *passim*).

[38] Cf. ASTRUA, *o.c.*, p. 27.

[39] Cf. MARCIONETTI, p. 55.

du jeune Bernardino, mais aussi de ses capacités à s'adapter aux courants et aux goûts avec une souplesse indéniable. Des conditionnements assez lourds et une volonté certaine d'émerger et de réussir, pour que le peintre s'efface considérablement, mais sans oublier de glisser un souvenir autant discret qu'explicite dans une réalisation qu'il pensait, malgré tout, ne pas être négligeable ou pour laquelle il oeuvrait pour la première fois dans une relative indépendance.[40]

Si la date proposée tourne autour des années 1530 (et elle nous offrirait raisonnablement une production de jeunesse peu originale), la période correspond aussi assez bien avec ce que nous connaissons quant à l'état des remparts de Jérusalem et à la présence des Franciscains sur le Mont Sion, tels qu'ils sont attestés dans la fresque de la Ville. En effet l'enceinte, bien que subsistant autour d'une partie du Mont Sion, ne fait plus sa jonction avec celle de la ville, qui en est privée du même côté. Quant aux Frères Mineurs, ils sont présents en toutes lettres sur le "MONTE SION". Or, si l'on sait que les réligieux furent expulsés définitivement des lieux en 1551, après avoir connu des évictions partielles et temporaires déjà en 1523 et 1545, et que les murs de la ville furent réintégrés dans les années 1539-1542, la date proposée pour les peintures et, nécessairement, pour la documentation sur laquelle celles-ci se fondent, reste plausible.

En conclusion de cette première analyse et des réflexions qui l'accompagnent, tout en soulignant l'état précaire des peintures et le caractère partiel et provisoire de la recherche et de ses résultats, je crois pouvoir suggérer que Santa Maria degli Angioli à Lugano recèle - encore! - deux fresques précieuses, non seulement en raison de leurs qualités artistiques et de leur âge, ca. 1530, mais (et surtout) pour la documentation qu'elles livrent aux chercheurs. D'autre part, en raison d'une signature perdue dans le décor, j'ai signalé la possibilité que nous nous trouvions devant une oeuvre de jeunesse de Bernardino LANINO, jusqu'ici inconnue, dont l'activité à Lugano représenterait une nouveauté certaine.

---

[40] "Trovarsi accanto a Gaudenzio Ferrari nel 1530 e copiarne le opere nel 1534 sono le mosse giuste nel momento giusto...; mantenere buoni rapporti con Gerolamo Giovenone e finalmente sposarne una figlia è il modo più sicuro per assestare a Vercelli una propria bottega, continuando sulla strada maestra segnata da Gerolamo nel primo quarto del secolo, prima della sconvolgente e definitiva interferenza di Gaudenzio. Non sto illustrando il cinismo di un giovanotto intraprendente, bensì gli ovvi strumenti di affermazione e di sopravvivenza di un pittore che cerca il suo spazio in una società, a mercato figurativo limitato, disposta ad ac-cogliere il nuovo venuto, e l'eventuale affermazione di una avanguardia figurativa, solo su ga-ranzia e per continuità rispetto al passato" (G. ROMANO, Bernardino Lanino e il Cinquecento a Vercelli, *in*: P. ASTRUA, *o.c.*, p. 15).

Inscriptions

1 [T]ERRA[1] [A]V[STRALIS][2]

[1] Lettres T et E probablement superposées (= Ŧ).
[2] Fort douteux; l'indication se place au dessus d'un troupeau de chameaux, d'un âne et d'un homme à cheval, dont les détails ne sont visibles qu'à demi.

2 *M*[ONS] *A*[BE]RIMA

3 [C]*A*[F]*A*[RNAO][1]

[1] Fort douteux; le Jourdain et le lac de Tibériade étaient peut-être signalés par une teinte d'azur; sur la gauche des traces jaunes d'une route passant sur la droite d'une (?) montagne.

4 [MONS HERMON][1]

[1] Fort douteux.

5 [MON]*S* [LIBANON][1]

[1] Très hypothétique.

6 [CIVITA]*S* *C*[AN]A[1]

[1] Hypothétique.

7 [CIVITAS NAZARETH][1]

[1] Surmonté d'un ange, dont subsistent quelques débris, et faisant partie d'une probable Annonciation (comparer avec le même personnage près de la grotte de l'Agonie).

8 [SEB]*A*[STE][1]

[1] La longueur de l'inscription est problématique.

9 [......................]
[.......]V[............][1]

[1] Idem; inscription concernant Gabaon? Sichem?

10 [....................]¹

¹ Quelques traces indéchiffrables.

11 [.....] *N*[AIM]¹

¹ Simple conjecture de lecture.

12 [....................]¹

¹ Quelques éléments incompréhensibles.

13 *GA*[LI]*LEA*¹

¹ Inscription encadrée de deux lignes-guide; les traces de quelques lettres précédant l'indication, ou la poursuivant au dessous, restent peu sûres.

14 *VA* A *M*[O]*NA*[ST]E[RI¹ D]*E*
[LA VALE DE] *IOR*[DANO.
E A TIB'IA]*DE*²ᴀ [DOVE]
A[N]³ *CA*[S]IN[O..............
....
....]⁴

¹ T et E superposées (= Ɛ); lecture plausible.
² = TIBERIADE.
³ Lecture peu sûre.
⁴ Extension des lignes assez irrégulière; seule la première est bien délimitée par deux parallèles.

15 [DOVE L'ANGELO
DI]*E* [DE LA PALMA
A LA M]*A* [DONA]¹

¹ L'ensemble des signes reste difficile à interpréter: inscription ou dessin? Etant donné le no. **14**, une explication du petit temple semblerait nécessaire; malgré cela la restitution est extrêmement hypothétique. Dans le dernier mot les lettres M et A sont probablement superposées (= Ꞗ); quelques éléments suggèrent qu'un personnage (ange?) s'élevait peut être à l'origine au dessus du temple vers le ciel.

16   [.....................]
      [.....................][1]

[1] Cas analogue au précédent; voir sur la droite de la construction des traces (d'édifices supplémentaires?); des inscriptions existaient probablement au dessous, dans le pré, mais ce qui en subsiste est d'interprétation problématique.

17   [GR]*O*[TA][1]

[1]Problématique.

18   *GR*[OT]*E*   [.........][1]

[1] Inscription très abîmée; probablement une spécification suivait.

19   [DOVE] $\overline{X\sigma}$ [.........][1]

[1] Considérablement abîmé et hypothétique; l'abréviation = CRISTO.

20   GRO*TA*   [DE L'AGONIA][1]

[1] La spécification reste hypothétique; au moins le premier mot est placé entre deux lignes.

21   *DOVE*   [L]A *MA* [D]ONA
      *L*ASC[IO] *L A CE* [NT]A[1]
      A S[$\overline{TO}$][2] *T* [OM]*X* [O][3]

[1] Autre possibilité: CENT'A = CENTVRA.
[2] = SANTO.
[3] Lettres M et A superposées; l'inscription est entièrement insérée dans six lignes-guide.

22   M[ONTE] *V*[L]*IVE*[T]*O* [1]

[1] Reconstruction assez probable d'une indication en lettres de grande taille, placée à l'intérieur de deux lignes-guide.

23   FON'E[1]

[1] T et E superposées.

24   *G*[ROTA........]

[................]

[................][1]

[1] Portion fort abîmée, vraisemblablement à côté d'une grotte, dont quelques restes sont encore décelables; étendue de l'indication indéterminée.

25   DOV*E*   [$\overset{o}{X}$][1] *LASO* ᴀ

TR[E]   DI*S*CIPVLI[2]

[1] = CRISTO.

[2] L'ensemble est orienté par quatre lignes-guide.

26   S$\widetilde{P R}$ᵒ[1] *DE*   [LA]   MA*D*O[NA]

[1] = SEPVLCRO.

27   *S*$\widetilde{P R}$O ᴀ[1]

D*E*   [LA] SORELA

D*E*L   SO*E*[RANO][2]

[1] Idem.

[2] L'ensemble est écrit avec moins de soin; d'une autre main?

28   [....................][1]

[1] Inscription très abîmée, à côté (?) d'une silhouette agenouillée en prière; extension difficile à déterminer.

29   DOV*E*

[PI]*ETRO* [FERI ᴍLCO[1] E] $\widetilde{XO}$[2]

LO   [G]*VAR*[Iᴀ]   *DOVE*   [$\widetilde{XO}$[2] F]*V*   PRE

G[IO]*N*[E   E   ALI]*G*[ATO   E

CONDOTO] *A*   *C*[AIFA][3]

[1] M et A superposées.

[2] = CRISTO.

[3] Inscription très endommagée, reconstruction fort hypothétique; des lignes-guide sont décelables par endroits.

100

30   *D*[O]*V*[E]
[E]
L'ORTO[1]
D[E] *V*[LIVI][2]

[1] Mot guidé par deux lignes; ainsi qu'ailleurs l'apostrophe est notre.
[2] La spécification est déplacée au dessus du torrent Cédron.

31   VILA[1] GETSEMANI[2]

[1] Le A est partiellement au dessus du L.
[2] T suprascr.

32   *VALIS* [IOS]*A*[F]AT ᴀ[1]

[1] Transcription sûre, malgré l'état lamentable actuel.

33   [DESO]LA[CIO][1]

[1] Très douteux.

34   [MONS
NEBO][1]

[1] N'en subsistent que quelques débris.

35   [.....................][1]

[1] Quelques traces de lettres à côté d'une silhouette rouge (le Christ lors du baptême?).

36   *BE*[TABARA][1]

[1] Simples empreintes de lettres: reconstitution incertaine.

37   [MO]*N*[T]*E*
[DE L]*A*
[QVARANTENA][1]

[1] Inscription très endommagée, à côté d'une silhouette rouge agenouillée; restitution extrêmement hypothétique.

38   AS[C]ENSI[1]
      [O]NE

      [1] La première ligne est placée entre deux traits continus.

39   [I]T[E][1] *DOCET*[1] $\overline{OS}$[2] [G]*ES*[1.2] B[AP]
      TEZAT[E[1] NO]M[I]*E*[3] [P. F. S.]*S*.[4]

      [1] T et E superposées.
      [2] = OMNES GENTES.
      [3] N et E soudées.
      [4] = PATRIS, FILII, SPIRITVS SANCTI.

40   *EG*[O S]$\widehat{V}$ *OS*[TI$\widehat{V}$ MIS']*C* [$\widehat{D}$]*E*[1]

      [1] Inscription très abîmée, mais plausible: EGO SVM OSTIVM MISERICORDIE
      (ou -DIAE).

41   [...................................]
      [...................................][1]

      [1] Quelques traces de lettres, mais situation désespérée; extension indéterminée.

42   [DO]*VE*
      [$\overline{XO}$[1] ....][2]

      [1] = CRISTO.
      [2] Inscription en fort mauvais état; extension indéfinissable.

43   [...................][1]

      [1] Quelques traces indéchiffrables (MASSADA?).

44   .S₀P$\widehat{R}$[O][1] [DE S.]
      P[ELAGI]*A*[2]

      [1] = SEPVLCRO; le deuxième point, en forme de losange, se prolonge dans un trait
      vertical: il ne m'a pas semblé nécessaire d'interpréter l'abréviation dans le sens de
      SANTA, la lecture proposée s'adaptant mieux à l'ensemble des reliques de la légen-
      de.
      [2] Reconstruction plausible.

45   [D]*OV*[E] *L*[I APO]*S*[TO]*L*[I]
FE[CER]O [EL]
[C]*RE*[DO][1]

> [1] A côté d'un arbre effacé (ainsi qu'un deuxième plus à gauche); l'ensemble est très détérioré, mais la reconstitution reste probable; le dernier C pourrait aussi être lu à gauche du petit temple, alors que l'inscription s'étend des deux côtés, en exploitant la place disponible.

46   [D]O*E*[1] [X̄][o] [2] PREDISE
[I]*L*[3] [I]*VD*[ICI]*O*
[E LA] *F*[IN]*E*
DE[L MVND]*O*[4]

> [1] Sic.
> [2] = CRISTO.
> [3] Probablement ainsi plutôt que EL.
> [4] Les deux dernières lignes, fort endommagées, restent en conséquence passablement conjecturales; deux traits continus guident les trois premiers mots de l'inscription.

47   pi[n]c$\overset{t}{x}$[1]
[b]ernard[us][2]
[d]e lanin[o][3]
mo.[4]

> [1] A la rigueur la dernière lettre, placée au dessus du x, pourrait être aussi un i.
> [2] La finale, de lecture problématique, me paraît à restituer de la sorte, plutôt que par le diminutif bernardinus, devenu traditionnel.
> [3] Lecture aussi plausible: e lanin[is].
> [4] = mortariensis.

48   DOVE X̄o.[1]
PIÃŞ[2] SV (a.c.: p.c.: SOPRA)[3]
HIER VS*ALE*[M]

> [1] = CRISTO.
> [2] = PIANSE.
> [3] OPRA a été rajouté en superposant le O au V, non sans maladresse et probablement d'une autre main.

49   [G]R[OT]*A*[1]

> [1] Abîmé; reconstruction hypothétique.

50 DOVE $\overline{X}$o.[1]

FECE EL PA'ER[2] ᴧ

NOS$\overline{T}$[3]

[1] = CRISTO.
[2] T et E superposées.
[3] = NOSTER; les deux premières lignes sont placées entre quatre parallèles.

51 [D]*O*[V]E SE ᴧ

*RIPOS*AVA LA MDO*NA*[1]

T*RAP*[A]*SOSE*[2]

[1] M et A superposées.
[2] Ligne rajoutée (par une autre main?), au dessus de DONA: passablement abîmée, restitution conjecturale.

52 [.....................][1]

[1] Des possibles traces de lettres en proximité d'une (?) caverne qui a été probablement effacée lors de la découverte de la fresque.

53 *SEP*V[L]*TVR*[E] *PR*[O]FETAᴚ[1] ᴧ

[1] = -TARVM.

54 *G*[ROT]A[1]

[1] Lecture fort hypothétique, au dessus d'une caverne raturée et d'un arbre ayant subi le même sort.

55 [DOVE

PREGAVA

LA MDONA[1]][2]

[1] M et A superposées.
[2] L'ensemble est extrêmement abîmé: en conséquence la reconstruction, à partir de quelques traces de lettres, reste hautement hypothétique.

56 TORENS ᴧ CE*D*RON ᴧ[1]

[1] Entre deux lignes-guide.

57 $SP[\overset{\frown}{R}O]$[1]
    A[B]$SAL\overset{\frown}{OI}S$[2]

[1] = SEPVLCRO.
[2] = -LONIS.

58 $S[\overset{\frown}{PR}O$[1] D]E
    [S.] $IACO$B
    A[PO]S[T]VLO[2]

[1] = SEPVLCRO.
[2] La dernière ligne est très conjecturale.

59 SP$\underset{?}{R}$[1] ZACHARIE[2]

[1] = SEPVLCRVM.
[2] Inscription insérée dans deux parallèles.

60 V[AL]E
    [D]EL [F]V[LO]N[E][1]

[1] Inscription fort endommagée et hypothétique.

61 V[IA] H[I]ER[V]S[ALEM][1]

[1] Idem.

62 [ACH]AMA ▵

63 S[ODOMA
    CIVIT]AS

64 [SEBOIM][1]

[1] Les emplacements de Sodoma et Seboim pourraient aussi s'intervertir du fait qu'aucune des minces reliques d'écriture ne permet de trancher dans un sens ou dans l'autre.

65 [GOMORA]

66 *M*[ARE] *MORTO* ᴀ[1]

[1] En liaison étroite avec les quatre villes et les restes des signes de leurs incendies; ce qui suit l'inscription, et qui est d'un brun rougeâtre, n'appartient par contre pas aux traces d'une autre légende.

67 *MR*[1] *R*[OS]*SO*[2]

[1] M et A superposées.
[2] Reconstruction assez hypothétique.

68 [VALE DEL] *FI*[C]*O*
      MA[L]*E*[DETO][1]

[1] Inscription très endommagée; extension inconnue.

69 *DOVE L'ASINA E*[RA]
      [ALIGATA][1]

[1] Situation analogue; restitution hypothétique; une suite n'est pas à exclure.

70 *CAS E*[LO[1] D]*E*
      MAR[IA
      M]*DALENA*[2]

[1] T et E superposées.
[2] La deuxième suite MA offre le A superposé à la dernière partie du M; ensemble de l'inscription fort abîmé; lecture hypothétique.

71 [VIA] *R*[A]M*E* [ET.........][1]

[1] L'indication routière a été considérablement endommagée; une suite est fort probable; restitution conjecturale.

72 [GROTA...........][1]

[1] Même situation.

73 Juda[1]

[1] Le J est surmonté d'un "point" allongé en accent aigu; la graphie gothique se détache ici des capitales habituelles.

74   *VIA* BETANIE ᴀ

75   S͞PVLCR*A* *H*EBREO*R*[1]

> [1] = SEPVLCRA HEBREORVM; à noter plus haut une nécropole dont les tombeaux sont en général signalés par des simples taches rectangulaires plus sombres, alors que quelques-uns sembleraient surmontés d'éléments pyramidaux (cf. aussi **76**).

76   S͞RO[1]

> [1] Inscription très abîmée placée sur le devant d'un ensemble de grands monuments funéraires à peine esquissés: je serais tenté d'y voir un simple essai de préparation, mais dans une toute autre perspective et avec une meilleure adhérence à la réalité, des trois grandes constructions des nos. **57-59**.

77   {VIA BETFAG]*E*[1]

> [1] Pratiquement effacé et relevable grâce à des traces de lettres.

78   [..............][1]

> [1] Illisible, au moins pour le moment, en proximité d'une lance (ou d'un bâton à pointe triangulaire [d'un cardeur]?) et d'une silhouette (ou d'un ensemble de personnes dont l'une couchée?) pratiquement effacée.

79   [VIA] *P*[I]*SI*NE [SILOE][1]

> [1] Inscription fort endommagée mais plausible.

80   *V*[I]*A* *A*[CH]*E*[LDEMA]*C*[1]
     cioè [2] c[a]*mm*[ino] *media*[nt]*e* *e*[l] *q*[uale] *se* *āe* *ī* c͞apo del
     s͞agu*ī*e [3] gradiendo*se* *ī* [4] *l*a [costa de lo colle Gyon] [5]
     [..
     ....] [6]

> [1] Idem; ce qui suit sur la même ligne, et dont le premier mot est à l'intérieur du dernier grand C d'ACHELDEMAC, nous vient d'une autre main (XVIe s.?), en minuscule gothique, se dégradant et s'aménuisant en mauvaise cursive.
> [2] Suit, effacé par le restaurateur, un grand cyprès enjambant le torrent Cédron.
> [3] = se nae in campo del sanguine.
> [4] = in.
> [5] Lecture vraisemblable, bien que sur une portion très dégradée du mur.
> [6] Une deuxième ligne, parallèle à la partie en minuscule de l'unique ligne que j'ai détaillée, est à envisager, mais sa situation est bien compromise.

81   *GY*[O]*N*[1]

[1] Fort abîmé, mais dont la teneur est probable; une légère anticipation sur la topographie de la fresque? ou signe que le torrent, avec son dernier tronçon et son embouchure, devait bien s'y trouver (cf. des possibles traces d'azur)? L'hypothèse d'un oubli ou d'un effacement est à retenir.

82   [A]*L G*[YON][1]

[1] Très abîmé.

83   [VALE DE] S[I]LOE[1]

[1] Pratiquement effacé, mais assez probable grâce aux contours des lettres qui sont d'une taille importante; un premier grand S avait été provisoirement réalisé en proximité du DE, légèrement plus haut.

84   *VILA S*[I]*L*[O]E (a.c.: p.c.: [B]*E*[T]*FAGE*)[1]

[1] La correction est fort vraisemblable: a-t-elle été dictée par un souci d'harmonisation, ou tout simplement d'illustration catéchétique?

85   [GR]*OTA*

86   [S]T[A]*GN*[O]
[DE I]*O*[B][1]

[1] Restitution plausible sur la base de restes de lettres; traces importantes d'eau et environnement de petites plantes (joncs?) donnant l'idée d'un terrain marécageux.

87   [EC͡LA]
[S.] *E*[SAI]*E*[1]

[1] Situation assez compromise; restitution hypothétique.

88   *ER*[1]
[E]*BY*
N
[T]
O[2]

[1] T et E superposées.
[2] Reconstruction se fondant sur des traces et des fragments de lettres.

B. ALTES TESTAMENT

UND ALTORIENTALISCHE IKONOGRAPHIE

"ZEICHNE EINE STADT...UND BELAGERE SIE!"

Bild und Wort in einer Zeichenhandlung
Ezechiels gegen Jerusalem (Ez 4f)

Christoph Uehlinger

Einleitung[1]

Gegenstand dieses Aufsatzes sind einige von der alttestamentlichen Exegese bisher übersehene bzw. nicht genügend gewürdigte Aspekte von Ez 4f. Dieser Text bringt in der Form einer Beauftragung, welche an den Propheten Ezechiel ben Busi ergeht, eine sog. prophetische "Symbolhandlung" bzw. "Zeichenhandlung"[2] zur Darstellung: Ezechiel soll "eine Stadt" zeichnen, diese belagern und sich dazu verschiedenen aussergewöhnlichen Begleithandlungen wie dem

---

[1] Dieses Antidoron für Hildi und Othmar KEEL-LEU (die Bürogenossin und den Arbeitgeber, Kollegen und Freund) ist aus naheliegenden Gründen sozusagen in "Schwarzarbeit", die zu verheimlichen nicht immer leicht war, entstanden, zwischen vielfältigen Assistenzarbeiten und der Beschäftigung mit meiner Dissertation, zu deren Fortschreibung der Doktorvater mich immer wieder freundlich drängend anhält. Die Fragestellung wird vielleicht, insofern sie teilweise hinter den vorliegenden Text zurückgreift und dabei notwendigerweise mit Hypothesen arbeiten muss, einer ausschliesslich literaturwissenschaftlich arbeitenden Exegese nicht gefallen, möglicherweise aber um so mehr meinem Lehrer, dessen eigene Arbeiten im weiten Raum von Ikonologie, Archäologie und Exegese häufig gerade den vernachlässigten Berührungspunkten und Überschneidungen der drei Gebiete (und in letzter Zeit gerade dem Verhältnis von Bild, Text und Historie, Jerusalem und dem Ezechielbuch) gewidmet sind.

Herrn Prof. Karlheinz DELLER (Heidelberg) lieferte mir wichtige Hinweise zu assyriologischen Fragen (vgl. 1.3.a und 2.1.a), Frau Prof. Ruth MAYER-OPIFICIUS (Münster) Quellenangaben zu den unter 2.2.c besprochenen Zylindersiegeln. Prof. Eckart OTTO (Osnabrück) stellte mir dankenswerterweise eine Druckfahnenkopie seines Artikels עיר für ThWAT VI zur Verfügung. Silvia SCHROER (z.Zt. München) war bei der Beschaffung von in der Schweiz nicht vorhandener Literatur behilflich. Ihnen allen sei herzlich gedankt.

[2] Der Begriff der "Zeichenhandlung" setzt m.E. stärker als derjenige der "Symbolhandlung" bzw. der "symbolischen Handlung" eine an bestimmte Adressaten gerichtete Kommunikationsabsicht voraus, wenn anders ein Zeichen jemandem etwas mitzuteilen bzw. zu verstehen zu geben hat. Dagegen muss ein Symbol nicht notwendigerweise Bestandteil eines Kommunikationsprozesses sein (vgl. etwa die auch heutzutage von vielen Menschen z.T. verborgen getragenen Kreuzchenanhänger, die nicht generell konfessorische Funktion haben); das Symbol setzt hingegen wie das Zeichen voraus, dass eine bestimmte Gruppe ein Objekt bzw. eine Verhaltensweise mit einer auf Konvention beruhenden, nicht evidenten Bedeutung belegt.

Im Hinblick auf die in Ez 4f geschilderten Vorgänge, die u.a. auch mit Symbolen operieren, ziehe ich es vor, von einer "Zeichenhandlung" zu sprechen. Erstens ist der Begriff der "symbolischen Handlung" insofern missverständlich, als er im modernen Sprachgebrauch in Opposition zu einer real vollzogenen Handlung stehen kann, die Ezechiel im einzelnen aufgetragenen Handlungen aber (wie schon sein Einwand gegen eine von ihnen zeigt, Ez 4,14) zweifellos alle als real zu vollziehende verstanden werden wollen (s.u. 1.2., 1.3.). Zweitens geht aus den sprachlichen Deutungen der Handlung(en) durch die JHWH-Rede in Ez 5,5ff klar hervor, dass sie bestimmten Adressaten einen ganz bestimmten Sinn von wortlosen Bildsymbolen zu verstehen geben wollen; die Kommunikationsintention ist evident, wenn auch nicht unmittelbar klar ist, wer die ursprünglichen Adressaten (der in seinem Haus eingeschlossene Ezechiel selbst, ihn in seinem Haus besuchende Exulanten, die Leute in den Strassen von Tel-Abib, das "ganze Haus Israel", eine bestimmte Gruppe von Gegnern?; s.u. 1.2. und 1.3. zu Kontext und Situation!) waren.

Essen von rationierter und auf Kot gebackener Notnahrung oder dem Scheren von Haupt- und Barthaaren samt deren Verbrennung und Verstreuung unterziehen. Dabei stehen innerhalb desselben Textes (bzw. im Rahmen desselben Handlungszusammenhangs) ein *Bild*, nämlich die Darstellung einer Stadt und ihrer Belagerung, *szenische Elemente* in Form signifikativer Begleithandlungen, und erläuternde *Worte*, welche sich auf das im übrigen stumme Geschehen beziehen und dieses in einem spezifischen Sinn historisch und theologisch deuten, nebeneinander.

Aufgabe der hier vorgelegten Beobachtungen ist es, einmal Form und Inhalt des angeordneten Ausgangs*bildes* annähernd aufgrund archäologischen Vergleichsmaterials zu rekonstruieren, sodann die möglichen Bedeutungen der *inszenierten* Konstellation "Stadtbelagerung" (bzw. "-eroberung") und der zugeordneten Begleithandlungen zu erheben und schliesslich den spezifischen Stellenwert des das szenische Bild deutenden *Wortes* zu bestimmen.

Die traditionelleren Fragestellungen, welche die Exegeten im Zusammenhang von Ez 4f immer wieder neu diskutiert haben, nämlich literarkritische Fragen sowohl nach der ursprünglichen Grundschicht und späteren Erweiterungen und Glossen (1.1.) als auch nach der Einbettung des Textes in seine unmittelbare literarische Umgebung (1.2.), müssen, insofern sie für das Folgende von argumentativer Bedeutung sind, auch hier erörtert werden. Nicht zu umgehen ist zudem die Frage nach der Entstehungssituation des Textes, oder besser nach der von der geschilderten Zeichenhandlung vorausgesetzten Kommunikationssituation (1.3.): Wie lässt sich religionsgeschichtlich das Verhältnis der dem Propheten aufgetragenen Handlungen zu Magie und Zauber bestimmen? Spielte sich das erstaunliche Geschehen unter Ausschluss der Öffentlichkeit in Ezechiels Haus ab[3], wie dies der unmittelbar vorausgehende Kontext (Ez 3,24b-27) nahezulegen scheint, und hatte sie (was eine derartige Abgeschlossenheit ja geradezu wahrscheinlich machen müsste) gleichzeitig eine sozusagen magische Funktion, das dargestellte Geschehen auch zu bewirken oder es zumindest partizipativ zu beeinflussen?[4] Oder hatte die ezechielische Zeichenhandlung im Gegenteil einen bestimmten Öffentlichkeitscharakter, ja ist sie als politische Stellungnahme etwa im Sinne einer öffentlichen Demonstrations- und Provokationshandlung oder gar eines "Ein-Mann-Strassentheaters" zu verstehen?[5]

Das Hauptinteresse gilt im Rahmen dieses Aufsatzes aber dem *Bildaspekt* von Ez 4f: Zunächst dem von der Forschung m.E. bisher nur unbefriedigend

---

Vgl. zu den prophetischen Zeichenhandlungen allgemein FOHRER, Die symbolischen Handlungen; OVERHOLT, Seeing is Believing 3-31; AMSLER, Les prophètes et la communication par les actes 194-201; DERS., Les actes de prophètes.

[3] So etwa noch ZIMMERLI 108 u.ö.

[4] Vgl. schon KRAETZSCHMAR 44 ("Die Darstellung der Bedrängung ist gleich der Bedrängung selbst, denn die Darstellung führt eben das geschichtliche Geschehen herbei"); COOKE 50; FOHRER, Die symbolischen Handlungen, bes. 100.102.

[5] Die letztere Hypothese ist v.a. von B. LANG in verschiedenen jüngeren Veröffentlichungen (vgl. etwa Kein Aufstand 166-170; Prophetie, prophetische Zeichenhandlung und Politik 278; Ezechiel 86-89; Street Theater 298-307) immer wieder mit Nachdruck vertreten worden.

beantworteten bzw. überhaupt vernachlässigten (in gewisser Hinsicht ja auch jenseits des Textes liegenden) Problem, *was* denn Ezechiel überhaupt gezeichnet hat, sodann der Frage, wie man sich das Verhältnis von "Stadt" und "Belagerung" in Ezechiels Darstellung vorzustellen hat (2.1.). Die altvorderasiatische Ikonographie ist danach zu befragen, welchen inhaltlichen Deutungsmöglichkeiten das Ausgangsbild "Stadt" etwa offen stand (2.2.). Dann sind die mit der "Stadtbelagerung" und mit den dramatischen Begleithandlungen verknüpften Einzelheiten zu diskutieren: Dienen die militärischen Elemente der Belagerung (Belagerungswall, Rampe, Heerlager usw.) dazu, die Stadtdarstellung zu einer *typischen* Bild*konstellation* zu erweitern, welche *"unaufhaltsame Siegermacht"* signalisieren soll (3.1., 3.2.), so scheint es dann Zweck der szenischen Begleithandlungen (3.3.) zu sein, das typische Bild der "Stadtbelagerung" von einem bestimmten *Standpunkt* aus (nämlich von demjenigen der Belagerten und schliesslich Unterliegenden und nicht, wie man in der Regel Kriegsbilder betrachtet bzw. zu betrachten angehalten wird, aus der Perspektive der Sieger) wahrzunehmen.

Ausgangsbild, Bildkonstellation und Begleithandlungen (die *Bilder im Text*) bauen durch ein subtiles Spiel mit *typischen Bildern* eine dramatische Spannung auf. Erst die Identifikation der dargestellten Stadt durch einen geradezu beischriftartigen *Namen* ("dies ist Jerusalem": der *Text im Text*) bindet aber das dargestellte auch an ein bestimmtes *historisches* Geschehen, nämlich an die (angesichts der Jerusalemer Aufstandspläne) als sicher bevorstehend angedrohte Belagerung und Eroberung Jerusalems durch das babylonische Heer Nebukadnezzars (4.). Allein das identifizierende *Wort* ist es, das aus den Bildern Ezechiels eine *historische* Darstellung macht.

1. TEXT, KONTEXT UND SITUATION

Der für die folgende Diskussion vorausgesetzte Grundtext von Ez 4f[6] sei in Übersetzung vorangestellt:

---

[6] Zeichenerklärung: ( ) meine Erläuterungen zum besseren Verständnis des Textes; [ ] Textausfall (u.U. zu rekonstruieren); < > Textzuwachs (*add* Fortschreibung, *rel* "relecture", *gl* Glossen). Im folgenden wird nur zwischen hypothetisch erschlossenem Grundtext und vermutlich sekundär zugewachsenem Textmaterial unterschieden, innerhalb des letzteren aber nicht mehr weiter stratifiziert. Zu den der Rekonstruktion dieses Grundtextes zugrundeliegenden literarkritischen Optionen s.u. 1.1.! Textkritische Probleme, welche nur die in den folgenden Anmerkungen notierten Zusätze betreffen, werden bei deren Zitierung (nach MT) übergangen.

Ez 4,1 [⁷] «Und du, Menschensohn, nimm dir einen Lehmziegel (לבנה) und lege ihn vor dich hin und ritze (וחקות) darauf eine Stadt (עיר) ein <⁸>.

2 Dann verhänge über sie eine Belagerung (ונתתה עליה מצור), baue wider sie einen Wall (ובנית עליה דיק), schütte wider sie eine Sturmrampe auf (ושפכת עליה סללה), lege wider sie Heerlager an (ונתתה עליה מחנות) und setze wider sie ringsum Sturmböcke an (ושים־עליה כרים סביב).

3 Und du, nimm dir eine eiserne Platte (מחבת ברזל) und mache sie zu einer eisernen Mauer (קיר ברזל) zwischen dir und der Stadt und fixiere deinen Blick auf sie (d.h. die Stadt) (והכינתה את־פניך אליה). Sie soll im Belagerungszustand sein (והיתה במצור), und du sollst sie belagern (עליה). Ein Zeichen sei dies (אות היא) für das Haus Israels. <4-8⁹>.

9 Und du, nimm dir Weizen, Gerste, Bohnen, Linsen, Hirse und Emmer, gib sie in ein einziges Gefäss und mache dir daraus Brot. <¹⁰>. **10** Und deine Nahrung, die du essen wirst, abgewogen zu zwanzig Schekeln pro Tag, sollst du von Zeit zu Zeit (מעת עד־עת) essen. **11** Und Wasser sollst du nach Mass trinken, ein Sechstel Hin sollst du von Zeit zu Zeit trinken. **12** Als(?) Gerstenkuchen sollst du es (d.h. das Brot) essen, und es gar auf Menschenkot (בגללי צאת האדם) backen vor ihren Augen (לעיניהם). <13¹¹>.» **14** Da sprach ich: «Ach, Herr JHWH, nie habe ich mich verunreinigt, und von Gefallenem und Zerrissenem (Fleisch) habe ich nie gegessen von meiner Jugend an bis jetzt, und unreines Fleisch ist nie in meinen Mund gekommen.» **15** Da sprach er zu mir:«Schau, ich erlaube dir Rindermist statt Menschenkot, und du magst dein Brot darauf bereiten. <16f¹²>.

---

⁷ Es fehlt eine Redeeinleitung etwa in Form der sog. Wortereignisformel "Es erging das Wort JHWHs an mich wie folgt:" (ev. aus Ez 3,16a zu restituieren).

⁸ *gl* Jerusalem (את־ירושלם).

⁹ *add* **4** Und du, lege dich auf deine linke Seite und lege auf dich die Schuld des Hauses Israels; entsprechend der Zahl der Tage, die du auf ihr liegst, sollst du ihre (d.h. der Israeliten) Schuld tragen. **5** Und ich setze dir die Jahre ihrer Schuld fest als eine (bestimmte) Zahl von Tagen: dreihundertneunzig Tage (lang), da du die Schuld des Hauses Israels tragen sollst. **6** Und wenn du mit diesen fertig bist, sollst du dich auf deine rechte Seite legen und sollst die Schuld des Hauses Judas tragen, vierzig Tage (lang). (Je) einen Tag für ein Jahr, (je) einen Tag für ein Jahr gebe ich dir auf. { **7** (*add*?) Und auf die Belagerung (*gl* Jerusalems) richte deinen Blick und den entblössten Arm, und du sollst Prophet sein wider sie.} **8** Und siehe, ich lege dir Fesseln an, so dass du dich nicht von der einen Seite auf die andere wenden kannst, bis du deine Belagerungszeit vollendet hast.

¹⁰ *add* Nach der Zahl der Tage, die du auf deiner Seite liegst, (nämlich) dreihundertneunzig Tage (lang) sollst du davon essen.

¹¹ *add* **13** Und du sollst sprechen:"So spricht JHWH, der Gott Israels:'Ebenso sollen die Söhne Israels unreines Brot essen unter den Völkern, unter die ich sie verstosse.'"

¹² *rel* (») **16** Und er sprach zu mir:«Menschensohn, siehe, ich zerbreche den Stab des Brotes in Jerusalem, so dass sie das Brot nach Gewicht und mit Furcht essen und das Wasser nach Mass und mit Grauen trinken müssen. **17** Deshalb werden sie Mangel leiden an Brot und Wasser, einer nach dem andern erschaudern und in ihrer Schuld dahinsiechen.

5,1 Und du, Menschensohn, nimm dir ein scharfes Schwert (חרב חדה). Als Schermesser (תער הגלבים) sollst du es benutzen und damit über dein Haupt und über deinen Bart fahren. Dann nimm dir eine Waage und ୰ଵଵ sie (d.h. die Haare) auf. **2** Ein Drittel verbrenne im Feuer inmitten der Stadt (בתוך העיר), wenn (bzw. da) die Zeit der Belagerung zu Ende ist (כמלאת ימי המצור). Und ein Drittel nimm und schlage es mit dem Schwert rings um sie (d.h. die Stadt) herum. Und ein Drittel streue in den Wind <[13]>.<3-4a[14]>. <4b[15]>

Zum ganzen Haus Israels [aber sollst du sagen:][16] **5** "So spricht der Herr JHWH: 'Dies ist Jerusalem!

[17]Mitten unter die Völker (בתוך הגוים) habe ich es gestellt und es mit Ländern (ארצות) umgeben. **6** Aber es wurde widerspenstig gegen meine Gesetze (ותמר את־משפטי), schlimmer als die Völker, und gegen meine Bestimmungen (את־חקותי), (schlimmer) als die Länder, die es umgeben, indem sie (d.h. die Bewohner Jerusalems!) meine Gesetze verwarfen und nicht nach meinen Bestimmungen wandelten.'

7 Darum spricht der Herr JHWH wie folgt:'Weil ihr widerspenstiger gewesen seid als die Völker, die euch umgeben, nicht nach meinen Bestimmungen gewandelt seid und meine Gesetze nicht verwirklicht habt <[18]>,

8 darum spricht der Herr JHWH wie folgt: Siehe, ich gehe meinerseits (גם־אני) gegen dich vor und will in deiner Mitte Recht schaffen vor den Augen der Völker. <9f[19]>.

11 Darum, so wahr ich lebe, spricht der Herr JHWH: <[20]> **12** Ein Drittel soll von dir in deiner Mitte an Pest sterben und durch Hunger umkommen. Ein Drittel soll durch das Schwert

---

[13] *add* ...und das Schwert will ich (noch) zücken hinter ihnen her!

[14] *rel* **3** Dann nimm von dort eine kleine Zahl (! von Haaren) und binde sie in den Zipfel deines Gewandes. **4** Aber auch von diesen nimm nochmals weg und wirf sie mitten ins Feuer und verbrenne sie im Feuer.

[15] *add* Davon wird Feuer ausgehen (MT, dort mit der Fortsetzung "...zum ganzen Haus Israels" zusammenzulesen; dagegen fehlt "davon wird Feuer ausgehen" in LXX).

[16] (Restituiert aus LXX.)

[17] [Auf die folgende Gerichtsbegründung, "ein durch Interpretationszusätze stark angereichertes Textstück" (ZIMMERLI 100), kann im Rahmen dieses Aufsatzes nicht näher eingegangen werden.]

[18] *add* ...ja nicht einmal die Gesetze der Völker, die euch umgeben, verwirklicht habt...

[19] *add* **9** Ich werde ob all deiner Greueltaten an dir tun, was ich nie getan habe noch je wieder tun werde: **10** Darum sollen Väter in deiner Mitte die Kinder verzehren und die Kinder ihre Väter verzehren. Ich werde an dir Gericht üben und alles, was von dir übrigbleibt, in alle Winde zerstreuen.

[20] *add* Wahrlich, weil du mein Heiligtum mit all deinen Scheusslichkeiten und mit all deinen Greueln verunreinigt hast, so will nun auch ich verwerfen, und mein Blick soll sich nicht erbarmen lassen, und ich werde kein Mitleid haben.

fallen rings um dich her. Und ein Drittel werde ich in alle Winde zerstreuen <21>.' **13** Mein Zorn wird sich austoben (וכלה אפי), ich werde meine Wut an ihnen sättigen (ונחותי חמתי בם) und mir Genugtuung verschaffen (והנחמתי). So sollen sie verstehen (וידעו), dass ich, JHWH, in meiner Leidenschaft (בקנאתי) geredet habe, wenn ich meine Wut an ihnen austobe (בכלותי חמתי בם). <14-17[22]>."»

1.1. Einige literarkritische Voraussetzungen

Die Rekonstruktion des so gebotenen Grundtextes von Ez 4f ist im folgenden kurz hinsichtlich ihrer literarkritischen Optionen zu begründen. Allerdings können im begrenzten Rahmen dieses Aufsatzes die von Ez 4f aufgegebenen literarkritischen Probleme in keiner Weise umfassend diskutiert werden; einige Hinweise müssen genügen.
1. Einige literarische Elemente, welche sich z.b. in den anderen Schilderungen prophetischer Zeichenhandlungen finden[23], darüber hinaus aber für die prophetische Rede überhaupt konstitutiv sind, müssen im vorliegenden Textbestand, wo sie aus im einzelnen nur schwer zu erhellenden Gründen ausgefallen sind, vermutlich restituiert werden. Auffällig ist zum einen, dass der Text ohne eine ausdrückliche *Redeeinleitung*, etwa die sog. Wortereignisformel, einsetzt und sich im Grunde genommen (abgesehen von 4,14f[24]) als eine einzige gewaltige, wenn auch vielfach gebrochene[25] JHWH-Rede präsentiert. Im jetzigen redaktionellen Kontext erübrigt sich eine ausführliche Situationsangabe und Redeeinleitung ja aufgrund des unmittelbar vorausgehenden Berichts über das Sich-im-Hause-Einschliessen und Verstummen Ezechiels. Nimmt man Ez 4f aber als eigenständige Texteinheit, so wirkt das Fehlen einer

---

21 *add* ...und das Schwert will ich (noch) zücken hinter ihnen her!

22 *add/rel* **14** Ich will dich(!) zur Ruine und zur Verleumdung machen unter den Völkern, die dich umgeben, in den Augen eines jeden, der vorüberzieht. **15** Und du wirst den Völkern, die dich umgeben, zum Schmähwort und zum Hohn, zur Warnung und zum Entsetzen werden, wenn ich an dir Gericht übe in Zorn und Wut und mit heissen Strafen - ich, JHWH, habe gesprochen! -, **16** indem ich die schlimmen Pfeile der Hungersnot gegen sie(!) sende, die Verderben bringen, die ich ihnen sende, um euch(!) zu verderben, und die Hungersnot noch dazu gegen euch, da werde ich euch den Stab des Brotes zerbrechen. **17** Ich werde gegen euch Hunger und wilde Tiere senden, dass sie dich(!) kinderlos machen, und Pest und Blut sollen über dich hinweggehen, und das Schwert will ich über dich bringen. Ich JHWH, habe gesprochen!

23 Vgl. FOHRER, Studien 92-112, der geradezu eine "Gattung der Berichte über symbolische Handlungen der Propheten" nachweisen will; dagegen etwa ZIMMERLI 104.

24 Die Redeeinleitung in 4,16 dürfte ebenfalls durch das Zwiegespräch von 4,14f motiviert sein.

25 Vgl. etwa 5,8.11: JHWH sagt, dass der Prophet sagen soll, JHWH spreche "So spricht JHWH..." usw.

118

Redeeinleitung störend, besonders wenn man berücksichtigt, dass in den (zum Grundtext gehörenden) Versen 4,14f sowohl der Einwand des Propheten gegen die Zumutung, sein Notbrot auf Menschenkot zu backen, als auch die Milderung der Anweisung durch JHWH je eine Redeeinleitung ("da sprach ich", "da sprach er zu mir") aufweisen. Mehrfach ist dieser Sachverhalt denn auch zum Anlass genommen worden, etwa aus Ez 3,16a (bzw. aus 3,22 oder 3,24b[ff]) eine Redeeinleitung zu restituieren.[26] Ergänzt werden muss auch in 5,4b, wenn man אֶל־כָּל־בֵּית יִשְׂרָאֵל als Fragment einer (von LXX vorausgesetzten) ursprünglichen Redeeinleitung ansehen will.[27]

2. Von den meisten Kommentatoren werden die Verse 4,4-8.9b, die vom liegenden *Schuldtragen* des Propheten während einer bestimmten Anzahl von Tagen sprechen, aufgrund ihrer offenbar auf die Dauer der Gefangenschaft zielenden Symbolik als nachexilische Fortschreibung betrachtet.[28] Dabei ist wohl nicht mehr mit Sicherheit auszumachen, ob das Motiv der *Fesselung* des Propheten in 4,8 in diesem Zusammenhang in den Text gelangte[29] oder ob es über die redaktionelle Verknüpfung mit 3,24b-27 hier eindrang[30].

3. Als Fortschreibungen im Sinne einer vom Restgedanken geprägten exilischen "relecture" sind wohl die beiden Verse 5,3-4a zu verstehen[31]: Gibt 5,2 die eindeutige Anweisung, die drei Drittel (d.h. die Gesamtheit) der geschorenen Haare in drei verschiedenen Aktionen verloren gehen zu lassen (dies der gemeinsame Nenner von Verbrennen, mit dem Schwert Schlagen und in den Wind Streuen), womit die Konsequenzen der Stadtbelagerung (in der Stadt oder im Kampf vor der Stadt umkommen bzw. durch Deportation zerstreut werden) symbolisiert werden sollen (vgl. 5,12 und s.u. 3.3.b), so fordert 5,3 den Propheten auf, "von dort" (von wo?) einen Rest wieder einzusammeln, davon aber noch einmal einen Teil zu verbrennen[32]. Dies ist zwar nicht ganz

---

[26] Was sich allerdings erst aufdrängte, als man einmal die ursprüngliche Unabhängigkeit von Ez 4f von 3,24b-27 erkannt hatte; vgl. FOHRER 28; EICHRODT 21.25; ZIMMERLI 101.108; VOGT, Untersuchungen 36f.

[27] ZIMMERLI 97.

[28] CORNILL 198; HERRMANN 31f; FOHRER, Hauptprobleme 31; FOHRER 29-32; FREEDY, Glosses 140f.150; VOGT, Untersuchungen 102-106. Über den Status von V. 7 besteht keine Einigkeit; bes. ältere Kommentatoren wie KRAETZSCHMAR 41f.45; HEINISCH 41; HERRMANN 31.33; COOKE 54 u.a. halten V. 7 für ursprünglich zu 4,1-3 und damit zum Grundtext gehörig; vgl. dagegen ZIMMERLI 115.117f. "Jerusalem" in V. 7aα ist in jedem Fall Glosse.

[29] So etwa VOGT, Untersuchungen 103f.

[30] Vgl. FREEDY, Glosses 140 Anm. 1. Ersteres scheint wahrscheinlicher zu sein, da die Fesselung von Ez 3,24b-27 und diejenige von Ez 4,8 ganz anders motiviert sind (s.u. 1.2.).

[31] Vgl. HEINISCH 47; HERRMANN 39; COOKE 58; ZIMMERLI 130-132; DERS., Das Phänomen der "Fortschreibung" 182f.

[32] ZIMMERLI bringt diese zweite Verbrennung mit der angeblichen Verbrennung der beiden

unmöglich, wirkt aber doch sehr konstruiert. Der Restgedanke ist im Grundtext der ezechielischen Zeichenhandlung nicht verankert.

4. Einer anderen "relecture", welche den Grundtext im wesentlichen durch interpretierende *Stichworterklärungen* ("Stab des Brotes zerbrechen" [vgl. Ez 14,13; Jes 3,1*gl*], "Pfeile der Hungersnot senden") anreicherte, sind die Verse 4,16f und 5,16* zuzuschreiben.[33] Vielleicht gehören dazu auch die beiden *"Jerusalem"-Glossen* in 4,1b.7a, welche das die "Stadt" identifizierende JHWH-Wort von 5,5 vorwegnehmen, damit aber eine für den Grundtext (wie für die Zeichenhandlung überhaupt) wesentliche Spannung durchbrechen.[34]

5. Nicht zum Grundtext zu zählen sind ferner die folgenden Fortschreibungen, welche gegenüber den Bildelementen der Zeichenhandlung neue Motive bzw. konkurrierende Sinngebungen einführen: 4,13 versteht das Mischbrot, das zu backen Ezechiel aufgetragen wird, nicht als mit der Stadtbelagerung verbundene Notnahrung, sondern als *unreine* Nahrung, wie sie die Israeliten im Exil unter den Völkern zu sich zu nehmen gezwungen sind.[35] 5,9f.11b zeichnen sich einerseits durch ein im Grundtext fehlendes Interesse am Heiligtum bzw. an dessen Verunreinigung durch "Greuel" (תועבות) und "Scheusslichkeiten" (שקוצים) aus, anderseits durch die Einführung des durch die ezechielische Zeichenhandlung nicht gedeckten zusätzlichen *Fluchzeitstereotyps* "Familienkannibalismus".[36] Weitere zusätzliche Fluchzeitbilder ("Ruine", "wilde Tiere", "Pest und Blut") sind in 5,14-17 (beachte die zahlreichen Numeruswechsel!) hinzugekommen.

6. Verschiedene *kleinere Ergänzungen* liegen darüber hinaus in 5,2b.12b (vgl. 5,17b) mit der wiederholten Formulierung וחרב אריק אחריהם, "und das Schwert will ich hinter ihnen zücken" (vgl. Lev 26,33)[37], in 5,4b mit der in LXX fehlenden Wendung ממנו תצא־אש, "von ihnen wird Feuer ausgehen"[38], sowie in 5,7b vor, wonach die Exilierten des "Hauses Israels" nicht einmal die

---

Heilspropheten Zidkijahu und Achab durch den König von Babel (Jer 29,22) in Verbindung (ZIMMERLI 131; DERS., Das Phänomen der "Fortschreibung" 183).

[33] Vgl. ZIMMERLI 99. FREEDY (Glosses 147) rechnet mit zusätzlicher diachroner Schichtung innerhalb von 5,16 (anstelle von הרעב ursprünglich הרעים als "exegetical note", vgl. ebd. 152).

[34] Vgl. JAHN 25; COOKE 50; MAY 86; EICHRODT 23 Anm. 1 und 24 Anm. 3; F OHRER, Studien 212; FREEDY, Glosses 150; ALONSO SCHÖKEL/SICRE DIAZ II 694 u.v.a.

[35] Vgl. HERRMANN 37; FOHRER, Studien 213 ("deutende Glosse"). Die Einleitung ויאמר יהוה findet sich im Ezechielbuch wie auch die Bezeichnung der Israeliten als "Söhne Israels" (sonst "Haus Israels"!) nur hier in 4,13 (vgl. ZIMMERLI 96).

[36] Vgl. dazu Lev 26,29; Dtn 28,53-57; 2 Kön 6,28f; Jes 9,19f; 49,26; Jer 19,9; Klgl 2,20; 4,10; Sach 11,9 und OPPENHEIM, "Siege-Documents" from Nippur 79 mit Anm. 34; HILLERS, Treaty-Curses 62f.

[37] Vgl. KRAETZSCHMAR 54f; FOHRER, Studien 211; GREENBERG 109.134f.

[38] Vgl. BERTHOLET 30; ZIMMERLI 97 (Erweiterung nach Ez 19,14?).

Gesetze der sie umgebenden Völker eingehalten hätten, ein Thema, das der ursprünglichen Zeichenhandlung ganz fremd ist und eine rhetorische Steigerung des Vorwurfs der Untreue gegenüber JHWHs Gesetzen darstellt.

1.2. Der literarische Kontext

Die Texteinheit Ez 4f ist nach hinten deutlich abgegrenzt. Ez 6,1 setzt mit der Wortereignisformel und einem ganz neuen Thema (Worte gegen den Götzenkult auf den Bergen Israels) ein. Nach vorne jedoch ist die Situation weniger eindeutig. Gehörte Ez 3,(22-24a)24b-27[39] ursprünglich auch zu Ez 4f?

Nach der Meinung besonders der älteren Kommentare fand die "Stadtbelagerung" (sofern sie überhaupt als ein real vollzogenes Geschehen, nicht nur als literarische Schilderung oder als visionäres Erlebnis verstanden wurde[40]) im

---

[39] 24b Und er (JHWH) sprach zu mir:«Komm, schliess dich in deinem Haus ein! 25 Und du, Menschensohn, siehe, man wird dir Fesseln anlegen und dich mit ihnen binden, so dass du nicht unter sie hinausgehen kannst. 26 Und deine Zunge werde ich an deinem Gaumen festmachen, so dass du verstummst und ihnen nicht mehr Warner seist, denn sie sind (ohnehin) ein Haus Widerspenstigkeit. 27 Wenn ich aber mit dir rede, dann werde ich deinen Mund (wieder) öffnen, und du sollst zu ihnen sagen:"So spricht der Herr JHWH:'Wer hört, hört, wer es lässt, lässt es.'" Denn sie sind ein Haus Widerspenstigkeit.(»)

[40] Bestritten etwa von HITZIG 29:"Die Darstellung ist *Allegorie* (...). D.h. die erzählten symbol. Handlungen sind *nicht wirklich vorgenommen* worden; die 4,4-6 berichtete war auszuführen unmöglich; und der Umstand, dass der Vf. nirgends sagt, er habe den ihm gewordenen Befehl auch vollzogen, deutet hinreichend an, dass für seinen Zweck *Bericht* von solchem an ihn ergangenen Gebot *genug* war."

EWALD 356f:"Am öffentlichen wirken unter seinen mitverbannten noch gehindert und auf sein haus gewiesen, wird Hézequiel's durch eine neue *erscheinung* erregte prophetische *geistesthätigkeit* desto einziger und mächtiger von dem gedanken an die schicksale des fernen vaterlandes ergriffen: und je richtiger sich *vor seinem geiste* das bild der wahren zustände Jerusalems darstellt, je schärfer er alle die vielen verkehrtheiten welche noch immer im heil. lande fortdauern *in seinem stillnachdenkenden sinne erwägt*, desto unwiderstehlicher überfallen ihn nur *die schlimmsten ahnungen* über die nahe zukunft des geliebten vaterlandes, und desto heftiger treibt ihn die göttliche stimme diese der ganzen entwickelung der zukunft vorauseilenden nur zu richtigen *ahnungen wenigstens schriftlich niederzulegen.*"

SMEND 27:"Dass eine Handlung wie die in v. 4-8 *nicht wirklich ausgeführt* werden konnte, leuchtet ein. Dann können aber auch die anderen, mit denen sie hier im engsten Zusammenhang steht, *nicht als wirklich ausgeführt* gelten, wenn es auch nach v. 3.12.5,4 so scheinen möchte (s. auch zu v. 9.5,2). *Auch ästhetische Urtheile sprechen hier mit. Der Effect, den die wirklich ausgeführten Handlungen gehabt hätten, wäre ohne Zweifel ein gegentheiliger gewesen*" (alle Hervorhebungen von mir).

Noch COOKE 55.57, HINES (The Prophet as Mystic 51.55f) und HOWIE (Date and Composition 81) halten 3,22-5,17 insgesamt für eine Vision, da ein expliziter Ausführungsbericht fehle. Dies ist jedoch gerade ein makrostilistisches Charakteristikum des Ezechielbuches (vgl. ZIMMERLI 36*f.43*). Vgl. zur "tatsächlichen, bewussten und absichtlich-

Hause Ezechiels statt.[41] Grund zu dieser Annahme bot die im jetzigen Text des Ezechielbuches vorliegende Verbindung von Ez 3,22-27 und Ez 4f: Auf das Fehlen einer Redeeinleitung zu Ez 4f wurde schon hingewiesen; Ez 3,22a bzw. 3,24bα könnten diesen Mangel kompensieren. Ez 3,25 spricht zudem wie 4,8 von einer Fesselung des Propheten. Derselbe Vers 3,25 setzt mit dem Aufruf ואתה בך־אדם, "und du, Menschensohn" ein, der auch in 4,1 und 5,1 begegnet ("und du" allein überdies in 4,4.9). In 3,26f kündigt JHWH dem Propheten an, dass er ihn verstummen lassen und nur, wenn er mit ihm rede, seinen Mund öffnen werde, worauf der Prophet dann mit der Botenformel ("So spricht der Herr JHWH:") zum "Haus Widerspenstigkeit" (בית מרי) reden soll. Diese Ausgangslage scheint sich mit Ez 4f recht gut zu vertragen, wird dort doch ein vorerst stummes Zeichenhandeln geschildert und werden dort die vom Propheten ausgerichteten JHWH-Reden in der Tat mehrfach (Ez 4,13; 5,5.7.8) mit der Botenformel eingeleitet. So ist es weiter nicht erstaunlich, dass man in 3,24b-27 die durch die Zeichenhandlung von Ez 4f vorausgesetzte Situation erkennen wollte. Die Zeichenhandlungen hätten dann also unter weitgehendem Ausschluss der Öffentlichkeit *in Ezechiels Haus* , in das der Prophet sich nach Ez 3,24b einzuschliessen hatte, stattgefunden.

Gegen eine vorschnelle Harmonisierung der beiden Texte sperren sich aber Widersprüche zwischen Ez 4f bzw. der von diesem Text her vorauszusetzenden Situation einerseits und der in Ez 3,24b-27 geschilderten Situation andererseits. Zwar ist an beiden Stellen von einer Fesselung des Propheten die Rede; diese wird aber nach 3,25 von ungenannten Dritten (נתנו עליך עבותים ואסרוך בהם, "*sie* werden [bzw. *man* wird] dir Stricke anlegen und dich mit ihnen fesseln"), d.h. wohl von Gegnern Ezechiels vorgenommen, denen seine Worte und Zeichenhandlungen unerträglich geworden sind[42], während in 4,8 *JHWH selbst* es ist, der den Propheten fesselt.[43] Aus 3,26f geht deutlich hervor, dass Ezechiel in einer realen Stummheit gefangen sein soll (JHWH macht Ezechiels Zunge am Gaumen fest) und deren Lösung in der Kompetenz

zweckhaften Ausführung" der prophetischen Zeichenhandlungen im allgemeinen FOHRER, Die symbolischen Handlungen 74-93 (zu Ezechiel bes. 80-87).

[41] Von Ez 8,1; 14,1; 20,1 her bestimmt ist etwa die Position von KEIL 42, demzufolge Ezechiel die Zeichenhandlung "vor den Augen der ihn besuchenden Exulanten in seinem Hause ausführen soll" (vgl. auch KRAETZSCHMAR 40f; HEINISCH 41).

[42] HERRMANN 26; GREENBERG 102; vgl. ZIMMERLI 110. LXX und Vg scheinen hier allerdings auf eine Niphᶜal-Vorlage ("Stricke werden dir angelegt...", passivum divinum) zurückzugehen (BERTHOLET 22; HEINISCH 40).

[43] Nach dem vorliegenden Text tut JHWH dies, um den Propheten daran zu hindern, sich nicht an die genauen, sein schuldtragendes Liegen begrenzenden Zeitangaben zu halten und sich von einer auf die andere Seite zu drehen; diese Fesselung hängt jedenfalls im Gegensatz zu jener von 3,25 unmittelbar mit der "Stadtbelagerung" zusammen (vgl. 4,8bβ mit 4,2aα und 5,2a). VOGT schreibt die Fesselungsnotiz von Ez 4,8 wegen des engen Anschlusses an die "Stadtbelagerung" einem "Jünger Ezechiels" zu (Untersuchungen 103f).

JHWHs liegt, der allein den Mund des Propheten wieder öffnen kann; dagegen hindert in 4,14 den Ezechiel nichts daran, unbefangen gegen eine Anweisung JHWHs Einwände zu erheben, was ja doch heissen muss, dass sein Mund "geöffnet", d.h. sprechfähig ist.[44] Schliesslich besteht auch ein Widerspruch zwischen der aphoristischen Formulierung von Ez 3,27b, wonach hören wird, wer hören will, während die anderen es lassen sollen, und der - wie sich noch zeigen wird - intensiv um Verständnis und Einsicht werbenden, planvoll die Kommunikation mit den Exulanten bearbeitenden Zeichenhandlung von Ez 4f.

Ez 3,24b-27 und Ez 4f dürften somit erst auf redaktioneller Ebene miteinander verknüpft worden sein, weshalb die Frage nach der Situation, in der Ezechiels Zeichenhandlung von der "Stadtbelagerung" durchgeführt wurde, besser unabhängig von Ez 3,24b-27 diskutiert werden sollte.

1.3. Die vorausgesetzte Situation

In neuerer Zeit zweifelt man nur noch selten daran, dass in Ez 4f eine in der Öffentlichkeit der Exulantengemeinde von Tel-Abib real vollzogene Zeichenhandlung mit einer eindeutigen Kommunikationsabsicht geschildert wird.[45] Wenn man auch den Zeichencharakter dieser Handlung sowie die dem Zeichen inhärente Dimension der Kommunikation betont, so muss man dennoch die religionsgeschichtliche Frage nach ihrem Verhältnis zu symbolisch-magischen bzw. rituellen "Kriegsspielen" stellen. Zu diesem Zweck sollen kurz eine wichtige Forschungsposition referiert (1.3.a) und im Anschluss daran zum Vergleich einige mesopotamische Kriegsrituale (die für einen Vergleich mit Ez 4f wohl nächstliegendste Textgattung) in einem Überblick vorgestellt und diskutiert werden (1.3.b).

---

[44] Dieser Widerspruch besteht allerdings nicht, wenn man 4,13 für ursprünglich hält, da JHWH Ezechiel darin ja zum Sprechen ermächtigt; 4,13 ist aber aller Wahrscheinlichkeit nach (s.o.) sekundär.

[45] Mit einer Ausführung der Zeichenhandlung im Hause Ezechiels rechnen allerdings noch GREENBERG 120f und ZIMMERLI 108.136. Dagegen kann nach wie vor BERTHOLETs Einwand geltend gemacht werden:"Die symbolischen Darstellungen haben nicht um Hes[ekiel]s sondern um des Hauses Israels statt, für das sie Zeichen sein sollen" (BERTHOLET 24). Nichts deutet in Ez 4f darauf hin, dass Ezechiels Zeichenhandlung nur Eingeweihten sichtbar sein sollte.

a) "Symbolische Handlung" und "Magie"

Dem Verhältnis der prophetischen Zeichenhandlungen zur Magie ist v.a. G. FOHRER in verschiedenen Studien nachgegangen[46], weshalb ich mich hier auf eine kurze Diskussion seiner Darstellung beschränken kann.

Für FOHRER steht ausser Zweifel, dass die prophetischen Zeichenhandlungen "anderen Handlungen in fast sämtlichen Kulturen [gleichen]..., in einem engen Zusammenhang mit magisch-zauberischen Handlungen stehen und in diesen ihren Ursprung haben"[47]. Den geschichtlichen Anknüpfungspunkt für diese These findet er etwa bei den babylonischen Beschwörungssammlungen *Maqlû* und *Šurpu* sowie im altägyptischen Ächtungsritual; auf der Ebene der Struktur sei es das Prinzip der *Analogiebeziehung* zwischen der Handlung und der eigentlich intendierten Wirklichkeit (Urbild-Abbild, Symbol, Vorausabbildung des bezweckten Ereignisses), das auf die enge Verwandtschaft zwischen magischer und prophetisch-symbolischer Handlung weise.[48] Zudem unterstreiche auch die Tatsache, dass die prophetischen Zeichenhandlungen "wie die magischen tatsächlich, bewusst und absichtlich-zweckhaft ausgeführt worden sind", eine "klar zutage liegende Beziehung zwischen Prophetie und Magie".[49] Schliesslich sei es die *unausweichliche Wirkmächtigkeit* von prophetischem Handeln und Reden, welche die prophetischen "Symbolhandlungen" in unmittelbare Nähe der Magie bringe.[50]

Magie definiert FOHRER im Anschluss an G. MENSCHING als "die mit einer der Naturkausalität übergeordneten mechanischen Kausalität arbeitende Verwertung numinoser Apperzeption im Dienst der eigenen Wunscherfüllung"[51].

Wenn ich richtig sehe, ist es gerade der letztgenannte, angeblich die Magie auszeichnende Aspekt der "eigenen Wunscherfüllung", der "Mächtigkeit seines [d.h. des Menschen] Tuns und Lassens *und damit seiner selbst*"[52], welcher es FOHRER verbietet, die "symbolischen Handlungen" der Propheten schlechthin

---

[46] Bes. Studien 242-264; Die symbolischen Handlungen 10-19.94-107.121-124; vgl. jüngst auch AMSLER, Les actes des prophètes 45-52. Nicht zugänglich war mir die Arbeit von J. GILBERT, A Reevaluation of Magic in Israel and the Ancient Near East in Light of Contemporary Anthropological Studies (Ph.D. diss. Southwestern Baptist Theological Seminary 1985; vgl. Dissertation Abstracts International 46 [1985-1986] 2338-A).

[47] Studien 250.

[48] Ebd. 250f. Vgl. dazu auch AMSLER, Les actes des prophètes 9-19.

[49] FOHRER, Studien 251. Die letzten beiden Argumente sind m.E. in keiner Weise stichhaltig, da weder das Prinzip der Analogie noch dasjenige der realen Ausführung eine Handlung grundsätzlich als magisch qualifizieren können.

[50] Ebd. 252.

[51] Die symbolischen Handlungen 10; vgl. Studien 244f.

[52] Die symbolischen Handlungen 10 (Hervorhebung von mir).

124

dem Bereich der Magie zuzuordnen. Die "symbolischen Handlungen" der Propheten und magische Handlungen sind nämlich nur "in den Einzelheiten parallel, nicht aber im Kern. Das äussere Gewand der prophetischen Handlungen ist dem der magischen in seinen Einzelteilen gleich, nicht aber ihr Geist. Die magischen Handlungen liefern die Grundlage für Gegenstand, Art und Struktur der prophetischen Handlung, nicht aber für ihr Wesen."[53] Denn den Propheten kann es ja (dies ist die implizite dogmatische Voraussetzung FOHRERs) niemals um die Durchsetzung ihres eigenen Willens oder gar um die Realisierung ihrer eigenen Wünsche gehen. Die Propheten sind berufene Boten JHWHs, von ihm *beauftragt* und in seinem Namen redend und handelnd; das die "symbolischen Handlungen" veranlassende, begründende, deutende und die Verwirklichung zusagende Wort ist JHWH-Wort. *Deshalb* auch ist ihre Botschaft wirkmächtig, weil "die Wirksamkeit nicht mehr in ihr selber liegt, sondern in der Macht Jahwes, der sie ausführen lässt"[54]. So kommt FOHRER dazu, trotz seiner Feststellung einer genetischen und phänomenologischen Verwandtschaft ganz apodiktisch zu statuieren:"Die Magie hat in der prophetischen Handlung keinen Platz."[55]

Die hier nur grob skizzierte Auffassung FOHRERs müsste m.E. nach zwei Richtungen hin differenziert werden. Zum einen bezweifle ich, dass das Phänomen der Magie mit dem Stichwort der "eigenen Wunscherfüllung" adäquat erfasst werden kann. Zwar mögen magische Texte und Rituale im Einzelfall die Vermutung nahelegen, rein menschlicher Wunscherfüllung zu dienen (vgl. etwa die Beschwörungen "Zahnweh", "um das Baby zu beruhigen" oder "um Durchfall zu stoppen"[56]) - was sie ja keineswegs theologisch disqualifizieren muss -, aber auch die Wirksamkeit der mesopotamischen magischen Rituale beruht letztlich auf der ihnen eignenden göttlichen Autorität: Die Formulierung FOHRERs, wonach die "prophetischen Symbolhandlungen" "sich nicht auf das kraftwirkende Handeln eines Menschen [gründen], sondern auf die Macht Jahwes, die in die menschliche Wirklichkeit hineinwirkt, so dass das symbolisch Vollzogene sich tatsächlich ereignet", liesse sich ohne weiteres auch auf

---

[53] Ebd. 94f.

[54] Studien 252; vgl. Die symbolischen Handlungen 105f. Als JHWH-Wort hat die Verkündigung Ezechiels nach dem Verständnis FOHRERs nicht nur drohenden Zeichencharakter, sondern:"*Es bindet die Zukunft und führt sie herbei*; es ist ein wirksames Wort, da es im Auftrag Jahwes gesprochen wird und sein Eingreifen ankündigt. Indem Ezechiel die Schrecken des Endes schildert, *trägt er dazu bei, dass sie sich verwirklichen und unabwendbar werden*" (Die symbolischen Handlungen 114; vgl. Kommentar 28; Hervorhebungen von mir). Ein Unterschied zwischen prophetischer Zeichenhandlung und "Magie" lässt sich bei solchem Determinismus (vgl. Die symbolischen Handlungen 105-107.114-116) dann allerdings nur noch auf einer dogmatischen Ebene formulieren.

[55] Die symbolischen Handlungen 95. FOHRERs Position verbindet damit auf ganz eigenartige Weise einen breiten religionsgeschichtlichen Ansatz mit enger dialektischer Dogmatik.

[56] Vgl. BOTTERO, Le manuel de l'exorciste 74-76 (104-106) u.ä.

mesopotamische Rituale beziehen, die ihrerseits ganz analog auf der Macht des Enlil, Šamaš, Marduk oder einer anderen Gottheit gründen.[57]

Einen Unterschied zwischen prophetischen Zeichenhandlungen und magischen Praktiken könnte man eher darin sehen, dass die ersteren nur einmal berichtet werden, und d.h. wohl nur einmal in einer spezifischen Situation ausgeführt wurden[58], während magische Handlungen an die Einhaltung bestimmter ritueller Vorschriften gebunden sind. Rituale sind aber grundsätzlich wiederholbar und rechnen mit dem regelmässigen Auftreten typischer Situationen. Allerdings hat man hier mit Unsicherheiten in bezug auf die Quellenlage zu rechnen.

Zum andern bin ich mir nicht sicher, ob die uns zur Verfügung stehenden alttestamentlichen Texte es uns immer erlauben, deutlich zwischen dem Willen JHWHs und demjenigen des Propheten zu scheiden. Zwar finden sich in einzelnen Überlieferungen über prophetische Zeichenhandlungen Hinweise auf den Zwangscharakter des dem Propheten aufgenötigten JHWH-Wortes und Einwände des Propheten gegen die Anweisungen JHWHs (in unserem Falle Ez 4,14), die zeigen, dass der Wille JHWHs dem Propheten jedenfalls nicht ohne weiteres einsichtig sein musste. Solcher Widerspruch ist m.W. in mesopotamischen Texten, deren Anweisungen den Rahmen des rituell Erwartbaren im Gegensatz zu den Anweisungen JHWHs nie überschreiten, nicht belegt. Wo der Widerspruch jedoch auch in alttestamentlichen Texten fehlt, sollte man ihn nicht von einem theologischen Vorurteil her eintragen.[59]

---

[57] FOHRER, Studien 251.- Vgl. die Mahnung von D AXELMÜLLER/THOMSEN, Bildzauber im alten Mesopotamien 29f:"Magie setzt völlig andere Weltbilder und Kosmoserfahrungen voraus, die unserem modernen, materialistischen, rationalistisch-naturwissenschaftlichen Denken versperrt sind. So bleibt immer nur der unzulängliche Versuch analogistischer Deskription, der Beschreibung des fremden Unverständlichen, Unerklärbaren und Verborgenen in eigenen gewohnten, da erlernten Denkkategorien und Sehweisen. Vom magischen Denken anderer, vor allem früherer Kulturen können wir nur das erfassen, was uns begreifbar *erscheint*, ohne dass uns dadurch die Kausalität magischer Vorgänge verständlich - da selbstverständlich - würde." Ebd. 57 wird zu Recht die fundamentale Verankerung der mesopotamischen "Magie" in Kult hervorgehoben:"Die Bilder des mesopotamischen 'Bildzaubers' waren keine 'magischen' Objekte, sondern konkretisierende Requisiten im Rahmen einer kultischen Handlung. *Nicht durch sie wurde die Fernwirkung erzielt, sondern durch die Götter und deren dämonische Helfer* (...). 'Magie' ist im Vorderen Orient ein legitimer Bestandteil religiösen Denkens und Handelns, zugleich aber auch präwissenschaftliche Medizin, Pharmazie oder Psychologie" (Hervorhebungen von mir). Vgl. auch HILLERS, The Effective Simile 185.

[58] AMSLER (Les actes des prophètes 16f) charakterisiert die prophetischen Zeichenhandlungen als "inédit, surprenant, non-conventionnel". Letzteres gilt wohl nur mit Einschränkung, da die Zeichenhandlung ja verständlich sein soll und insofern mit Konvention und Stereotyp arbeitet.

[59] Dass es ein Spezifikum nur der *falschen* Propheten sei, "aus ihrem eigenen Herzen" zu reden (Ez 13,2; vgl. Jer 14,13-16; 23,16.21.25-28.32 u.ö.), behauptet zwar der angefochtene

In bezug auf FOHRERs Behandlung von Ez 4f und vergleichbaren Phäno-
menen aus der Magie können wir uns kurz fassen: FOHRERs religionsgeschichtlicher Vergleich[60] greift weit über die altorientalischen Kulturen
hinaus[61], treibt dabei z.t. recht wilde Blüten[62], findet aber meist nur sehr
unspezifische "Parallelen" zu einigen in Ez 4f genannten Details. FOHRERs
Studie erlaubt deshalb nur ein ganz unscharfes Verständnis von Ez 4f als quasi-
magischer[63] "symbolischer Handlung".

Im besonderen vernachlässigt FOHRER aber die pragmatische Dimension von
Ez 4f, die durch die Zeichenhandlung evozierte typische Kriegs- bzw. Belagerungssituation. Um die Frage, ob Ezechiels Stadtbelagerung als eine Art magische Zauberhandlung zu verstehen sei, in einer sowohl der engeren Umwelt
Ezechiels als auch dieser Situation angemessenen Weise zu diskutieren, ist es
deshalb wohl angezeigt, an dieser Stelle kurz auf einige *mesopotamische* Texte

---

JHWH-Prophet in der Polemik gegen seine Konkurrenten; als historisches Argument kann
dies aber nicht gelten.

Nach FOHRER weisen auch das *deutende Wort* und die *Zusage JHWHs*, dass das
symbolisierte Geschehen sich verwirklichen werde, auf einen grundsätzlichen Unterschiede zur
Magie. Dass "der magischen Handlung in der Regel jede Deutung (fehlt)" (Die symbolischen
Handlungen 97), ist allerdings ebenso falsch wie das aufgeklärte Vorurteil, "der Magier und
sein Auftraggeber (seien) niemals dessen gewiss, dass ihre Handlung von Erfolg gekrönt sein
wird" (ebd.).

[60] Die symbolischen Handlungen 47-55.

[61] Die methodologische Problematik einer Komparatistik, deren "Parallelen" ziemlich
wahllos nebeneinandergestellt nicht nur aus dem Alten Orient stammen, sondern ein Sammel-
surium von altgermanischen, altwalisischen, islamischen, altmexikanischen, Südsee- und
vielen anderen Traditionen (vgl. Studien 251:"aus der ganzen Welt") darstellen, liegt auf der
Hand und braucht hier nicht eigens erörtert zu werden.

[62] Einige "Parallelen" sind mir schlechterdings unverständlich:"Wie Ezechiel seinen Stein
'belagert', legt man[!] gelegentlich[!] zum Schutz vor Toten mannigfache[!] Verschanzungen
an..." (Die symbolischen Handlungen 48); "im Aufrichten der Scheidewand und im
feindlichen Blick gegen die dargestellte Stadt bildet der Prophet Jahwe selbst ab...auch im
altmexikanischen Kult wurden die Gottheiten durch auserwählte Festteilnehmer verkörpert, die
das Schicksal der Gottheit symbolisch zu erleben hatten und daher als diese selbst angesprochen wurden. Ebenso tötete man bei manchen Festen Gefangene als personifizierte
Götter" (ebd. 48f); zum unbeweglichen Verharren Ez 4,4-8:"Wenn auf den Kei-Inseln (südl.
Neuguinea) ein Kanu seine erste Fahrt macht, müssen vier Mädchen völlig bewegungslos in
einer Hütte sitzen, solange das Boot auf See ist. Dadurch wird es ruhig und gleichmässig
fahren" (ebd. 50); zu Ezechiels Notbrot:"Ein Bäckermeister gestand 1615, dass er aus den
Furchen, die durch die Räder eines Leichenwagens entstanden waren, Wasser schöpfte und
unter den Teig mischte, damit das Brot gut gerate und Absatz finde" (ebd. 52).

[63] Der Begriff "quasi-magisch" wird von FOHRER allerdings nicht verwendet; er soll nur
den etwas diffusen Eindruck wiedergeben, den FOHRERs unspezifische Auflistung von magischen Praktiken zur Erläuterung(?) von Ez 4f hervorruft (vgl. auch LANG, Kein Aufstand
166f).

hinzuweisen, die uns einen bruchstückhaften Einblick in *Kriegsrituale und Kriegsmagie des 1.Jt.a* erlauben.[64] Diese sollen dann mit den in Ez 4f geschilderten Handlungen verglichen werden.

b) Ein Vergleich mit mesopotamischen Kriegsritualen

Aus einem Brief Assurbanipals an seinen Beauftragten in Borsippa[65] wissen wir, dass sich im dortigen Ezida-Heiligtum unter den vielen Ritualen auch eine "Serie Schlacht" (*iškar tāḫāzi*) sowie eine Serie "Dass in der Schlacht ein Rohrpfeil sich dem Menschen nicht nähere" (*ina tāḫāzi qanû ana amēli lā teḫê*) befanden.[66] Die so betitelten Texte sind allerdings nicht erhalten. Jedoch können andere Texte aufgrund ihres Inhalts der Gattung der Kriegsrituale zugerechnet werden.[67] Sie geben Anweisungen zum korrekten Vollzug der Ritualhandlungen und notieren die Worte, welche der Zauberpriester beim Vollzug der Riten auszusprechen hatte, sowie die Gesänge, welche zuweilen die Riten begleiteten.

Die Effizienz der Ritualhandlungen scheint im einzelnen auf verschiedensten Prinzipien zu basieren: besondere Wirkmächtigkeit der verwendeten (meist

---

[64] Im folgenden ist nur von eigentlichen Ritualtexten die Rede. Diese sind grundsätzlich sowohl von den mit Feldzügen verbundenen Omina (vgl. dazu zuletzt STARR, Historical Omens 60-67), aber auch von den Orakelbescheiden zu unterscheiden, die an dieser Stelle nicht besprochen werden müssen, da sie mit Ez 4f ohnehin nicht in Beziehung gebracht werden können. Orakelbescheide antworten in der Regel auf eine den Göttern vorgelegte, mehr oder weniger präzis formulierte Frage (vgl. dazu WEIPPERT, "Heiliger Krieg" in Israel und Assyrien 470-475). Kriegsrituale sind dagegen Zauberhandlungen, welche entweder vor oder während eines (aufgrund günstiger Orakel unternommenen) Feldzugs dem Kriegsgeschehen durch eine analoge sympathetische Inszenierung zu sicherem günstigem Ausgang verhelfen sollen oder im Rahmen der generell, d.h. auch in "Friedenszeiten" praktizierten Zauberhandlungen gegen "reale" und "potentielle" politische Feinde angewandt werden können.

[65] KING/THOMPSON, Cuneiform Texts XXII Pl. 1; vgl. BORGER, Handbuch der Keilschriftliteratur I 553.

[66] ELAT, Mesopotamische Kriegsrituale 5. Die zuletzt genannte Serie wird auch im sog. "Leitfaden der Beschwörungskunst" genannt, unmittelbar vor der Serie *ašaršu liṣbat* ("Damit er [in der Schlacht?] seine Stellung halte"?), welche ebenfalls zu den Kriegsritualen gehört haben könnte (vgl. BOTTERO, Le manuel de l'exorciste 79 [109]).

[67] Vgl. bes. EBELING, Beschwörungen gegen den Feind 172-185 (ebd. 185-211 Beschwörungen gegen individuelle Feinde, von denen wir nicht wissen, ob sie auch im Kriegsfall verwendet und dann auf politische Feinde bezogen werden konnten); ELAT, Mesopotamische Kriegsrituale 5-26 (verarbeitet weitgehend Textkollationen und -rekonstruk-tionen von R. BORGER); MENZEL, Assyrische Tempel II T 82-89; für unseren Zusammenhang etwas fernerliegend: VAN DIJK, Un rituel de purification des armes et de l'armée 107-117 (Reinigung der Armee durch den König; vgl. dazu nun die Übersetzung durch W.PH.H. RÖMER in TUAT II/2 169-171).

pflanzlichen oder tierischen) Substanzen, Tauglichkeit der mit der Beschwörung verbundenen Opfer, wirkmächtige Kraft des begleitenden Beschwörungs-
wortes, Substitution der am "realen" Krieg Beteiligten (sei es der Feinde oder
des eigenen Königs, des Heeres usw.) durch Zeichnungen, Modelle, oder auch
durch Ersatzobjekte ohne erkennbare Abbildbeziehung, an denen das Ritual
nach dem Prinzip der sympathetischen Magie bindend ausgeführt wird (so wie
den Substitutionsobjekten geschieht, so soll auch die Schlacht verlaufen).

"Wenn ein Angriff eines Feindes droht(?) bzw. damit ein Feind sich der
Grenze deines Landes nicht nähere und seine Grenze nicht ändere, (sondern)
du ihn (vielmehr) zurückschlagen kannst"[68], "Wenn der König mit seinem
Feind eine Schlacht führen will"[69], "Am Tage, da ein Feind gegen den König
und sein Land [...], zur Rechten (an der Front?) der Armee soll der König
ausziehen"[70] lauten die häufig kasuistisch formulierten Über- bzw. Unter-
schriften der Kriegsrituale. Sie machen deutlich, dass das Kriegsgeschehen
vornehmlich als Aufruhr eines unbotmässigen Feindes bzw. als vom König
unternommene Vergeltungsaktion verstanden wurde, und liegen damit ideo-
logisch ganz auf der Linie der Königsinschriften.

In der Regel sind die mesopotamischen Kriegsrituale mit besonderen *Opfern*
verbunden, welche die angerufenen Götter dem Zauberpriester nahebringen
bzw. sie für dessen Anliegen gewinnen sollen. Die Götter sind es ja, die dem
Zauber eigentlich zum Erfolg verhelfen.[71] Auffälligerweise ist in Ez 4f weder
von solchen Opfergaben noch von beschwörenden Gebeten die Rede. Schon
diese Tatsache rät davon ab, die Handlungen Ezechiels allzu unvermittelt mit
Zauberritualen in Verbindung zu bringen.

Die Zauberhandlungen bedienen sich ganz verschiedener *Substitutionsobjekte*. Nicht selten sind es Waffen aus erlesenen Materialien, u.U. auch
Nahkampfwaffen relativ archaischen Charakters wie Streitkolben oder Streit-
axt. Die Waffen können mit einem wirkmächtigen Namen (etwa "Unterwerfer
des Landes des Unbotmässigen"[72] oder "Der alles niederdrischt, der den Bösen

---

[68] K. 3457+, Vs. 1f (ELAT, Mesopotamische Kriegsrituale 11f.15f).

[69] 81-2-4,306, Rs. 7' (ebd. 13f.17f).

[70] K. 6207+, 2f (ebd. 21f).

[71] Vgl. PBS I/2 106, Vs. 9-11 (EBELING, Beschwörungen gegen den Feind 178f); VAT
9671, Vs.(?) 20-24 (ebd. 183f); K. 3457+, Vs. 5.10f.13f.17 (ELAT, Mesopotamische
Kriegsrituale 11-16); K. 6207+, 4-10:"[3] Tragaltärchen vor Ištar, Šamaš und Nergal (sollst
du) aufstellen. Je 60 Emmerbrote sollst du auflegen. Rührkuchen aus Honig (und) Butterschmalz sollst du hinsetzen. Datteln (und) *sasqû*-Mehl sollst du ausschütten, drei starke Schafe
opfern, das Schulterfleisch, das Fettgewebe und gekochtes Fleisch hinsetzen. [Auf ein
Räucherbecken] mit Zypressenöl sollst du Rostmehl schütten. [Honig], Butterschmalz, Wein,
ausgepresstes Öl sollst du libieren" (ebd. 21f). Vgl. oben Anm. 57!

[72] K. 3457+, Vs. 4 (ebd. 11f.15f; wenn es im Text heisst:"*Seinen Namen* sollst du darauf
[d.h. auf den Streitkolben] schreiben. 'Unterwerfer des Landes des Unbotmässigen' lautet *sein
Name*", dann dürfte *šumšu* beidemale auf den ausdrücklich genannten Namen der Waffe zu

zurückschlägt"[73]) beschrieben und hernach ausdrücklich einem Gott zuge-
sprochen werden ("Der Streitkolben aus *martû*-Holz ist die Waffe Enlils. (...)
Der Streitkolben aus *qaqullu*-Holz ist die Waffe Marduks"[74]).

Der Feind, den es zu bezwingen gilt, kann in Form einer kleinen Figurine
(*ṣalmu*) aus Talg abgebildet werden; an ihm wird dann der eigentliche
Bezwingungsritus vollzogen:"[Sein Gesicht(?)] sollst du mit einem Strick nach
hinten [richten(?)]."[75] Befindet sich der König bereits auf dem Feldzug, so
kann ein hoher Beamter des Königs, der nicht wie dieser am Feldzug teilnehmen muss, "wie sein Herr benannt" werden und dessen Rolle einnehmen;
er "soll sich das Wehrgehänge des Königs [anlegen(?), vor] die Opferzurüstung treten" und bestimmte Beschwörungsformeln rezitieren.[76] Befindet
sich der König im Lande, kann er selbst an Kriegsritualen teilnehmen.

Vor wenigen Jahren hat B. MENZEL zwei tentativ "König gegen Feind" genannte neuassyrische Ritualtexte veröffentlicht, die wegen ihres besonderen Interesses hier in grösseren
Auszügen übersetzt wiedergegeben werden sollen.[77]

K. 3438a+9912 // K. 9923[78]

"[...] **Vs. 1'** Vor die Götter(bilder: *ina pān ilāni*) tritt man[79] hin. **2'** *ḫitpu*-Schlacht-
opfer bringt man dar. **3'** Vor die Götter(bilder) stellt man 'Puppen' (*d̲sarrānāte*) hin. **4'-
5'** Der *nāru*-Sänger[80] intoniert (das Lied...). **6'-7'** Man richtet die Gesichter der 'Puppen' gegen den Feind (LÚ.KÚR = *nakru*). **8'** Man summt(?) und tanzt. **9'-11'** Die

---

beziehen sein, nicht aber, wie ELAT ebd. 18f suggeriert, einmal auf den Namen des Feindes
und seines Landes, ein andermal auf denjenigen der Waffe!).

[73] K. 3457+, Vs. 9 (ebd. 13f.15f).

[74] K. 3457+, Vs. 4.9 (ebd. 11f.13f.15f).

[75] K. 6207+, 11f (ebd. 22f). "Bildzauber" ist im Rahmen ganz verschiedener
apotropäischer Riten (gegen persönliche Feinde, gegen Dämonen, gegen den bösen Blick,
usw.) breit belegt. Vgl. dazu nun den wichtigen Aufsatz von DAXELMÜLLER/THOMSEN,
Bildzauber im alten Mesopotamien 27-64, bes. 28 und 53-56: Die *Bilder* müssen keine
(veristisch porträthafte) Ähnlichkeit mit der zu bezaubernden Person besitzen, sondern stellt
nur eine Funktion oder *Rolle* (z.B. "Feind") dar; die genaue Zielrichtung wird dann (falls
erforderlich) durch die Defixion eines *Namens* als identifizierender Realität gewährleistet.

[76] K. 6207+, 13f (ebd. 22f).

[77] Herrn Prof. K. DELLER (Heidelberg) verdanke ich den Hinweis auf diese Texte. Die
Übersetzung weicht in Einzelheiten von derjenigen B. MENZELs ab.

[78] MENZEL, Assyrische Tempel II T 82-86 (Zeilenzählung hier nach K. 3438a+).

[79] Im Original steht bei Übersetzungen mit "man" jeweils 3. Pers. Pl., ohne dass die
handelnden Subjekte näher bestimmt wären.

[80] Ein in kultischen Texten nur einmal in der Mehrzahl genannter, in der Regel also wohl
solistisch auftretender Vorsänger; vgl. MENZEL, aaO. I 254-258.

kurgarrû-Mimen[81] singen (das Lied) «Mein Spiel ist der Kampf (*mīlulī qablu*)»[82]. Die *assinnu*-Mimen[83] respondieren mit Wehklagen. Sie reissen sich (gegenseitig die Kleider vom Leib?)[84]. **12'** Der König spannt (wörtl. füllt) den Bogen unter freiem Himmel (*ina pān* ^dUTU, wörtl. vor Šamaš!). **13'** Er legt ihn auf den Erdboden. Vom Erdboden **14'** hebt man ihn dann auf und spannt ihn (erneut). **15'-16'** Man nimmt einen Pfeil vom Streitwagen des Nergal weg. **Rs. 1** Man umwickelt seine Zunge (d.h. die Pfeilspitze) mit [Wolle]. **2** Der Bogenschütze der Götter (LÚ.A.SIGₛ *ša ilāni*)[85] legt ihn dem König in die Hand. **3-4** Der König nimmt die Spindel von seiner Schulter(?), befestigt(?) daran den Pfeil und lässt ihn dreimal herumwirbeln. **5** Er küsst (den Pfeil) und gibt ihn dem Bogenschützen. **6** Dieser legt ihn in die Hand des Wagenlenkers (LÚ *ša* É.ḪÚB)[86]. **7** (Dann) lässt er (den Pfeil) auf dem Bogen (d.h. der Sehne) reiten. **8-9** Der Wagenlenker des Adad, der Palastvorsteher und sein Stellvertreter besteigen den Streitwagen (mit der Standarte) ^d*Bēlat-dunāni*. **10-11** Ihre Pfeile lassen sie reiten, schiessen (sie jedoch noch) nicht ab. **12** Man räumt die Opfertische mit den *ḫitpu*-Schlachtopfern weg. **13** (Der König?) packt die Streitwagen und fährt (damit) herum. **14** Der Wagenlenker des Nergal spricht:«Auf Befehl Aššurs: Los!» **15-16** Dann schiessen sie den Pfeil ins Herz des Feindes und fahren dreimal (mit dem Streitwagen) herum. […]"

K. 10'209[87]

"(...) **Rs. 11'** Dreimal hebt man den Pfeil (wieder?) auf. **12'** Der 'Ohrenmann' (LÚ *ša* GEŠTU.II)[88] öffnet Ohren und Mund (des Feindes).[89] **13'** Man nimmt die Götter(bilder) weg. **14'** Der König legt das Geschmeide ab. **15'** Man hebt die Setztartschen hoch. **16'** Der König tritt heran und besiegt seinen(!) Feind (*nakiršu ikaššad*)[90]. **17'-18'** Nachdem der König seinen Feind besiegt hat, legt er das Geschmeide (wieder) an. **19'** Die Spindel

---

[81] Eine nur in der Stadt Assur belegte Gruppe von musizierenden, singenden und tanzenden "Kultstatisten"; MENZEL, aaO. I 241f.

[82] Übersetzung hier nach MENZEL, aaO. II T 84; ebd. I 198* Anm. 3231 wird jedoch ohne weitere Begründung vorgeschlagen, das Incipit dieses sonst nicht bekannten Liedes "wohl als Satzfrage 'Ist mein Spiel Kampf?' zu verstehen".

[83] Eine weitere Kategorie von "Kultstatisten", vielleicht eine Untergruppe der *kurgarrê*; vgl. MENZEL, aaO. I 229.

[84] Akk. *milḫu imalluḫu*, wörtl. "Herausreissung herausreissen" (so AHw 593a), vielleicht Selbstverstümmelungen oder intensive Klage- und Notgebärden; vgl. MENZEL, aaO. II 187* Anm. 3049 und 199* Anm. 3237 (= "einen Kampf simulieren"?); T 84f (Übersetzung wie oben).

[85] Gemeint ist der zur Besatzung eines Götterwagens gehörende Bogenschütze (*mudam-miqu*; vgl. MENZEL, aaO. II T 27 und T 85); es "sollte nochmals am Original geprüft werden, ob statt *DINGIR.MEŠ nicht besser ^dMAŠ.MAŠ gelesen werden soll" (ebd. T 86), da hier offenbar vom Bogenschützen des Nergal-Streitwagens die Rede ist.

[86] Vgl. MENZEL, aaO. II T 85f.

[87] MENZEL, aaO. II T 88-89; K. 10'209 Rs. 1'-10' entspricht dem eben zitierten Text K. 3438a+ Rs. 8-16, weshalb die beiden Texte sachlich unmittelbar zusammengehören und sich auf dasselbe Ritual beziehen dürften.

hängt er an seiner Schulter(?) auf. **20'** Er geht vor die Götter(bilder). Man bringt Schafopfer dar. **21'** Er (der König) küsst den Erdboden. **22'** Er ordnet den Einzug (des Heeres) in die Stadt, (nämlich) ins Feldlager (*madaktu*), an. **23'** Er (selbst) tritt in die *qersu*-Weinlaube[91] ein und veranstaltet die Mahlzeit (*naptunu*). **24'** Der König freut sich (*šarru iḫaddu*). (...)"

Es ist hier nicht der Ort, das in diesen Texten geschilderte Kriegsritual ausführlich zu kommentieren.[92] Leider wissen wir nicht, ob es sich um ein regelmässig, an durch den Ritenkalender fixierten Daten durchzuführendes Ritual oder um ein Kasualienritual handelt, das im Zusammenhang mit Feldzügen durchgeführt wurde. Ersteres wäre der Fall, wenn das Ritual mit einem im neuassyrischen Kultkommentar BM (WAA) 121'206 VI 23'ff[93] beschriebenen, auf den 13. Ajjar datierten und zum *akītu*-Fest gehörigen Ritual identisch ist, in welchem ebenfalls ᵍⁱˢ*sarrānāte* (38') und Götterstreitwagen (42') vorkommen und zudem von der "ganzen Stadt" (41') die Rede ist.[94] Differenzen zwischen diesem (gerade an der uns interessierenden Stelle stark zerstörten) Ritual und dem oben zitierten "Kriegsspiel" sprechen m.E. aber eher gegen eine Identifizierung.[95] Es dürfte sich bei K. 3438a+ par / K. 10'209 eher um ein Ritual *vor* oder (wahrscheinlicher) *nach* einem Feldzug (zu dessen günstiger Beeinflussung oder Besiegelung) handeln.[96] Für die besondere Situation eines Feldzuges sprechen z.B. die

---

[88] Offenbar nur hier attestiert; "der Sinn der Zeile bleibt dunkel" (MENZEL, aaO. II T 89). Scheinbar ist es die Aufgabe des "Ohrenmannes", den "Feind" für die direkte Konfrontation mit dem König zu präparieren. Dass Ohren und Mund des "Feindes" geöffnet werden, weist auf einen Belebungsvorgang: es ist ein richtiger, lebendiger "Feind", den der König hernach besiegt (d.h. wohl tötet).

[89] MENZEL liest in Z. 12': ˡᵘ*šá* GEŠTU.II GEŠTU.II *u*⁷ KA-*šú i-pat-t[i]* ; ebenfalls denkbar wäre ˡᵘ*šá* GEŠTU.II GEŠTU.II-*šú* !⁷ KA-*šú i-pat-t[i]*, "der 'Ohrenmann' öffnet seine (des "Feindes") Ohren und seinen Mund" (K. DELLER).

[90] War bisher immer nur von "dem Feind" bzw. "einem Feind" (LÚ.KÚR = *nakru*) die Rede, so hier und in der folgenden Zeile, die offenbar dem König reservierte Nahkampfhandlungen(?) schildern, von "seinem Feind" (LÚ.KÚR-*šu*), was MENZELs Übersetzung (aaO. II T 89) übersehen hat.

[91] Zu *qersu* "Weinlaube" vgl. nun DELLER, Assurbanipal in der Gartenlaube (im Druck).

[92] Eine Bearbeitung durch Prof. K. DELLER für das "Neo-Assyrian Text Corpus Project" (State Archives of Assyria) befindet sich in Vorbereitung.

[93] VAN DRIEL, Cult of Aššur 88f.

[94] MENZEL, Assyrische Tempel II T 84 hält ᵈ/ᵍⁱˢ*sarrānāte* für den "Schlüsselterminus" und nimmt deshalb einen gemeinsamen kultischen Rahmen an.

[95] In BM (WAA) 121'206 VI 23'ff agieren (nur hier!) zwei *nāru*-Sänger, von den Streitwagen Nergals und Adads, von Pfeil und Bogen oder von einem "Feind" ist nicht die Rede, dafür aber von einer Prozession der "ganzen Stadt" zu einem Festhaus(?) sowie von einer Reverenz(?) vor dem "Vater der Götter" (Aššur).

[96] Letztere Möglichkeit sollte bes. aufgrund des Einziehens des Feldlagers in die Stadt (K. 10'209 Rs. 22') nicht ausser Betracht gelassen werden. MENZEL erwägt, ob an dieser Stelle "mit URU die belagerte feindliche Stadt oder die assyrische Hauptstadt (Kalḫu, Ninua) gemeint" sei (aaO. II T 89). Ersteres würde implizieren, dass das Ritual vor der feindlichen

beiden Streitwagen von Nergal und Adad, welche das assyrische Heer bekanntlich auf seinen Feldzügen begleiteten.[97] Das Ritual unterscheidet sich von anderen oben angesprochenen durch die (deutlich "nicht-esoterische") festliche Inszenierung unter Beiziehung verschiedenster Gruppen von "Kult-statisten", Beamten, Militärs usw. Nicht ganz klar ist das Verhältnis der beiden Gruppen von "Kultstatisten" und ihrer Gesten zueinander; möglicherweise handelt es sich um zwei komple-mentäre Symbolisierungen des Krieges, wobei den *kurgarrê* die Rolle kriegerischer Helden zu-kommt[98], während die *assinnu*-Mimen den schreckenerregenden, verzweifelten Aspekt dar-stellen.[99] Ihr "Spiel" dient als Auftakt zur symbolischen Zurüstung von Siegespfeil[100] und Siegesbogen. Erst dann folgt die symbolische Inszenierung des eigentlichen Kriegsgeschehens in zwei Akten (Angriff vom Streitwagen, Überwältigung im Nahkampf). Auffälligerweise reduziert auch dieses "Kriegsspiel" die feindliche Grösse auf eine einzelne Substitutionsfigur, einen anonymen "Feind", worunter wohl eine Puppe (aus Holz oder Stoff?) verstanden werden darf.[101]

Eine Zeichnung oder ein Modell einer feindlichen Stadt, welche die Rolle der feindlich gesinnten politischen Grösse hätten übernehmen können, sind m.W. wie auch Modelle von Belagerungswerkzeugen als Substitutionsobjekte für mesopotamische Kriegsmagie nicht belegt.[102] Das Motiv der erfolgreichen Be-lagerung einer feindlichen Stadt scheint in diesen Texten überhaupt zu fehlen. Sowohl in bezug auf die verwendeten Gegenstände als auch in bezug auf die *spezifische* Kriegssituation lässt sich also zwischen Ez 4f und den meso-potamischen Kriegsritualen kein Zusammenhang herstellen.

Stadt (während der Belagerung?) durchgeführt worden wäre, was u.a. angesichts des offenbar zahlreichen Kultpersonals wenig wahrscheinlich erscheint. Ausserdem scheint das *madaktu*, das die Soldaten beziehen, in der Stadt gelegen zu sein, was ebenfalls für die Identifikation von URU als der Heimatstadt spricht.

[97] Vgl. auch MENZEL, aaO. II T 85.

[98] Ihr Lied *mīlulī qablu* erinnert an die Erklärung der Helden Tukulti-Ninurtas I., "Kampf und Kriegsnot sind unsere Freudenfeste (*qablu u ippīru isinnani ḫid[ûtini]*)" im sog. Tukulti-Ninurta-Epos (V = "II" 4; EBELING, Bruchstücke 7f; die Neubearbeitung durch P. MACHI-NIST ist mir nicht zugänglich), die dort den König zum Feldzug gegen die feindlichen Kassi-ten ermutigen soll.

[99] In Anlehnung an das eben zitierte Tukulti-Ninurta-Epos könnte man auch sagen, dass die *kurgarrê* den *qablu*-Aspekt, die *assinnu* den *ippīru*-Aspekt des Krieges inszenieren.

[100] Liegt in der K. 3848+ Rs. 3-4 geschilderten Ritualhandlung die Lösung des Rätsels, wie man sich das "Schütteln der Pfeile" in Ez 21,26 vorzustellen habe?

[101] Vgl. MENZEL, Assyrische Tempel II T 85.

[102] In PBS I/2 106, Vs. 5'-7' (EBELING, Beschwörungen gegen den Feind 178f) ist von einem "Bild (*salmu*) aus Mehl" die Rede, das auf den Boden gezeichnet werden soll, worauf der König(?) auf das Bild treten soll; die Tafel ist an dieser Stelle stark zerstört, weshalb nicht auszumachen ist, was auf dem Bild dargestellt werden sollte. Laut Rs. 26-28 (ebd. 179.181) sollte der König zudem ein Ersatzschaf schlachten, es auf das am Boden gezeichnete Bild werfen und Tamariskenzweige(?) darauf legen. EBELINGs Übersetzung fährt fort:"Danach wird er [d.h. der König] sich rasieren, (das Haar) dem Feindesland überlassen."

Für die mesopotamischen Kriegsrituale ist charakteristisch, dass *rituelle Handlungen und deutendes oder beschwörendes Wort* häufig in engster Nachbarschaft zueinander stehen, ja geradezu *ineinander* verwoben sein können.[103] Der Sinn dieser Korrespondenz dürfte in der Regel der sein, problematische Manipulationen wirkmächtiger Gegenstände fortlaufend durch präzise Formulierungen zu determinieren und damit nicht nur die Effizienz der Riten zu garantieren, sondern auch etwelche schädliche Nebenwirkungen, welche durch mehrdeutige rituelle Gesten unbeabsichtigterweise ausgelöst werden könnten, zu bannen. Im Gegensatz dazu wird in Ez 4f (abgesehen von 4,14f) aber ein völlig stummes, vorerst weder "Stadt" noch "Belagerte" bzw. "Belagerer" identifizierendes Geschehen geschildert, welches erst *nach* dem Vollzug aller Handlungen durch Worte gedeutet wird.[104] Hier stehen Bild-

---

Liegt hier vielleicht ein mit Ez 5,1 vergleichbarer Ritus vor? EBELING hat richtig gesehen, dass der Verlust des Haares mit Kraftverlust verbunden ist (vgl. Ri 16,15ff) und muss deshalb zur Erklärung des doch sehr eigenartigen Sachverhalts, dass der König(!) in einem Kriegsritual seine *eigene* Kraft mindern soll, eine komplizierte Begründung konstruieren: Das Bild auf dem Boden sei ein Ersatz für den König(!), den man dem Feind preisgebe(!), diesen dadurch aber täusche, da es ja nur(!) ein Bild sei. Bei der Scherung des Königs(!) werde wohl vorausgesetzt, dass der Feind von der ihm gegebenen Gelegenheit, den König zu überwinden, keinen Nutzen habe, weil er von der Hingabe nichts wisse. Paradoxerweise werde deshalb mit der Opferung der Haare die Gefahr der Niederlage abgewendet. "Der König hat sich selbst für den Sieg geopfert, aber den Feind getäuscht, sodass der Besitz der Haare für ihn ohne Wert ist." (aaO. 173f).

Diese Erklärung ist m.E. aus mehreren Gründen abzulehnen: Der König tritt in den Kriegsritualen sonst nie durch Selbstminderungsriten in Erscheinung; die Situation der Bedrohung durch aufrührerische Feinde ist dazu ja auch viel zu kritisch (und in keiner Weise mit den Selbstminderungsriten etwa des Neujahrfestes zu vergleichen!). Die Effizienz der mit sympathetischer Magie operierenden Kriegsrituale basiert zudem gerade auf der vorausgesetzten "Realpräsenz" einer Person in ihrem Substitutionsobjekt; die Vorstellung von einer Täuschung durch ein Bild ist ihr dagegen völlig fremd. Aus demselben Grund könnte der Besitz der königlichen(!) Haare für den Feind keinesfalls "ohne Wert" sein.

Nun scheint aber EBELINGs Interpretation aufgrund einer Kollation des Textes durch R. BORGER ohnehin hinfällig geworden zu sein, steht doch in Rs. 29 nichts von einer Scherung (EBELING:"*gallabût*(ŠU!-I!)-su(!)"), sondern nur, es sei *gegen* das Feindesland die Beschwörung *ašḫuṭ ašḫuṭ* (so die Kollation BORGERs:"*aš-ḫu-uṭ* MIN") zu rezitieren (vgl. ELAT, Mesopotamische Kriegsrituale 6). Damit entfällt die Stelle auch als Parallele für Ez 5,1.

[103] Dies ist allerdings in den oben ausführlich zitierten neuassyrischen Texten, wo nur zwei Liedertitel zitiert werden, nicht der Fall, wohl aber in den von ELAT und EBELING publizierten Ritualanweisungen. Der Grund dafür scheint in den verschiedenen literarischen Gattungen zu suchen zu sein: Obwohl alle die genannten Texte als "Kriegsrituale" bezeichnet werden können, handelt es sich bei den von MENZEL edierten um *Schilderungen* von Ritualhandlungen in *3. Pers. (Sg. oder Pl.)*, während die von EBELING und ELAT edierten (Ez 4f in dieser Hinsicht näherstehenden) Texte eigentliche *Ritualanweisungen in 2. Pers.* ("*sollst du...*") darstellen, die (in der Art einer liturgischen Agende) die zu rezitierenden Beschwörungen u.a. Begleitworte entweder ausführlich zitieren oder Anfangszeile bzw. Leitworte notieren.

[104] Allerdings operieren auch die mesopotamischen Kriegsrituale mit stereotypen Gesten und typischen Bildern (etwa des "Feindes").

handlung und Wort als zwei teilautonome Kommunikationsräume *neben-einander*. Nichts deutet darauf hin, dass Ezechiel seine Handlungen nach einem Ritual ausgeführt hätte. Die begleitenden Worte eines Rituals *determinieren* dessen gleichzeitig ausgeführte Ritualhandlungen; in Ez 4f *deutet* das Wort (vgl. nur die ausführliche Gerichtsbegründung in 5,5ff!) die abgeschlossenen Handlungen des Propheten.

Die Wirksamkeit der vom mesopotamischen Zauberer auszuführenden Ritualhandlungen und der begleitenden Worte hängt manchmal auch mit der Tatsache zusammen, dass es sich um *geheime Kenntnisse* des Beschwörungspriesters, um eine esoterische und streng gehütete Kompetenz handelt. Uneingeweihte haben dazu keinen Zugang, da sie die Kraft des Zaubers brechen bzw. mit Gegenzauber neutralisieren könnten. Deshalb betont ein Schreiber im Kolophon einer Ritualtafel, dass diese "nach dem Munde (= dem Diktat) des Meisters geschrieben"[105] worden seien und "Geheimwissen" (*niṣirtu*) einer Korporation[106] darstellen. Es gehört zu den Voraussetzungen solcher Magie, dass sie in aller Regel unter Ausschluss der Öffentlichkeit vollzogen wird.[107] Im Gegensatz dazu scheint Ez 4f davon auszugehen, dass die Handlungen des Propheten einen ganz bestimmten Kommunikationszweck verfolgen, nämlich "ein Zeichen für das Haus Israel" (Ez 4,3) zu sein, und damit auch notwendigerweise Adressaten beanspruchen.

Zusammenfassend lässt sich somit festhalten, dass zwischen Ez 4f und den mesopotamischen Kriegsritualen als der am ehesten vergleichbaren altorientalischen Textgattung nur in sehr beschränktem Masse positive Entsprechungen festgestellt werden können. Es ist von daher nicht sachgemäss, die in Ez 4f geschilderten Handlungen von einer angeblichen Verwandtschaft mit magischen Praktiken her zu interpretieren und anzunehmen, sie hätten mit geradezu zwingender Wirkmächtigkeit das dargestellte Geschehen abbildhaft zu reali-sieren und damit eine von JHWH beschlossene, absolut unabwendbare Katastrophe anzukünden gehabt.

Dieses Ergebnis lässt sich abschliessend noch durch eine Beobachtung zur Funktion des alttestamentlichen נביא ("Propheten") und zur Rollendifferenz zwischen dem נביא und anderen Mantikern wie den עננים (vermutlich eher "Beschwörern" als "Wahrsagern") und den כשפים ("Zauberern") absichern.[108] Die primäre Aufgabe des נביא dürfte die Vermittlung und *Ausrichtung einer göttlichen Botschaft* an Menschen gewesen sein, wenn er auch umgekehrt in verschiedensten Notlagen menschliche Anliegen vor Gott tragen und Gott durch Fürbitte

---

[105] PBS I/2 106, Rs. 30 (EBELING, Beschwörungen gegen den Feind 179.181).

[106] K. 3457+, Rs. 14' (ELAT, Mesopotamische Kriegsrituale 14.16). Vgl. dazu den Überblick von R. BORGER, Art. Geheimwissen, in RlA III 188-191.

[107] Auch das zitierte neuassyrische Ritual, das man nicht als esoterisch bezeichnen kann, nennt trotz seiner breiten Inszenierung neben Kultpersonal, Beamten und Militärs keine eigentliche Öffentlichkeit.

[108] Vgl. dazu J. JEREMIAS in THAT II 7-26, bes. 9-15.

geradezu "bedrängen" (פֿגע Jer 7,16; 27,18) konnte.[109] Als Bote übermittelte er Botschaften, und die Legitimität seiner Rolle bestand darin, dass er diese Botschaften unverfälscht weitergab, somit im Dienste der Botschaft stehend. *Ezechiel scheint sich, obwohl selbst Priester und häufig in polemischem Konflikt gegen andere* נבאים *(vgl. Ez 12,21-25; 13; 14,1-11; 22,23-31), als* נביא *verstanden zu haben.* [110] Priester und נביא finden sich im Alten Testament ja ohnehin häufig Seite an Seite (vgl. etwa Jer 5,31; 6,13; 8,10; 14,18; 23,11; 26,7ff; Sach 7,3; Klgl 2,20).

Kriegsrituale wie die oben diskutierten mesopotamischen waren dagegen von anderen Fachleuten auszuführen, denen das Alte Testament wohl die Rollenbezeichnungen ענֿנים ("Beschwörer") und כשׁפים ("Zauberer") zugeschrieben hätte.[111] Die Aufgabe dieser "Beschwörer" und "Zauberer" bestand nicht in der Mitteilung einer Botschaft, sondern in genau regulierter ritueller Manipulation (s.o.). Die Tätigkeit von ענֿים und כשׁפים gilt dem Alten Testament aber als mit dem Jahwismus nicht vereinbar (vgl. 2 Kön 9,22; 21,6; Jes 2,6; Mi 5,11; Lev 19,26; Dtn 18,10.14 u.ö.). Sie ist einem Priester JHWHs wie Ezechiel schwerlich zuzumuten.

Viel eher als um quasi-magische "symbolische Handlungen" dürfte es sich bei den in Ez 4f geschilderten Aktionen also um "Zeichenhandlungen"[112] mit einer ganz bestimmten Kommunikationsabsicht[113] gehandelt haben. "Wird künftiges Unglück dargestellt, dann soll die Darstellung nicht das Unglück herbeiführen, sondern dazu aufrufen, das Unglück zu verhindern; als Aufruf zu Umkehr und Busse haben Zeichenhandlungen mit Magie nichts zu tun. Sie sind vielmehr als Vorform des modernen politisch und sozial agitatorischen Strassentheaters anzusprechen."[114] Im folgenden ist die Frage nach dem Öffentlichkeitscharakter und nach den Adressaten dieser "Zeichen" zu stellen.

---

[109] Vgl. hierzu bes. JEREMIAS, Kultprophetie 140-150.

[110] Vgl. JEREMIAS in THAT II 15; H.-P. MÜLLER in ThWAT V 160.

[111] Vgl. dazu G. ANDRE in THWAT IV 375-381. Allerdings muss in diesem Bereich vieles offen bleiben, da die alttestamentlichen Texte sich nicht sehr differenziert zu den verpönten Praktiken äussern. Immerhin scheint כשׁף vornehmlich Schadenzauber (bzw. Hexerei) zu bezeichnen.

[112] "Es ist ein Missverständnis, die prophetische Rede...als fast magische Zukunftsbannung aufzufassen" (LANG, Ezechiel 86). Und auch FOHRER, allerdings nur in bezug auf Ez 4,1-3:"Die symbolische Handlung scheint das künftige Geschehen weder zu bewirken noch zu begründen, sondern nur Zeichen und Hinweis auf es zu sein" (Die symbolischen Handlungen 104; vgl. dagegen ebd. 100.102 zu Ez 4,9-17 und 5,1-7!).

[113] "A l'inverse de l'acte magique qui entend agir du présent sur l'avenir, l'acte prophétique a pour but d'agir à partir de l'avenir sur le présent: le 'signe' amène l'événement à venir dans l'actualité des spectateurs-auditeurs du prophète et les met en demeure de vivre leur présent en fonction de l'avenir qui les attend" (AMSLER, Les actes des prophètes 52).

[114] LANG, Kein Aufstand 167f.

136

c) Öffentliche politische Stellungnahme

"Ezechiel lebt nicht an dem Orte, wo um die rechten politischen Entscheidungen noch gerungen wird, sondern ausserhalb dieses Raumes im Exil und formuliert hier ohne unmittelbare Berührung mit den Jerusalemer Entscheidungen die prophetische Gerichtsbotschaft hart und abschliessend."[115] So lautet das Verdikt ZIMMERLIs über Ezechiels Einstellung zur drohenden Zeitgeschichte, während etwa HERRMANN überzeugt ist, dass Ezechiel in politische Fragen nicht eingegriffen habe, sondern "seine Verkündigung im wesentlichen eine rein religiöse"[116] sei. EWALD gar hatte gemeint, Ezechiels "ganzes prophetisches Reden nur...als eine Verhandlung zwischen dem Himmel und diesem einen Menschen der Erde, als leises inneres Selbstgespräch zwischen Jahwe und dem Propheten ohne lebendige Rücksicht auf das Volk"[117] verstehen zu müssen.

Es ist zweifellos das Verdienst B. LANGs[118], entgegen einer einseitig theologisierenden (d.h. in der Regel bürgerlich-theologisch vereinnahmenden!) Tendenz in der Ezechiel-Exegese verschärft die Verkündigung des Propheten auch unter einem politischen Blickwinkel als Versuch einer Einflussnahme auf zeitgeschichtliche Vorgänge bes. im Zusammenhang mit den Aufstandsbestrebungen Zidkijas von Juda untersucht zu haben. "In den Jahren des verhängnisvollen antibabylonischen Aufstandes von 588/86 warnt der Prophet vor den Konsequenzen der Kriegspolitik und tritt für den *status quo* Judas als babylonischem Vasallen ein; er wirbt unter den Exulanten gegen den antibabylonischen Aufstand, zu dem sich König Zidkija in Jerusalem - vor allem aufgrund zugesagter ägyptischer Militärhilfe - verleiten lässt. (...) Die Ankündigung von Unheil ist ihrer Absicht nach Ruf zur Umkehr, in unserem Fall: zum politischen Kurswechsel."[119]

"Der geschichtliche Ort von Ezechiels Unheilsprophetie ist die Auseinandersetzung zwischen Friedenspartei und Aufstandspartei unter den Exulanten."[120] Allerdings:"Ezechiel nimmt nicht das Ziel des politisch Wünschbaren in den Blick und überlegt dann, wie dorthin zu kommen sei. Jahwe wird unsere Zu-

---

[115] ZIMMERLI 137.

[116] HERRMANN, Ezechielstudien 84 (zitiert nach LANG, Ezechiel 85).

[117] EWALD 331.

[118] Vgl. bes. LANGs Habilitationsschrift "Kein Aufstand in Jerusalem" mit dem bezeichnenden Untertitel:"Die Politik des Propheten Ezechiel"; vgl. zum zeitgeschichtlichen Kontext ebd. 135-150, zur Methode einer politischen Textanalyse ebd. 151-186.

[119] Ezechiel 86.

[120] Kein Aufstand in Jerusalem 160. Zur Aufstandspartei gehörten unter den Exulanten etwa Schemaja der Nechlamit und "Heilspropheten" wie Zidkijahu ben Maaseja und Achab ben Kolaja (vgl. Jer 29,21-23.24-32). Vgl. auch unten 2.3!

kunft gestalten, meint der Prophet. Über die politische Vermittlung, über das 'Wie' reflektiert er nicht. Er lässt sich, trotz seines klaren Wissens um militärische Kräfteverhältnisse, nicht auf die für alle Politik zentrale Machtfrage fixieren, glaubt nicht an die Macht und räumt der Souveränität Jahwes vor den politischen Realitäten den Vorrang ein. So konzentriert sich Ezechiel ganz auf die Gegenwart und will zunächst nur weiteres politisches Unheil - ein 'zweites 597' - verhindern."[121]

Nach LANG sind es ganz besonders die prophetischen Zeichenhandlungen, welche auf den Öffentlichkeitscharakter der ezechielischen Verkündigung hinweisen. Diese Verkündigung charakterisiert LANG als politisch-theologischen Diskurs, der sich durch ein mit Schlagwörtern (etwa "Haus Widerspenstigkeit"), Bildrede, Lied und Schauspiel operierendes "reiches agitatorisches Repertoire" auszeichne.[122]

Ob der so eingänglichen Rede vom "Strassentheater" des "Fachmann[s] für öffentliche Agitation und Propaganda"[123] soll die historische und kulturelle Distanz, welche uns von Ezechiel trennt, nicht vorschnell aus den Augen verloren werden.[124] Deshalb mag es sinnvoll sein, zum Vergleich mit Ez 4f kurz einen Blick auf eine andere Anweisung zur Zeichenhandlung zu werfen, welche ihrerseits offensichtlich als öffentliche Provokation gedacht war: In Ez 12,1-11[125] wird dem Propheten geboten, sich am hellichten Tage ein Bündel, das Notgepäck eines

---

[121] Ebd. 92; vgl. ebd. 181-186 ("Die Argumente gegen den Aufstand") und AMSLER, Les actes des prophètes 7. Wenn man Ezechiel auch - anders als Jeremia (vgl. Jer 38,4) - nicht direkt der Staatszersetzung anklagen konnte, so dürfte er doch massiv angefeindet worden sein (vgl. nur Ez 3,25!). Die hier vorgelegte Deutung von Ez 4f geht davon aus, dass die Zeichenhandlung "Stadtbelagerung" bzw. "-eroberung" primär an Ezechiels Gegner adressiert war.

[122] Ebd. 85-89.

[123] LANG, Ezechiel 87 und 89 u.ö.

[124] LANGs stimulierende und provozierende Formulierungen laufen m.E. (bei aller Sympathie für konkrete Rede!) manchmal Gefahr, historisch-kulturelle Differenzen zu nivellieren. Wenn dieselbe Zeichenhandlung Ez 4,9-15* einmal als "eine Art 'Hungerstreik'", ein andermal als "an open-air demonstration of how to prepare simple war-time meals" bezeichnet werden kann (Ezechiel 89; Street Theater 299), was doch wirklich zwei recht verschiedene (einander ausschliessende) Demonstrationshandlungen sind, dann wird der rhetorischen Brillanz auf Kosten der analytischen Präzision der Exegetensprache zuviel Gewicht gegeben (m.E. gibt zudem weder die eine noch die andere Formulierung das in Ez 4,9-15* Gemeinte zutreffend wieder).

[125] Vgl. dazu neben den Kommentaren und FOHRER, Die symbolischen Handlungen, sowie AMSLER, Les actes des prophètes 56f, bes. LANG, Kein Aufstand 17-25. Flüchtlingsgepäck, Loch in der Wand und Fortgehen sind die konstitutiven Elemente dieser das Schicksal der aufständischen Jerusalemer darstellenden Zeichenhandlung, während das Verhüllen des Hauptes in der Nacht (Ez 12,6), dessen Deutung sich allein auf Zidkija bezieht, dem Grundtext sekundär zugewachsen sein dürfte und dabei eine nur auf Zidkija bezogene "relecture" der ganzen Zeichenhandlung (Ez 12,12) nach sich gezogen hat (vgl. ZIMMERLI 256-259.264-268, der allerdings auch das Durchstossen der Wand als sekundäre Erweiterung auffasst; DERS., Das Phänomen der "Fortschreibung" 177-180 u.v.a.; anders LANG, Kein Aufstand 20-22). Vom Bildelement "Verhüllen des Hauptes" wird in der folgenden Diskussion abgesehen.

Deportierten, zu schnüren, ein Loch in die Wand seines Hauses zu schlagen und gegen Abend "wie wenn einer ins Exil fortgeht" seinen Wohnort zu verlassen.

Dieser Text ist in mancherlei Hinsicht mit Ez 4f *verwandt*: Die ebenfalls aus mehreren Einzelhandlungen bestehende Zeichenhandlung wird literarisch in Form einer *Anordnung*, welche als JHWH-Wort an den "Menschensohn" ergeht, ausgedrückt. Das von Ezechiel zu inszenierende Geschehen verläuft kommentarlos *stumm*, weshalb LANG mit Recht von einer "Pantomime" sprechen kann.[126] Es operiert mit *typischen szenischen Bildern* ("Deportation"), die Stadteroberung (Loch in der Wand[127]) und Exil (Fortgehen), also zwei Aspekte der einen Not, kommbinieren.[128] Auf der Sachebene (was?) ist das Bild unmittelbar verständlich; sein Sinn (warum?) und seine zeichenhafte Aktualität (auf wen bezieht sich dies?) werden dagegen erst nach vollzogener Handlung entschlüsselt: Das prophetische Handeln soll als *"Zeichen"* (מופת) 12,6.11 wie 24,24.27red gegenüber אות 4,3)[129] dienen, und es geht bei der Zeichenhandlung im babylonischen Tel-Abib letztlich um die Situation *Jerusalems* und um die dort wohnenden Landsleute der Exulanten:"'Jerusalem'[130] gilt dieser Spruch und allen vom Haus Israels, die in seiner Mitte sind" (12,10).

Daneben weist Ez 12,1-11 aber auch verschiedene, gerade in unserem Zusammenhang bedeutsame *Differenzen* zu Ez 4f auf: Im Unterschied zu Ez 4f wird im anordnenden JHWH-

---

[126] LANG, Kein Aufstand 17f; vgl. ALONSO SCHÖKEL/SICRE DIAZ II 694.

[127] STARR, Historical Omens 63, hat jüngst einen interessanten Omentext veröffentlicht, welcher offenbar dasselbe an den Exta beobachtete Symptom zum einen als Hinweis auf eine politische Niederlage ("[der Feind] wird mich besiegen"), zum andern "für den gemeinen Mann" (*ana muškēni*) als Hinweis auf einen Einbruch ("Diebe werden in das Haus des Mannes einbrechen", wörtlich "das Haus durchbohren") versteht (Rm. 2,134, Vs.[?] II 3). Der leider stark zerstörte Text stellt demnach wie Ez 12,1-11 eine Analogiebeziehung zwischen kriegerischer Niederlage und dem Durchbrechen einer Hausmauer her.

[128] ZIMMERLI 260f betont, dass das Bild des "nach Beendigung des Waffenkampfes Zwangsverschickten, der sich unter Mitnahme eines schmalen Bündels von Habseligkeiten (unter militärischer Bewachung) nach seinem neuen Orte auf den Weg macht", auch ganz unmittelbar an die eigene Erfahrung der Exulanten appellierte (ähnlich LANG, Kein Aufstand 21). "Dieses Packen des schmalen Bündels mit all den qualvollen vorhergehenden Erwägungen, was wohl mitgenommen werden könnte, dieses Schultern des Gepäckes unter dem herzlosen Ruf zum Aufbruch vonseiten der Bewachungsmannschaft, die den Abtransport der Ausgewiesenen in kleineren Teilgruppen durchführte,...hatten sie doch alle selbst erlebt" (vgl. auch ebd. 259). Ez 12,1-11 drückt allerdings den *Schmerz* des Fortzugs in keinerlei Weise aus und ruft den Exulanten deren eigene Erfahrung zumindest nicht ausdrücklich in Erinnerung. Die altorientalischen Bilddarstellungen von Flüchtlingen bzw. Deportierten, auf die ZIMMERLI aaO. verweist (etwa ANEP 10.311.366; AOB 133.141 u.ö.), machen zu Genüge deutlich, dass auch hier Ezechiels Zeichenhandlung mit einem *typischen* Bild, mit konventioneller Bildlogik operiert.

[129] מופת charakterisiert Ezechiel bzw. sein prophetisches Handeln rein funktional als *mahnendes* Vorzeichen, während der "theologischere" Begriff אות (vgl. neben Ez 14,8 auch 20,12.20 in bezug auf den Sabbat) das JHWH und Israel aneinanderbindende *Verhältnis* betont; vgl. zu den beiden Stichworten THAT I 91-95; ThWAT I 182-205 und IV 750-759; AMSLER, Les actes des prophètes 55.

[130] Zur Emendation vgl. ZIMMERLI 257.

Wort auch die *argumentative Situation* der Zeichenhandlung deutlich gemacht:"Menschen-sohn, du wohnst inmitten des Hauses der Widerspenstigkeit (בית־המרי). Sie haben Augen, um zu sehen, aber sie sehen dennoch nicht; sie haben Ohren, um zu hören, aber sie hören den-noch nicht!" (12,2). Die Exulanten, die Ezechiel umgeben, sind also, das will die vielzitierte Formel[131] sagen, *verblendet*[132]; d.h. sie sind auf eine falsche Wahrnehmung ihrer Situation (wie auch der politischen Grosslage und des Kräfteverhältnisses zwischen Jerusalem und Babel) fixiert. Die prophetische Provokationshandlung soll nun dazu dienen, die Leute aus die-ser ihrer Verblendung zu befreien:"Vielleicht sehen (d.h. verstehen[133]) sie es, obwohl sie ein Haus von Widerspenstigkeit[134] sind" (12,3). Mehrmals wird deshalb betont, Ezechiel solle seine Aktion in der Öffentlichkeit, "vor ihren Augen" durchführen (12,3.4.5.6; vgl. 12,7[135]). Er soll ja ein "Zeichen" sein, und zwar ein Zeichen "für das Haus Israels" (12,6).

Im Unterschied zu Ez 4f findet sich in Ez 12,7 zudem ein expliziter *Ausführungsbericht* des Propheten:"Ich tat so, wie mir befohlen war...".[136] Die Exulanten scheinen auf die Provoka-tion auch sofort reagiert zu haben:"Was machst du da?" (12,9).[137] Die Antwort Ezechiels entspricht JHWHs Anordnungen:"Ich bin für *euch*(!) ein Zeichen!" (12,11a) und fährt, die Verblendung seines Publikums schonungslos aufdeckend, erläuternd fort:"Wie ich *getan habe*, so wird *ihnen*(!) *getan werden*: Sie werden ins Exil in Gefangenschaft gehen!" (12,11b). Die betonten rhetorischen Verschiebungen von כֶם־ zu לָהֶם, von עָשִׂיתִי zu יֵעָשֶׂה unterstreichen die dramatische Beziehung zwischen Zeichenhandlung und drohender, noch ausstehender (und damit noch abzuwendender) Realität: Das "Zeichen" ist ein Notsignal. Es will die katastropha-len Konsequenzen eines antibabylonischen Aufstandes *für die Jerusalemer* klarmachen; es rich-tet sich aber *an die Exulanten*, um diese zum wenigen Möglichen zu bewegen, das in deren Macht steht, um die Jerusalemer zu bewahren, nämlich zur Aufgabe ihrer Unterstützung der

---

[131] Vgl. Jes 6,9f; 43,8; Jer 5,21; Dtn 29,3; Mk 8,18.

[132] Vgl. zum Unterschied zwischen "Verstockung" und "Verblendung" nun SCHENKER, Gerichtsverkündigung und Verblendung 568-571.

[133] Wie alle prophetischen Zeichenhandlungen insistiert Ez 12,1-11 ausserordentlich stark auf dem Verstehen einer Situation durch wahr-nehmendes "Sehen" (vgl. zur kognitiven Dimension von ראה THAT II 694-698; allgemein zur Bedeutung des Sehens bei prophe-tischen Zeichenhandlungen vgl. OVERHOLT, Seeing is Believing 3-31). Wer nicht zu*hört*, dem kann nurmehr zur Ein*sicht* verholfen werden! Mindestens im Falle der prophetischen Zeichenhandlungen greift die bekannte Formulierung, wonach "der Glaube vom Hören kommt", hoffnungslos zu kurz.

[134] מרה/י, nach Ezechiel *das* Charakteristikum des Hauses Israel, bezeichnet ein wissentlich und willentlich trotziges Verhalten (vgl. THAT I 928-930; ThWAT V 6-11; die Verblendung der Exulanten ist also keine unschuldige Haltung, aber insofern ent-schuldbar und rückgängig zu machen, als sie von einer falschen Einschätzung der Situation ausgeht, welche sich grundsätzlich korrigieren liesse.

[135] So ja auch in Ez 4,12 (Backen des Notbrotes auf Menschenkot), wenngleich eigentümlich isoliert (vielleicht mit Absicht in bezug auf die anstössigste Handlung formuliert).

[136] Vgl. Ez 24,18; 37,7. Vgl. auch oben Anm. 40.

[137] Vgl. Ez 24,19; 37,18 (und 21,5.12)!

Jerusalemer Aufstandspläne.[138] Was der Prophet zudem als aktives Subjekt jetzt noch als provokative Handlung *selbst ausführen* kann, wird dereinst - wenn die Aufstandspläne nicht fallengelassen werden - von den Jerusalemern als den passiven Objekten der babylonischen Kriegsgewalt *erlitten werden* müssen.

Das "vielleicht" in 12,3 (vgl. dazu Am 5,15; Joel 2,14; Zef 2,3; Jer 26,3; 36,3; Jon 3,9!) deutet an, dass die drohende Deportation immer noch abwendbar ist.[139]

Darf man nun aber von Ez 12,1-11 auf die Situation und Kommunikationsabsicht der in Ez 4f geschilderten Zeichenhandlung zurückschliessen? Die alttestamentliche Forschung hat die Verwandtschaft der beiden Texte immer wieder betont[140], und es ist m.E. zumindest naheliegend, Ez 4f von Ez 12,1-11 her zu beleuchten und für beide Texte eine ähnliche Ausgangssituation zu postulieren. Zwar fehlt in Ez 4f ein expliziter Ausführungsbericht; da die prophetische Handlung aber in Ez 4,3 als "Zeichen für das Haus Israels" charakterisiert wird und ihre Deutung (5,4ff) an ein in 2. Pers. Pl. angesprochenes Publikum bzw. an "das ganze(!) Haus Israels" adressiert ist, können wir mit Sicherheit davon ausgehen, dass die Zeichenhandlung der Stadtbelagerung von Ezechiel auch ausgeführt, und zwar in der Öffentlichkeit ("vor ihren Augen" 4,12) vor den Exulanten von Tel-Abib ausgeführt worden ist.

Ez 4f dürfte also wie Ez 12,1-11 in den Jahren kurz vor 587a als Stellungnahme gegen die Pläne der Jerusalemer Führungsschicht unter Zidkija, mit der Unterstützung Ägyptens einen antibabylonischen Aufstand anzuzetteln, entstanden sein. Ezechiel wendet sich gegen jene Exulanten, die (angesichts des effektiven Kräfteungleichgewichtes zugunsten Babylons politisch höchst unrealistisch) aus den Jerusalemer Aufstandsplänen Hoffnung auf eine Rückkehr nach Juda schöpfen und die Aufständischen aus dem Exil nach Kräften zu unterstützen bereit sind. Wie in Ez 12,1-11 geht es dem Propheten auch in der Ez 4f geschilderten Zeichenhandlung um das Wahrnehmen des drohenden Falls Jerusalems aus der Sicht von Unterliegenden, vom Standpunkt der Notleidenden aus. Beidemale dürfte der Zweck der Zeichenhandlung der sein, die Exulanten aus ihrer zweifellos von Rückkehrhoffnungen geschürten, vom Propheten aber als Verblendung gescholtenen Fixierung auf einen erfolgreichen Aufstand in Jerusalem herauszureissen.

Zusammenfassend: Ez 4f schildert keine symbolisch-magischen Zauberhandlungen im Haus Ezechiels, sondern eine öffentliche politische Stellungnahme des Propheten in der kritischen Situation kurz vor Zidkijas Aufstand von 587a.

---

[138] Diese Deutung bes. bei LANG, Kein Aufstand 23-25, der m.E. richtig gesehen hat, dass in diesem *auf Jerusalem bezogenen* Appell *an die Exulanten* die (auch für Ez 4f geltende) Lösung des Problems liegt, "die babylonische Lokalität des Propheten mit der bedrohten Jerusalemer Bevölkerung zu verbinden" (ebd. 24).

[139] "Das 'vielleicht' ist antifatalistisch und für Ezechiels ganze Tätigkeit zu verstehen" (LANG, Kein Aufstand 163). Die in der Zeichenhandlung dargestellte drohende Entwicklung "ist in den Augen des Propheten keineswegs unvermeidlich: die Zeichenhandlung enthält die (unexplizierte) Aufforderung an die Exulanten..., in letzter Minute Massnahmen zu ergreifen, dass das befürchtete Schicksal nicht eintritt" (ebd. 24). Im Sinne des "Propheten als

2. "Zeichne eine Stadt..."

2.1. Was zeichnete Ezechiel?

Am Ausgangspunkt der Zeichenhandlung von Ez 4f steht die isolierte Ritz-zeichnung (חקק "einritzen, eingravieren") einer "Stadt" auf einem Lehmziegel. Der Auftrag JHWHs an Ezechiel, dieses Bild herzustellen, weckt beim Leser unwillkürlich die Frage, *wie* der Prophet seinem Auftrag nachgekommen sein dürfte, unter welcher Form bzw. in welcher "Ansicht" er die zu zeichnende "Stadt" dargestellt hat.

a) Grundriss oder "Aufriss"?

Diese Frage wird von vielen Kommentatoren allerdings gar nicht gestellt. Der Text bietet diesbezüglich ja keine Information, sondern formuliert lapidar: וחקות...עיר "Zeichne eine Stadt...!", so dass die Fragestellung in gewisser Hinsicht hinter den Text zurückgreifen und ein Lösungsversuch archäo-logisches Vergleichsmaterial beiziehen muss. Verschiedene Darstellungs-möglichkeiten können in Betracht gezogen werden, weshalb etwa FOHRER keine Entscheidung treffen will:"grundrissartig oder von aussen her gesehen oder Stadtmauer bzw. Tempel als Symbol"[141]. In neueren Kommentaren geht man aber in der Regel davon aus, dass es sich um den *Grundriss* gehandelt habe.[142] Meist stützt dann ein Verweis auf altmesopotamische Grundriss-zeichnungen diese Hypothese.

Seelsorger" formuliert:"Das Aufgebot des Propheten ist, so hart seine Botschaft auch lautet, ein zur Umkehr lockendes Angebot des Gottes, der gerne Menschen für sein Handeln sehend machen möchte" (ZIMMERLI 262).

Dagegen wirkt der Kommentar FOHRERs nicht nur fatalistisch, sondern geradezu zynisch:"Den Deportierten bleibt allein übrig, sich unter diesen strafenden Gott zu beugen und das bevorstehende furchtbare Geschehen als beabsichtigtes Gericht Jahwes zu erkennen und anzuerkennen" (FOHRER 36).

[140] Zuletzt ZIMMERLI, Das Phänomen der "Fortschreibung" 177.

[141] FOHRER 29. Der Begriff "Symbol" besagt an dieser Stelle wohl soviel wie "typisches, für eine gegebene Grösse charakteristisches bzw. konstitutives Bildelement".

[142] Vgl. schon KRAETZSCHMAR 43f; HERRMANN 32; COOKE 50; GREENBERG 103; so auch AOBPS 14.

So setzt etwa ZIMMERLIs Paraphrase von Ez 4,1 die Grundrisshypothese voraus:"Ez bekommt von Jahwe den Befehl, einen Lehmziegel zu nehmen und darauf den *Plan* einer Stadt zu zeichnen."[143] Im Anschluss an HOWIE[144] wertet ZIMMERLI dies geradezu als Hinweis auf "babylonisches Lokalkolorit", da "die Aufzeichnung von Grundrissen für Haus-, Tempel- und Schiffsbau auf Ziegeln und Platten uns gerade für Babylonien seit ältester Zeit bezeugt ist"[145].

Die bekannteste unter den altmesopotamischen Grundrisszeichnungen, auf die im Zusammenhang mit Ez 4,1 denn auch häufig verwiesen wird, ist zweifellos der in *Abb. 1* dargestellte Plan[146] "der wohl in Ez's nächster Nähe am Kanal Kebar liegenden Stadt Nippur"[147]. Die im Vergleich etwa zu den spätbabylonischen Stadtplanfragmenten (s.u.) relativ gut erhaltene, ca. 18 x 21 cm grosse Tontafel stammt aus der Zeit um 1500a. Die Ritzzeichnung gibt schematisch den Verlauf der Nippur umgebenden bzw. durchziehenden Kanäle und der Mauern der Stadt sowie die Lage der grossen Stadttore und der wichtigsten Gebäude und öffentlichen Anlagen wieder. Alle diese Details werden im einzelnen durch Beischriften in einer Mischung aus Sumerisch und Akkadisch identifiziert, ebenso die dargestellte Stadt Nippur selbst.

Es fragt sich aber, ob mit diesem Plan wirklich eine sachgemässe Parallele zu der in Ez 4,1 angeordneten Stadtdarstellung vorliegt. Viel häufiger als Stadtpläne, von denen nur etwa ein halbes Dutzend[148] bekannt geworden ist und die

---

[143] ZIMMERLI 112 (Hervorhebung von mir); ebenso HOWIE, Date and Composition 18 ("the prophet is commanded to take a לבנה and draw on it *the map of Jerusalem*" [Hervorhebung von mir]); KELSO, Ceramic Vocabulary 39 § 92; FOHRER, Hauptprobleme 235 u.v.a. Die GUTE NACHRICHT. Die Bibel in heutigem Deutsch (Stuttgart 1982) übersetzt "...nimm eine Tontafel, lege sie vor dich hin und ritze *den Grundriss der Stadt Jerusalem* darauf ein" und missachtet damit mindestens an dieser Stelle das von den Herausgebern erklärte Prinzip, "keinerlei Informationen aus textfremden Quellen hinzu[zufügen]" (aaO. 299).

[144] HOWIE, Date and Composition 18. Schon EWALD 361 sah im Lehmziegel einen für Babylonien typischen Gegenstand; dagegen HITZIG 29; KEIL 43 u.a.

[145] ZIMMERLI 112.

[146] MEISSNER, Babylonien und Assyrien II Taf.-Abb. 54; BHH III 1849f; ANEP 260; AOBPs 15 Abb. 4; vgl. BERNHARDT/KRAMER, Stadtplan von Nippur 727-730; NORTH, A History of Biblical Map Making 14-16.

[147] ZIMMERLI 112 (beachte das implizite Argument: 1. Nippur liegt nahe bei Tel-Abib; 2. von Nippur besitzen wir eine Planzeichnung; 3. deshalb dürfte Ezechiel seine "Stadt" im Grundriss gezeichnet haben); vgl. auch GREENBERG 103.

[148] Diese ungenaue Formulierung wird hier in Anlehnung an ZIMMERLI verwendet. MEISSNER, Babylonien und Assyrien II 377f, nennt fünf Pläne (unter Einschluss desjenigen von Nippur) mit genauer Quellenangabe "u.a.m."; dies wird bei HOWIE, Date and Composition 107 Anm. 29 zu "the *plans* of Nippur...*and* half a dozen *other* maps" (Hervorhebungen von mir). BORGERs Handbuch der Keilschriftliteratur (bes. III 117-119) verzeichnet unter dem Stichwort "Pläne" offenbar sowohl die Stadtpläne als auch Gebäudegrundrisse und Grund-

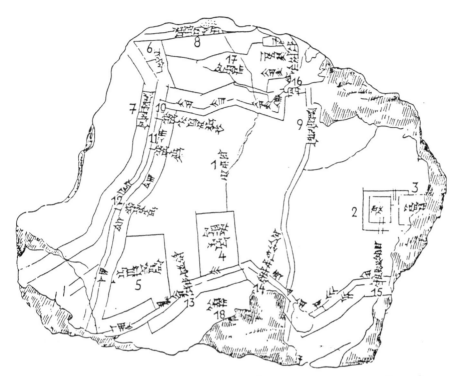

Abb. 1 Stadtplan aus Nippur, um 1500a, ca. 18 x 21 cm (Sammlung Hilprecht, Friedrich-Schiller-Universität Jena). Beischriften identifizieren die Stadt sowie einzelne topographische Details: 1 = EN.LÍL^ki (= sum. Name der Stadt Nippur); 2 = É.KUR, der Haupttempel der Stadt, Residenz des Gottes Enlil; 3 = KI.UR, Tempel des Nergal?; 5 = Kirischauru, "Stadtpark"; 7 = Eufrat; 8 und 9 = Kanäle; 10-16 = Stadttore; 17 und 18 = Stadtgraben.

damit innerhalb der Bildgattung der "Planzeichnungen" (akk. *uṣurtu*[149]) eher eine Ausnahme zu bilden scheinen, finden sich auf altmesopotamischen Tontafeln Grundrisse von einzelnen Gebäuden[150] meist grösserer Ausmasse, u.a.

---

stücksplāne, weshalb sich daraus die genaue Anzahl der Stadtpläne nicht ermitteln lässt. RÖLLIGs Artikel "Landkarten" (RlA VI 464-467) listet fünf Stadtpläne auf, den oben abgebildeten, mittelbabylonischen von Nippur und die vier im folgenden aufgelisteten, vermutlich mehrheitlich spätbabylonischen von Nippur, Babylon und Uruk.

[149] Vgl. AHw III 1440 (der Ausdruck kann sowohl Grundrisse als auch Aufrisse bezeichnen).

[150] HEINRICH/SEIDL, Grundrisszeichnungen 24-45; WISEMAN, A Babylonian Architect 141-147; SCHMID, Tempelplan 289-293.

von Tempeln[151], aber auch solche von Feldern[152], Schiffen u.ä. Die meisten dieser Pläne stammen aus dem 3. oder 2.Jt.a (Akkade, Gudea, Ur III, altbabylonische und kassitische Zeit) und entfallen schon darum als Sachparallelen für Ez 4,1. Was die Stadtpläne betrifft, so können die folgenden als sicher oder möglicherweise spätbabylonisch, d.h. mit Ezechiel ungefähr zeitgenössisch angesprochen werden:[153]

1. BM (WAA) 73'319 (*Abb. 2*), Fragment unbekannter Herkunft eines Stadtplanes(?) von Nippur, auf dem im Zentrum ein grosses Gebäude (*bīt* ᵈEN.LÍL) und daneben die Hauptstrasse (*sūqu rēštû*) erhalten sind. Datierung unsicher.[154]

2. BM (WAA) 35'385 (*Abb. 3*), Fragment unbekannter Herkunft eines Stadtplans von Babylon, das den durch Wellenlinien dargestellten, offenbar begradigten Euphrat, den Neustadt-Vorort Tuba und das ebenfalls in der Neustadt gelegene Šamaš-Stadttor zeigt. 7./6.Jh.a?[155]

3. Verschollenes Tontafelfragment aus Berlin (*Abb. 4*), Bruchstück unbekannter Herkunft eines Stadtplanes von Babylon, das ganz schematisch oben den Euphrat, darunter den Palastbereich mit einem Turm und ganz unten den Stadtgraben (?, *īki šarri*) darstellt. Datierung unsicher.[156]

4. Tontafelbruchstück mit Stadtplan von Uruk (*Abb. 5*), das im Raubgräberschutt eines Archivs aus neubabylonischer Zeit in Uruk gefunden wurde.[157]

---

[151] Vgl. hierzu auch die berühmte Sitzstatue B des Gudea als "architecte au plan", der auf seinen Knien den Plan des Ningirsu-Heiligtums von Lagasch hält (AOBPs 14 Abb. 3; ANEP 749; HEINRICH/SEIDL, Grundrisszeichnungen 31).

[152] Vgl. MEISSNER, Babylonien und Assyrien II 389-394.

[153] Vgl. W. RÖLLIG in RlA VI 465f (ohne Datierungen). BLEIBTREU, Art. "Babylonische Kartographie" 62, notiert in bezug auf Stadtpläne aus spätbabylonischer Zeit nur:"Ein Fragment eines Stadtplanes (British Museum, London) zeigt eine Tempelanlage." Gemeint ist wohl BM (WAA) 73'319 (= hier Nr. 1, *Abb. 2*). Das manchmal unter die Stadtpläne gezählte Fragment BM (WAA) 50'644 (KING/THOMPSON, Cuneiform Texts XXII Pl. 49 rechts oben), an dessen oberem Rand der Euphrat, unterhalb davon als einfaches Quadrat(!) die Stadt Sippar, darunter ein weiterer grosser Wasserlauf mit einer *tappištum* ("Flussbetterweiterung") genannten Abzweigung zu sehen sind, stellt eine Regionalkarte, keinen Stadtplan dar (so richtig BLEIBTREU, aaO.).

[154] KING/THOMPSON, Cuneiform Texts XXII Pl. 49 rechts unten; Datierung ebd. 16f:"Neo-Babylonian"; vgl. VAN BUREN, Clay Figurines 274 Nr. 1311:"700 B.C.".

[155] KING/THOMPSON, Cuneiform Texts XXII Pl. 49 links oben; Datierung ebd. 16f:"Neo-Babylonian"; vgl. VAN BUREN, Clay Figurines Nr. 1313:"2000 B.C." (sicher falsch!). UNGER (Babylon 252f) bietet keine Datierung, notiert aber, dass der Text auf der Rückseite des Stadtplanes, welcher die Masse der Stadtmauern und -gräben von Babylon verzeichne, wie Inschriften Esarhaddons und Nabonids mit einer Gesamtlänge der Stadtmauern von 14'400 Ellen rechne, was eine Datierung ins 7./6.Jh.a nahelegen würde.
   Über die inhaltliche Klassifizierung des Textes auf der Rückseite von BM (WAA) 35'385 liegen verschiedene Meinungen vor; UNGER (aaO.) spricht von einem topographischen Text ("Massangaben der Stadtmauern von Babylon"), WISEMAN (A Babylonian Architect 145 Anm. 18) dagegen von einem "military text"! Vgl. unten Anm. 164.

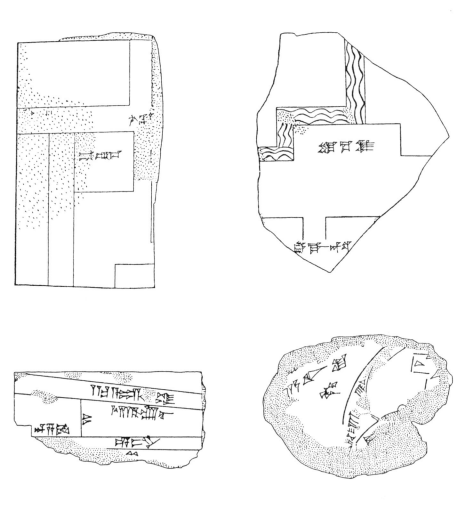

Abb. 2-5 Spätbabylonische Stadtplanfragmente: 2 = Nippur; 3 = Babylon-Tuba; 4 = Babylon; 5 = Uruk.

---

156 BORCHARDT, Ein babylonisches Grundrissfragment 129-131 mit Taf. 1; aaO. 131 nach WINCKLER aus epigraphischen Gründen ins 7.Jh.a datiert; vgl. UNGER, Babylon 95f. 254 (keine eindeutige Datierung, Nebukadnezzar?).

157 LENZEN/FALKENSTEIN, [XII.-XIII.] Vorläufiger Bericht...Uruk-Warka 42 mit Taf. 23c. Eine wissenschaftliche Bearbeitung dieses Stadtplanes steht m.W. noch aus; die hier gegebene Umzeichnung (aufgrund einer Fotokopie!) erhebt keinerlei Anspruch auf epigraphische Genauigkeit.

146

Angesichts des fragmentarischen Erhaltungszustandes dieser Stadtpläne und angesichts ihrer u.a. damit zusammenhängenden meist unsicheren Datierung scheint mir die Behauptung HOWIEs, "maps were common in the Neo-Babylonian Empire"[158], zumindest in bezug auf Stadtpläne den archäologischen Tatbestand stark zu überziehen. Die Existenz von topographischen Plänen dreier babylonischer Städte, bei denen es sich teilweise um spätbabylonische Archivkopien älterer Pläne handeln könnte, erlaubt schwerlich den (für die "Grundrisshypothese" notwendigen) Schluss, auch der Exilsprophet Ezechiel hätte diese Bildgattung gekannt und seinerseits kompetent anzuwenden verstanden.

Ein Einwand gegen die zur Illustration von Ez 4f mit den mesopotamischen Planzeichnungen operierende Grundrisshypothese ergibt sich aber auch, wenn man die Frage nach der *Funktion* dieser Pläne stellt. Die meisten Grundrisszeichnungen von Gebäuden dürften entweder als schematische Baupläne bzw. handskizzenartige Entwürfe[159] oder (so besonders die Tempelgrundrisse) als Archivkopien zu verstehen sein, die beim Bau oder bei der Restauration eines Gebäudes die Arbeit der verantwortlichen Bauführer erleichtern konnten.[160] Andere stammen wohl aus den Ausbildungsstätten der Landvermesser und Architekten und stellen zum Teil auch "Idealpläne" dar.[161] Die Stadtpläne sind wie die Feldgrundrisse eher im Bereich der Administration (Kadaster, Pacht und Steuer) der städtischen Behörden bzw. der mit diesen verbundenen Ausbildungsstätten verwendet worden.[162] In allen Fällen handelt es sich um durchaus "profane"[163] bzw. technische Funktionen.[164] Dagegen gibt es keinerlei

---

[158] Date and Composition 18; HOWIE scheint von der globalen Spätdatierung aller Stadtpläne durch MEISSNER, Babylonien und Assyrien II 377f, beeinflusst zu sein (vgl. Date and Composition 107 Anm. 29).

[159] Vgl. HEINRICH/SEIDL, Grundrisszeichnungen 44f; SCHMID, Tempelplan 290-293.

[160] Darauf weisen besonders die oft auf den "Grundrisszeichnungen" anzutreffenden Massangaben, die ihrerseits als rein mathematische Information vom Plan isoliert werden können (vgl. etwa die sog. Esagila-Tafel, welche nur die Masse der Ziqqurrat von Babylon verzeichnet, bei PARROT, Ziggurats 22-28).

[161] Vgl. WISEMAN, A Babylonian Architect 146f.

[162] Vgl. ebd. 145-147.

[163] Der technische und stark individuierende Charakter der Stadtpläne (wie auch der Tempelgrundrisse) muss deren Verständnis als "Idealpläne" nach altorientalischer Vorstellung keineswegs ausschliessen. Man vergleiche etwa die Art und Weise, wie Sanherib in seiner ersten, die intensive Bautätigkeit in Ninive legitimierenden Inschrift zunächst einmal festhält, der Stadtplan von Ninive (*iṣrassu*) sei seit Urzeiten (*ultu ulla*) festgelegt worden, um dann seine eigenen, unter gewaltigem technischen Aufwand durchgeführten Transformationen des Stadtbildes eben als durch seine Regierung nun endlich ermöglichte Realisierung dieses urzeitlichen Idealplans zu präsentieren (LUCKENBILL, Annals of Sennacherib 94f, bes. Z. 64. 68ff; ARAB II 160f)!

[164] BERNHARDT/KRAMER (Stadtplan von Nippur 729) vermuten aufgrund der besonderen Aufmerksamkeit, die der Plan von *Abb. 1* den Mauern und Stadttoren schenkt, dass er "in

positiven Hinweis auf eine Verwendung der mesopotamischen "Grundriss-zeichnungen" im Rahmen magischer, symbolischer o.ä. Praktiken.[165] Das "Lesen" solcher Pläne (vgl. die zahlreichen Beischriften!)[166] erforderte zudem schon in der Antike eine bestimmte wissenschaftliche Kompetenz, welche Eze-chiel wohl nur bei ganz wenigen Exulanten hätte voraussetzen können. Als Ausgangsbild einer sich an ein breiteres Publikum wendenden Zeichen-handlung hätte sich ein solcher Stadtplan jedenfalls kaum geeignet.

Daneben sprechen aber auch *ikonographische* Überlegungen gegen eine Ver-bindung der Stadtdarstellung von Ez 4f mit den mesopotamischen Grundriss-zeichnungen. Charakteristisch für letztere, zumindest was die Gebäude-, Feld- oder Stadtgrundrisse betrifft, ist die weitgehende Abstraktion von "Kontext" aller Art: ein einzelnes Feld, ein isoliertes Gebäude, eine alleinstehende Stadt

---

Verbindung mit der Verteidigung der Stadt gegen einen erwarteten Angriff entstanden" sei. Dies ist m.E. eher unwahrscheinlich, notiert der Plan doch auch ausserhalb der Stadt gelegene Örtlichkeiten ohne erkennbare militärische Relevanz. Auch würde man im Falle eines Stadt-verteidigungsplanes Angaben über die Verteidigungsmassnahmen (z.B. welche Truppen-kontingente wo und in welcher Stärke zu postieren wären) erwarten. WISEMAN (A Babylonian Architect 145 Anm. 18) stellt seinerseits ebenfalls fest, viele Stadtpläne hätten "the hall-mark of late [MEISSNER?] scribal essays relating to military exercises". Da das Fragment eines Stadtplans von Babylon BM (WAA) 35'385 (oben Nr. 2, *Abb. 3*) auf der Rückseite seiner Meinung nach einen Text militärischen Inhalts aufweist (vgl. oben Anm. 155), erwägt WISEMAN weiter, ob "the map may be a plan to divert the river to break down the gate?". Vorder- und Rückseite einer Tafel müssen aber nicht unbedingt etwas miteinander zu tun haben, erst recht nicht, wenn man mit WISEMAN annimmt, bei dem betreffenden Tafel-fragment handle es sich um eine Schülerübung. Zudem ist die Klassifizierung des stark zer-störten Textes auf der Rückseite von Nr. 2 als "military text" durchaus anfechtbar. Vgl. aber KELSO, Ceramic Vocabulary 39 § 92, der auf die babylonischen Grundrisspläne als Parallelen für Ezechiels Stadtdarstellung verweist, in bezug auf Ez 4f aber vermutet, dass "to judge from the context, it probably referred to a *military map* of the city" (Hervorhebung von mir)!

[165] Selbst wenn eine militärische Verwendung solcher Stadtpläne einmal wahrscheinlich gemacht werden könnte, wären wir immer noch im Bereich der vermessenden Strategen und Techniker, nicht in jenem der sympathetischen Magie.

[166] Die technische Bedeutung der Grundrisszeichnungen bringt es mit sich, dass viele Pläne ihren Gegenstand in grösstmöglicher Präzision mehr oder weniger massstabsgetreu wiedergeben, was sich etwa im Fall des Stadtplans von Nippur verifizieren lässt (vgl. den von den amerikanischen Ausgräbern vermessenen Übersichtsplan von *nuffer*, der mit dem antiken Plan Nippurs der *Abb. 1* weitgehend übereinstimmt, in BHH III 1849f; AOBPs 15 Abb. 5 u.ö.). Die Grundrisszeichnungen bilden demnach ganz in der Art moderner Pläne *bestimmte* individuelle Bauten, Städte u.ä. ab und versehen sie um der Eindeutigkeit willen mit zahl-reichen Beischriften.
Ezechiel bekommt dagegen in Ez 4,1* den Auftrag, *"eine"* (nicht weiter determinierte) Stadt, d.h. diese dann wohl nach den typischen Konventionen der altorientalischen Stadt-darstellung, zu zeichnen. Erst ein Glossator hat der "Stadt" von Ez 4,1 gewissermassen mit einer Beischrift ("Jerusalem") versehen.

wird sozusagen "positivistisch", unter dem rein technischen Gesichtspunkt der geometrischen Ausdehnung, dargestellt.[167]

Die Stadtdarstellung von Ez 4f wird dagegen im Verlaufe der Zeichen-handlung zu einem Element einer grösseren Bild*konstellation*[168]: zur Stadt gesellen sich als weitere Bildelemente Belagerungswall, Rampe, Heerlager und Sturmböcke als typische Indikatoren der Konstellation "Stadtbelagerung" (bzw. "-eroberung"). Vergleicht man nun altvorderasiatische Darstellungen dieser Konstellation, so findet man eine belagerte Stadt nie in Aufsicht[169], sondern immer in Vorderansicht bzw. im "Aufriss"[170], als hochragende Mauerfestung, wiedergegeben, wobei diese stereotype Darstellungskonvention im Rahmen der Konstellation "Belagerung" gleichzeitig auch die Verschlossenheit und Not der

---

[167] Die Bildgattung der "Grundrisszeichnungen" ist nicht zuletzt aus diesem Grunde von derjenigen der "geographischen Karten", welche ein grösseres Gebiet (im Grenzfall gar die "Welt" überhaupt) mit Gebirgen, Gewässern, Siedlungen usw. darzustellen suchen, sowohl in inhaltlicher als auch in funktionaler Hinsicht zu unterscheiden; zu letzteren vgl. neben AOBPs 14-19 und den zitierten Lexikon-Artikeln von RÖLLIG und BLEIBTREU (Lit.) bes. NORTH, A History of Biblical Map Making 13-30.

[168] Diese Tatsache lässt sich unabhängig von der strittigen Frage, ob es sich bei der "Stadtbelagerung" um eine insgesamt gezeichnete oder um eine nur teilweise gezeichnete, teilweise modellartig inszenierte Darstellung gehandelt habe (s.u. 2.1.b), festhalten.

[169] Stadtdarstellungen im Grundriss finden sich auf neuassyrischen Palastreliefs m.W. nur zweimal:
1. Auf der zum Elamiterzyklus Assurbanipals aus dem Raum XXXIII des Südwestpalastes in Ninive gehörigen Darstellung der durch eine Beischrift identifizierten Stadt Madaktu (PATERSON, Assyrian Sculptures Pl. 66; vgl. ANEP 204). Die Stadt (deren Name "Feldlager" bedeutet!) wird zwischen zwei Flussarmen sicher gelegen dargestellt und verfügte aufgrund dieser Lage vielleicht über keine besonders starken Befestigungen; immerhin wacht eine kleine Burg über die Furt(?). Vor der Stadt wird die Huldigung gezeigt, welche die Elamiter dem assyrischen Emissär und dem von diesem präsentierten elamitischen Thronfolger entgegen-bringen; Madaktu ist also keine feindliche, sondern eine loyale Stadt.
2. Auf einem zur "Late Group" (Assurbanipal?, Sinšariškun??) gehörigen Fragment aus dem Raum XXII desselben Palastes (PATERSON, Assyrian Sculptures Pl. 49b); weitere Frag-mente aus dem gleichen Raum zeigen eine Prozession und einen paradiesischen Park mit Pa-villon, so dass die Stadt(?) jedenfalls nicht im kriegerischen Kontext von Belagerung oder Eroberung steht. In der Stadt(?) stehen Pferdeknechte mit Hengsten; handelt es sich vielleicht um die Darstellung eines assyrischen *madaktu* oder gar eines *ēkal māšarti* (Heeresfestung, Kaserne)? Vgl. zu dieser Darstellung auch des Fragment eines Schmelzfarbenziegels, vermut-lich aus der Zeit Esarhaddons, das von A.H. LAYARD als "from a mound in the south-east corner of the inclosure of Nimroud" (also wohl "Fort Shalmaneser") stammend publiziert wurde und das ebenfalls ein Heerlager(?) im Grundriss zu zeigen scheint (Monuments II Pl. 53,2).

[170] Der Begriff "Aufriss" wird hier absichtlich in Anführungszeichen gesetzt; die stereo-type Darstellungskonvention, von der hier damit die Rede sein soll, ist von den eigentlichen Aufriss*plänen* wie etwa dem bei WISEMAN, A Babylonian Architect 141 Fig. 1, publizierten Ziqqurrataufriss zu unterscheiden.

149

Stadt zum Ausdruck bringen kann. Im Grundriss wird - so auf den neuassyrischen Palastreliefs - hingegen das Heerlager der siegreichen Angreifer dargestellt, bezeichnenderweise oft mit Details wie Pferdestriegeln, Bettenmachen, Kochen u.ä. angereichert, die der relativen Sorglosigkeit der auf der Seite der Mächtigen Wirkenden Ausdruck verleihen.[171]

Zusammenfassend: Ezechiel dürfte seine Stadt kaum in Form eines Grundrisses, sondern in der für die Bildkonstellation "Stadtbelagerung" durchaus typischen Form des *"Aufrisses"* (zinnenbewehrte Mauer mit Tor und Zitadelle, ev. auf hohem Berg) dargestellt haben.[172]

Wenn LANG in bezug auf die effektvolle Verwendung von "Requisiten" im prophetischen "Strassentheater"[173] anmerkt, "ein Stadtplan als Requisit eines politischen Redners [sei] neben Ez 4,1 auch PLINIUS, Historia naturalis 35,23 erwähnt"[174], scheint er wie die überwiegende Mehrheit der Kommentatoren ebenfalls mit einer Planzeichnung Ezechiels zu rechnen. Geht man aber dem Verweis auf PLINIUS einmal nach, kann man erstaunt feststellen, dass auch an dieser Stelle zwar gewisse Übersetzer mit einer Stadtdarstellung im Grundriss zu rechnen scheinen, der Text des PLINIUS davon aber nichts sagt: Die Rede ist von L. Hostilius Mancinus, der bei der Eroberung Karthagos als erster in die Stadt eingedrungen war und dies zum Anlass nahm, nach seiner Rückkehr nach Rom auf dem Forum eine Darstellung der Eroberung anzubringen (*situm eium oppugnationesque depictas proponendo in foro*), sich selbst daneben hinzusetzen und der Menge der Neugierigen alles im Detail zu erklären - womit er sich offenbar im Volk beliebt machte und darauf zum Konsul ernannt wurde. Uns interessiert an dieser Affäre nur die Stadtdarstellung, deren der Politiker sich bediente: PLINIUS verwendet eine neutrale Wendung (*situs*). Zwei einschlägige Übersetzungen setzen an deren Stelle "a picture of the *plan* of the city"[175] bzw. "une peinture reproduisant le *plan* de la cité"[176], obwohl der lateinische Text dazu keinen zwingenden Grund gibt. Es ist zumindest nicht auszuschliessen, dass die Stadtdarstellung des L. Hostilius Mancinus derselben Bildgattung wie die unmittelbar vorher erwähnte älteste Siegesdarstellung des Manius Valerius Maximus Messala (*tabulam victoriae*), nämlich derjenigen der individuellen Siegesmonumente angehörte (somit nicht einfach ein ad hoc erfundenes "Requisit" war, sondern in einer bestimmten ikonographischen Tradition stand), und dass sie die Stadt (dieser auch in Rom eindeutigen Tradition entsprechend, vgl. etwa die Traianssäule oder die Säule des Marcus Aurelius) im "Aufriss" abbildete. Römische Stadtgrundrisse sind literarisch erst seit der Zeit Agrippas (gest. 14p), archäologisch seit der Zeit Hadrians (117-138p) zu belegen und stehen nie im Zusammenhang mit Belagerungsdarstellungen.[177]

---

[171] Vgl. etwa BUDGE, Assyrian Sculptures Pl. XVIa; BARNETT/FALKNER, Sculptures Pl. LX.LXIII; PATERSON, Assyrian Sculptures Pl. 8.38.76.85.101; vgl. ebd. Pl. 94c.

[172] So auch SCHROER, In Israel gab es Bilder 188.

[173] LANG, Ezechiel 89.

[174] Ebd. 139 Anm. 304.

[175] H. RACKHAM in der LOEB CLASSICAL LIBRARY (1952).

[176] J.-M. CROISILLE in der COLLECTION DES UNIVERSITES DE FRANCE (1985).

[177] Letztere Information verdanke ich meiner Kollegin Marguerite HIRT. Zur Traianssäule vgl. Les dossiers de l'archéologie no. 17 (juillet-août 1976) mit Bibliographie; leicht zugängliche Umzeichnung bei F. COARELLI, Guida archeologica di Roma, Milano ³1980, 118-126.

b) Gezeichnete oder modellartig inszenierte Belagerung?

An die erste Frage nach der von Ezechiel ausgeführten Stadt"ansicht" schliesst eine zweite nach dem bildlichen und räumlichen Verhältnis von Stadtdarstellung und Belagerungsdarstellung unmittelbar an: Hat Ezechiel die typischen Indikatoren einer Stadtbelagerung, Belagerungswall, Sturmrampe, Sturmböcke, Heerlager wie das Bild der Stadt auf den Lehmziegel *eingeritzt*[178], oder hat er die Belagerung etwa mit Hilfe von staubiger Erde und Lehm modellartig ausgeführt und damit geradezu *inszeniert*[179]? Angesichts der Tatsache, dass uns von archäologischer Seite keine genauen Parallelen zu der in Ez 4f geforderten Darstellung vorliegen (m.W. sind weder isolierte Stadtdarstellungen im "Aufriss" noch ganze Belagerungsszenen *auf einem Lehmziegel eingeritzt* bekannt geworden), muss sich ein Lösungsversuch in dieser Frage allein an den Text halten.

Das Verb חקק "einritzen" von Ez 4,1 bezieht sich ausschliesslich auf das Objekt עיר "Stadt". In Ez 4,2 wird jedes folgende Darstellungselement der "Belagerung" mit einem eigenen Verb eingeführt; keines davon bezeichnet wie etwa חקק eine Handlung, welche eindeutig im Sinne abbildenden Darstellens verstehen werden könnte. Im Gegenteil: die verwendeten Verben (נתן "geben, ansetzen, veranlassen", בנה "bauen", שפך "aufschütten", שים "aufstellen") haben keinerlei besondere Affinität zu zeichnerischem Abbilden, gehören in den speziellen Wortverbindungen, welche in Ez 4,2 verwendet werden, vielmehr zur Fachsprache der Belagerungstechnik: נתן מצור על heisst allgemein "eine Belagerung verhängen gegen" (vgl. die verwandten Wendungen שים מצור על

---

[178] So HITZIG 30; EWALD 361; KEIL 43; EHRLICH, Randglossen V 14; KRAETZSCHMAR 42 u.v.a. SCHROER (In Israel gab es Bilder 188f) illustriert die "Stadtbelagerung" von Ez 4f durch ein neuassyrisches Palastrelief aus der Zeit Tiglatpilesers des III. (aaO. Abb. 73 = AOBPs 90 Abb. 132) und gibt in einer Anmerkung weitere Beispiele an (ebd. Anm. 127). Sie verweist daneben auf ein Fragment einer Wandmalerei aus Kuntillet Adschrud (ebd. Abb. 74; um 800a), das zwei Figuren auf einer Stadtmauer zeigt und zu einer Stadtbelagerungs- bzw. Stadteroberungsszene gehört haben dürfte, sowie auf ein fragmentarisches Kalksteinrelief assyrischen Stils vom Tel Zafit (ebd. Abb. 75; 8.Jh.a). Schliesslich notiert sie, dass "im 9./8. Jh. v. Chr...bekannte Motive assyrischer Kunst nach Juda gelangt [sind], wahrscheinlich durch wandernde Kunsthandwerker und durch die Verbreitung von Kleinkunst mit ebensolchen [Stadteroberungs-]Darstellungen", weshalb "zur Zeit Ezechiels die assyrischen Stadteroberungsbilder schon länger bekannt gewesen sein müssen" (189). Dass Darstellungen von Stadteroberungen *in Juda* zur Zeit Ezechiels bekannt waren, ist sicher richtig, ist aber für die ikonographische Einordnung der *im Exil* von Tel-Abib hergestellten Ritzzeichnung Ezechiels von untergeordneter Bedeutung. Die folgenden Ausführungen gehen davon aus, dass Ezechiel einerseits zwar Vorbilder für seine *Stadt*darstellung aus der Kleinkunst bekannt gewesen sein dürfte, dass anderseits aber die Bildkonstellation "Stadt*belagerung*" *in der in Ez 4f geschilderten Art* in der altvorderasiatischen Kleinkunst nicht zu belegen ist.

[179] Vgl. BERTHOLET 23 mit Verweis auf A.B. DAVIDSON; GREENBERG 103.

Mi 4,14 und בנה מצור על Dtn 20,20; vgl. Koh 9,14), בנה דיק על "einen Belagerungswall (d.h. eine circumvallatio) bauen gegen" (2 Kön 25,1; Jer 52,4; Ez 17,17; 21,27; vgl. נתן דיק על Ez 26,8), שפך סללה על "eine Sturmrampe aufschütten gegen" (2 Sam 20,15; 2 Kön 19,32; Jes 37,33; Jer 6,6; Ez 17,17; 21,27; 26,8; Dan 11,15; vgl. Jer 32,24; 33,4)[180], שים שרים על "Sturmböcke ansetzen gegen" (Ez 21,27). Nur für נתן מחנות על "Heerlager ansetzen gegen" lässt sich dies mangels Parallelen nicht sicher nachweisen.

Würde man Ez 4,2 ohne 4,1 lesen, wären die geschilderten Handlungen (besonders, wenn man sich daneben an die ezechielischen Parallelstellen Ez 17,17; 21,27; 26,8 hält) klar im Sinne einer realen, durch eindeutige termini technici ausgedrückten Belagerung zu verstehen, keinesfalls "nur" im Sinne einer zeichnerischen Darstellung derselben.[181] Von dieser Beobachtung her und aufgrund des Fehlens eines eindeutigen Hinweises auf eine zeichnerische Tätigkeit in Ez 4,2 scheint es mir naheliegender, die dort geschilderten Handlungen im Sinne einer *modellartigen Nachahmung* einer Belagerung zu verstehen. Denn das Zusammenraffen, Graben, Formen, Festklopfen von staubiger Erde und ev. Lehm zu Wall, Graben, Rampe *en miniature* liess sich, da ja ohnehin von einer Zeichen-, d.h. Analogiehandlung die Rede ist, problemlos mit technischer Belagerungsterminologie verbinden.

Diese Erklärung geht davon aus, dass das fünfmalige עליה in Ez 4,2 sich auf ein anderes Objekt bezieht als עליה in Ez 4,1. Rein grammatikalisch wäre es ja denkbar, wie in Ez 4,1 auch in Ez 4,2 עליה mit "*auf* sie" bzw. "*auf* ihr" (nämlich לבנה, hebr. fem.) zu übersetzen und dann die Belagerungsaktionen als "*auf* dem Lehmziegel" ausgeführt sich vorzustellen. Gegen eine derartige Interpretation sperrt sich aber die Tatsache, dass die Präposition על untrennbar mit den termini technici der Belagerung verbunden ist und sich an allen Parallelstellen (s.o.) auf das Objekt der Belagerung, eben eine Stadt, bezieht. עליה in Ez 4,2 ist demnach (wie in der obigen Textübersetzung) mit "*wider, gegen* sie" (nämlich עיר, hebr. ebenfalls fem., d.h. gegen die laut Ez 4,1 zu zeichnende "Stadt"[182]) wiederzugeben.

Eine weitere Beobachtung spricht m.E. eher für eine modellartige Inszenierung der Belagerung: Ez 4,2 nennt in erster Linie technische Aspekte der Belagerung, und zwar Anlagen *grösster Dimensionen*: Wall, Rampe, Heerlager, Sturmböcke, aber erstaunlicherweise *keine Menschen* (Angreifer und/ oder Verteidiger)[183], keine Waffengattungen (Schleuderer, Bogenschützen,

---

[180] Vgl. dazu und zur Belagerungstechnik überhaupt EPH^CAL, Assyrian Siege Ramp 60-70, bes. 64f.

[181] Vgl. GREENBERG 103. "Nur" mit Absicht in Anführungszeichen: der besprochene Sachverhalt unterstreicht ja eindeutig, dass die bildhafte Darstellung (um eine solche handelt es sich auch im Falle einer modellartigen Nachbildung!) als der dargestellten Sache adäquat entsprechend verstanden wird.

[182] Vgl. HITZIG 30; KEIL 43; KRAETZSCHMAR 43.

[183] מחנות kann allerdings sowohl "Heerlager" im technischen Sinne eines Zeltlagers als auch "Heere" im Sinne von Kriegstruppen bezeichnen; der Kontext scheint in Ez 4,2 die erstere Übersetzung zu favorisieren.

Sapeurs usw.), keine Tiere (z.B. Kriegspferde), keine Belagerungsinstrumente (z.B. Streitwagen, Sturmleitern). Die letzteren wären in einer zeichnerischen Darstellung einer Stadtbelagerung nun aber zweifellos zu erwarten[184], während eine modellartige Nachahmung einer Stadtbelagerung mit rudimentären Ausführungsmitteln sich dagegen leicht mit der Darstellung von Belagerungs-*topographie* und Grosstechnologie begnügen konnte und trotzdem unmittelbar verständlich sein musste. Ein solches "Sandkastenspiel" vermochte zudem auch jene Ausweitung von der Flachzeichnung in eine räumliche Dimension zu schaffen, in welcher die Begleithandlungen des Propheten dann recht eigentlich zur Wirkung kommen konnten.

Schliesslich kann man zugunsten der "Modellhypothese" argumentieren, dass Ezechiel die zeichnerische Darstellung von Belagerungswall, Belagerungs-rampe, Heerlager und Sturmböcken wohl nur unter grossen Schwierigkeiten hätte ausführen können, da ihm dazu vermutlich keine Vorbilder zur Verfügung gestanden hätten. Darstellungen solcher Belagerungsanlagen sind uns zwar von den neuassyrischen Palastreliefs in grosser Zahl bekannt.[185] Diese datieren aber mehrere Jahrzehnte, ja teilweise Jahrhunderte früher als Ezechiel, und sie können ihm auch deshalb nicht bekannt gewesen sein, weil königliche Paläste ja nur wenigen Eingeweihten zugänglich waren. In der vorderasiatischen Kleinkunst dagegen, der Ezechiel das Vorbild für seine *Stadt*darstellung entlehnt haben dürfte, sind komplexe Belagerungsdarstellungen, welche nicht nur Bogenschützen, Männer auf Sturmleitern oder Streitwagen vor Städten, sondern darüber hinaus auch Belagerungswall, Heerlager, Sturmrampen und/oder Sturmböcke zeigen, nicht belegt.

Ich möchte deshalb in bezug auf Ez 4,2 von einer *modellartig inszenierten* Belagerung sprechen. Haben wir damit innerhalb der Belagerungsdarstellung einen zeichnerischen und einen inszenierten Aspekt, ein isoliertes Bildelement und ergänzende, erst eigentlich eine Bildkonstellation schaffende Elemente differenziert, so können wir nun den Versuch unternehmen, die ezechielische Zeichenhandlung vom Ausgangsbild bis zur sprachlichen Deutung Schritt für Schritt nachzuvollziehen.

---

[184] Das meiste davon findet sich z.B. auf den von SCHROER (In Israel gab es Bilder 188f mit Anm. 128) zur Illustration von Ez 4f zitierten neuassyrischen Palastreliefs. Kriegs-darstellungen der *Kleinkunst* (auf Elfenbeinen, Waffenblechen, Bronzeeimern, Schmelzfarben-ziegeln, reliefierten Steingefässen, Siegeln usw.) zeigen in Verbindung mit Stadteroberungen in der Regel angreifende Bogenschützen, Reiter und Soldaten auf Sturmleitern auf der Seite der Sieger, Bogenschützen, klagende Frauen u.ä. auf der Seite der Unterliegenden, dagegen gerade *keine* Grossanlagen.

[185] Dies gilt besonders in bezug auf Sturmrampen und Sturmböcke; dagegen zeigen die neuassyrischen Reliefs in der Regel jeweils nur ein, nicht mehrere Heerlager. Zur ganz selte-nen Darstellung eines Belagerungswalls (circumvallatio) vgl. unten Anm. 254.

2.2. Die isolierte Stadtdarstellung als Symbol von Macht, Schutz und Herrschaft

Am Anfang der Zeichenhandlung von Ez 4f steht die isolierte, auf einen Lehmziegel eingeritzte Darstellung einer Stadt in stereotyper "Vorderansicht". Eine *Mauer* mit Zinnen, zwei ebenfalls zinnenbewehrte *Türme* und (in der Regel) ein *Tor* bilden die konstitutiven Elemente der altvorderasiatischen Stadtdarstellung; sie konnten je nach Darstellungsabsicht um zusätzliche Türme, einen Glacis (in Form einer turmlosen Untermauer), eine Zitadelle u.ä. ergänzt werden. Häufig wurde eine Stadt als auf einem hohen Berg liegend dargestellt.[186] *Abb. 6* mag zur Illustration dieses Darstellungsstereotyps dienen.

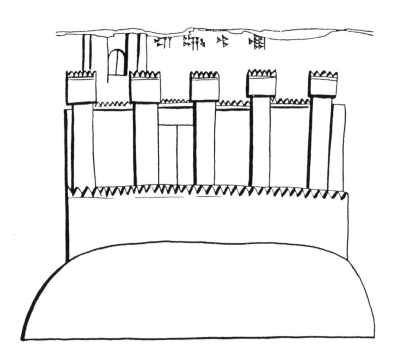

<u>Abb. 6</u> *Neuassyrische Stadtdarstellung auf einem Palastrelief der Zeit Tiglatpilesers III. (745-727a) aus Kalḫu/Nimrud (London, BM [WAA] 118'908). Die Darstellung zeigt Stadthügel, Glacis, die zinnenbewehrte Stadtmauer mit Tor und Türmen sowie eine Zitadelle (wiederum mit Tor und Türmen, teilweise weggebrochen). Die Stadt wird durch eine Beischrift als* uruAštartu (= *bibl. Aschtarot*) *identifiziert.*

---

186 Ezechiel wird in Ez 4,2 zum Aufschütten einer Sturmrampe gegen die Stadt aufgefordert, weshalb für seine Stadtdarstellung ein Stadthügel vorausgesetzt werden darf.

Welche Vorstellungen (Konnotationen) evozierte der auf einen Lehmziegel geritzte Bildtypos "Stadt" für einen altorientalischen Betrachter? Eine Antwort auf diese Frage müsste, methodologisch streng genommen, von zwei Seiten her argumentieren, nämlich von derjenigen des Bild*trägers* und seiner (soziologisch bestimmbaren) Funktion einerseits und von derjenigen des Bild*inhalts* anderseits. Da m.W. aber eine Ritzzeichnung einer (im "Aufriss" dargestellten) Stadt auf einem Lehmziegel, d.h. eine eigentliche Parallele zum Ausgangsbild von Ez 4f, nicht bekannt geworden ist und in bezug auf Ritzzeichnungen auf Lehmziegeln ohnehin kaum Informationen vorliegen, will ich mich im Rahmen dieses Aufsatzes auf einige Bemerkungen zum Bild*inhalt*, insofern er in der altvorderasiatischen *Kleinkunst* belegbar ist, beschränken. Dabei ist auf isolierte Stadtdarstellungen hinzuweisen, die als Symbole der Macht in königlicher oder höfischer Tracht, als schutzmächtige Symbole auf Zylindersiegeln oder, der Stadtdarstellung von Ez 4f vielleicht am ehesten verwandt, als Stadtmodelle nachweisbar sind.

a) Mauerkronen

Unsere Übersicht soll mit einer relativ wenig bekannten, für die Bedeutung des Bildtypos "Stadt" jedoch geradezu symptomatischen Bildgattung beginnen, nämlich derjenigen der sog. Mauerkronen bzw. Mauerkronen-Diademe. Es handelt sich um eine besondere Kategorie königlicher Kronen in Form einer Stadt oder Stadtmauer, die für den vorhellenistischen Vorderen Orient bisher auf Denkmälern elamischer, neuassyrischer und achaimenidischer Provenienz belegt ist.

Sieht man von den Kronen ab, welche von Göttinnen auf den hethitischen Felsreliefs von Yazilikaya (um 1250a) getragen werden, die m.E. aber nicht mit Sicherheit als Mauerkronen gedeutet werden können[187], findet sich der vielleicht älteste Beleg auf einem elamischen Felsrelief in Naqš-i-Rustam: Er zeigt sich gegenüberstehend rechts einen Mann mit nach vorn spitzer Mütze und verschränkten Händen (vielleicht einen König?), links eine Frau (wohl eine Königin) mit einer aus drei Türmen und verbindenden Flächen bestehenden

---

[187] Vgl. BITTEL u.a., Yazilikaya Nr. 43 (Ḫebat), 45-46 (Alanzu, "Enkelin des Tešub"?), 47? (Ḫutena?) und 48 (Ḫutellura) (Taf. 26-32.58f.64); allerdings "muss...betont werden, dass *alle* Reliefs zinnengekrönte Mützen besessen haben können, denn bei keiner Figur ist ein flacher oberster Abschluss der Mütze ganz klar zu erkennen" (BITTEL u.a., Yazilikaya 146). Deutung als "hornlose Mauerkrone" etwa bei R.M. BOEHMER in RlA VI 207; es könnte sich aber ebensogut um eine Sonderform des von den anderen Göttinnen getragenen Polos handeln.

Mauerkrone.[188] Das Relief ist stark zerstört, seine Datierung umstritten.[189] Der mehrere Meter lange Zwischenraum zwischen Mann und Frau zeigt noch Spuren einer sakralen Darstellung (sich gegenüber sitzendes Götterpaar auf Schlangenthronen), die aber durch ein sassanidisches Relief weitgehend zerstört worden ist.

Auf etwas sichererem Boden befinden wir uns mit einem fragmentarisch erhaltenen Schmelzfarbenziegel Assurnasirpals II. (883-859a) aus Ninive (*Abb. 7*).[190] Er zeigt den assyrischen König[191] stehend beim Erheben eines Trinkgefässes(?); ihm gegenüber stehen hohe Beamte, hinter ihm ein Diener mit dem Fächer und den königlichen Waffen. Die hohe Mauerkrone weist drei

---

[188] SCHMIDT, Persepolis III 121 mit Pl. 86 und 88; BÖRKER-KLÄHN, Altvorderasiatische Bildstelen und vergleichbare Felsreliefs Nr. 129 (Lit.); SEIDL, Die elamischen Felsreliefs von Kurangun und Naqš-e Rustam 14-23, bes. 17-19 sowie Taf. 12a und 16a.

[189] CALMEYER, Vom Reisehut zur Kaiserkrone 185:"spätmittelelamisch" (ca. 1200-1000a); AMIET, Elam 560f:"mittelelamisch mit neuelamischen Zutaten" (womit wohl die beiden besser erhaltenen Gestalten gemeint sind); PORADA, Alt-Iran 59:"neuelamisch, 9.-7.Jh.v.Chr."; SEIDL hält nun die männliche Gestalt rechts für zeitgenössisch mit der Götter-szene (17.-15.Jh.a; oder ev. 12.Jh.a?) und nur die Frau ("elamische Herrscherin") mit Stadt-krone für einen nachträglichen Zusatz (1.Jt., 9.Jh.a?).

[190] Photographie in BASMACHI, Treasures of the Iraq Museum Pl. 319; Umzeichnungen in THOMPSON/HUTCHINSON, The Site of the Palace of Ashurnasirpal at Nineveh 83 und Pl. XXXI,2; HROUDA, Kulturgeschichte 46 und Taf. 45,5 (vgl. Taf. 7,9); MAGEN, Assyrische Königsdarstellungen Taf. 12,3.

[191] Ungewöhnlich ist der dicke Zopf, der (anstelle der beiden Bänder des Diadems) über den Rücken des Königs fällt. U. MAGEN (Assyrische Königsdarstellungen 26) nimmt diesen "Frauenzopf" zusammen mit der Tatsache, dass Mauerkronen auf assyrischen Denkmälern sonst nur für königliche Frauen belegt sind, kurzerhand zum Anlass, "auf Grund der Unvereinbarkeit der beiden ikonographischen Details - Frauenzopf und Bart -" zu "vermuten, dass das Bruchstück mit dem Bart entweder nicht an diese Stelle gehörte oder nicht korrekt wiedergegeben wurde" und es sich darum womöglich gar nicht um den assyrischen König handelt. Um eine Verifikation ihrer reichlich gewagten These bemüht sie sich leider nicht ("mit den vorhandenen Informationen nicht zu klären", ebd. 67 Anm. 7). Zweifel an der Zugehörigkeit des Fragments mit dem Bart hatte aber früher schon P. CALMEYER gehegt; eine Überprüfung des Objekts durch J.E. READE ergab, dass die Fragmente Bruch an Bruch zusammenpassen (vgl. CALMEYER, Vom Reisehut zur Kaiserkrone 184 Anm. 108). Dass es sich bei der Gestalt um den König handeln muss, keinesfalls um die Königin, ergibt sich zudem schon aufgrund des dahinterstehenden Dieners, der ja die königlichen Waffen trägt. Dass es sich zudem bei dem dicken Zopf um einen "Frauenzopf" handle, wie MAGEN meint, ist keineswegs sicher. Soweit ich sehe, lässt sich nur der Zopf der Naqia auf dem Bronzerelief Esarhaddons im Louvre (s.u.) damit vergleichen, während es sich bei der von MAGEN ebenfalls herangezogenen Libbi-ali-šarrat auf der Stele aus Assur nicht um einen Zopf, sondern um eine von der Thronlehne nach hinten fallende dekorierte Decke (vgl. HROUDA, Kulturgeschichte Taf. 13,15f; 14,2-4; 15,3 und bes. 15,1) handeln dürfte. Somit verfügen wir über zwei Belege: einen "Frauenzopf" und einen "Männerzopf".

zinnenbewehrte Türme auf, und auf beiden ebenfalls zinnenbewehrten Mauerabschnitten dazwischen ist je ein Tor angedeutet.[192] Ein Pfeil- und Sparrenmuster, das auch die obere Bildrandleiste des Ziegels bildet und sonst auch Kleider u.ä. schmücken kann, dient wohl hauptsächlich der Dekoration dieser Krone.

Dass die Krone die einer festen, uneinnehmbaren Stadt vergleichbare Macht des assyrischen Königs zum Ausdruck bringen sollte, ist die wohl naheliegendste Deutung.[193]

Weniger einfach lässt sich aber die Frage beantworten, warum wir nur diese eine Darstellung eines Assyrerkönigs mit Mauerkrone besitzen und alle anderen assyrischen Belege Mauerkronen auf den Häuptern von königlichen Frauen zeigen. Lässt sich eine bestimmte Funktion dieser Krone bestimmen? HROUDA vermutet, der assyrische König habe die Mauerkrone "wahrscheinlich bei der festlichen Einweihung eines Gebäudes oder der Gründung einer Stadt(?)"[194] getragen. Gegen die Zuordnung zu einem spezifischen historischen Anlass spricht aber der Umstand, dass der Schmelzfarbenziegel aus Ninive eine durchaus konventionelle Szene (Erheben eines Trinkgefässes vor Würdenträgern)[195] zeigt, die keinerlei Hinweis auf Bautätigkeiten enthält, und dass die Mauerkrone auch auf späteren Darstellungen nie im besonderen Zusammenhang von Bautätigkeiten erscheint. Eher mag die Tatsache, dass diese Krone, die sonst nur die Häupter königlicher assyrischer Frauen ziert, sich hier auf einem Bild aus Ninive findet, auf deren besondere Affinität zur "Herrin" und "Königin" von Ninive, der Göttin Ištar, weisen.[196]

Wie erwähnt zeigen die übrigen neuassyrischen Belege von Mauerkronen diese stets auf dem Kopf königlicher Damen, nämlich der Königinmutter Naqia

---

[192] Bei einer Stadtdarstellung sind zwei Tore allerdings auffällig; handelt es sich vielleicht eher um einen Doppeltempel?

[193] Eine andere Möglichkeit wäre etwa, die Mauerkrone als Symbol der stadtbeschirmenden Macht des Königs zu verstehen; allerdings stellt eine Krone in der Regel nicht den Gegenstand des Schutzes dar, sie soll vielmehr die Macht ihres Trägers unterstreichen.

[194] HROUDA, Kulturgeschichte 146.

[195] Handelt es sich hierbei um die Geste des "Sich-Freuens" des Königs (*šarru iḫaddu*)? U. MAGEN ordnet die Darstellung ihrem Typus IV a-1 "König als *šangû, pagulu ugdamir*" (d.h. eine Libation bzw. ein Trankopfer vollziehend) zu (Assyrische Königsdarstellungen 65-69, bes. 67). Allerdings bleibt sie m.E. den Nachweis einer grundsätzlich kultischen Bedeutung der Geste des Erhebens der Trinkschale schuldig. Eine Libation bedürfte zudem eines Objekts, in bzw. auf das die Flüssigkeit geschüttet wird (z.B. ein erlegtes Tier nach der Jagd oder ein Kultgefäss).

[196] Die Mauerkrone findet sich jedenfalls viel später, nämlich seitdem der sikyonische Bildhauer Eutychides um 300a erstmals die Tyche der neugegründeten Stadt Antiochia am Orontes als auf einem Berg sitzende weibliche Gestalt mit Mauerkronen-Diadem dargestellt hatte, auf den Häuptern ungezählter hellenistischer und römischer Stadtgöttinnen, die auch andere ikonographische Attribute der vorderasiatischen "grossen Göttin" (z.B. Löwe und Berg) übernommen haben (vgl. HÖRIG, Dea Syria 129-197).

Abb. 7 *Fragmente eines(?) Schmelzfarbenziegels aus dem Palast Assurnasir-pals II. (883-859a) in Ninive/Quyunğiq, grösseres Fragment ca. 37 x 31 cm (Bagdad, Iraq Museum).*

auf einem Bronzerelief unbekannter Provenienz aus der Zeit Esarhaddons (681-669a)[197] sowie der Palastfrau Assurbanipals (668-626a) namens Libbi-ali-šarrat auf einer Kalksandsteinstele aus Assur[198] und auf dem Palastrelief mit

---

[197] PARROT/NOUGAYROL, Asarhaddon et Naqi'a 147-160 und Pl. VI; PARROT, Assur 118 Abb. 133; die Umzeichnung bei BÖRKER-KLÄHN, Altvorderasiatische Bildstelen und vergleichbare Felsreliefs Nr. 220, ist ungenau.

[198] Vgl. BÖRKER-KLÄHN, aaO. Nr. 227 (Lit.).

der berühmten "Gartenszene" aus dem Nordpalast von Ninive[199]. Alle drei Belege stammen aus dem 7.Jh.a und sind damit rund 200 Jahre jünger als die Darstellung Assurnasirpals II.

In persischer Zeit, also noch einmal ca. 150 Jahre später, finden sich Mauerkronen auf den Häuptern mindestens dreier achaimenidischer Herrscher, nämlich auf Felsreliefs von Darius I. (521-486a), Xerxes I. (485-465a) und Artaxerxes II. (?, 404-359a).[200] Allerdings kann man diese Kronen kaum mehr als eigentliche Darstellungen von Städten bezeichnen, da sie nur noch durch ein einziges, zinnenbewehrtes Mauerband ohne Türme oder Tore gebildet werden.

In allen Fällen aber dürfte es eine wesentliche Funktion solcher Mauerkronen gewesen sein, durch das typische Bild der befestigten Stadt der stolzen, unbezwingbaren Macht ihres Trägers Ausdruck zu verleihen. Das Bild einer "Stadt" konnotiert hier Macht, Stärke und Sicherheit, Uneinnehmbarkeit.

b) Das Stadtsymbol auf höfischen Gewändern

Handelt es sich bei den achaimenidischen Mauerkronen nicht mehr eigentlich um Darstellungen einer befestigten Stadt, so finden sich solche dafür auf Kleidern achaimenidischer Palastgarden. Diese gehen ihrerseits auf neuassyrische Vorbilder zurück. Ein Palastrelief Sargons II. (721-705a) aus Khorsabad zeigt den assyrischen König in einem reich dekorierten Schalgewand (*Abb. 8*), dessen Ornamente abwechselnd aus achtblättrigen Rosetten und aus mit drei Türmen versehenen Städten bestehen.[201] Die Stadt wird mit einer flachen Standlinie wiedergegeben. Das Faltengewand von Palastwächtern auf dem sog. Bogenschützenfries von Susa (Artaxerxes II., 404-359a) weist dagegen quadratische Ornamente auf, welche eine Stadt mit drei zinnenbewehrten Türmen auf einem Stadthügel zeigen, wobei bei einzelnen Darstellungen gar Fenster und Tore(?) zu erkennen sind (*Abb. 9a-b*).[202] Eng verwandt mit diesen Ornamenten sind solche auf Originalstoffen aus dem Kurgan 5 (1. Hälfte 4.Jh.a?)

---

[199] BARNETT, Sculptures from the North Palace Pl. LXIVf, u.ö.; Umzeichnung von H. KEEL-LEU in KEEL, Deine Blicke sind Tauben 127 Abb. 8. "Am dritten Baum links vom Königspaar hängt der abgetrennte Kopf des Königs von Elam. Nicht zu zweckloser Heiterkeit, sondern um den Sieg über den gefährlichen Gegner zu feiern, ruhen König und Königin in der Weinlaube. Und die Königin mit dem Mauerkronen-Diadem dürfte in diesem Zusammenhang das nicht überwundene, siegreiche Assur darstellen" (KEEL, ebd. 38).

[200] Vgl. CALMEYER, Vom Reisehut zur Kaiserkrone 184 Abb. 6. "Warum Dareios I....an diese vorwiegend weibliche Tracht anknüpfte, wissen wir nicht; es hängt dies wohl mit dem noch viel zu wenig erforschten Komplex Königin-Gad-Tyche-Khvarnah zusammen" (ebd. 185).

[201] BOTTA/FLANDIN, Monument II Pl. 101 (Porte E-2; vermutlich auch Porte E-1 gegenüber, vgl. ebd. II Pl. 85 und Kommentar V 123).

[202] GHIRSHMAN, Iran 141 Abb. 190.

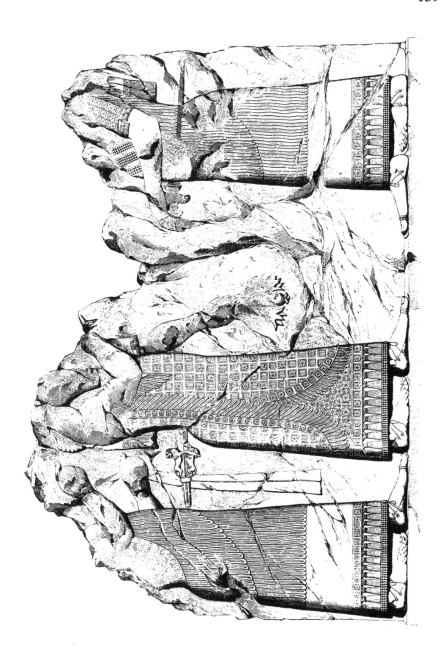

<u>Abb. 8</u> *Königliches Schalgewand (links) mit Rosetten- und "Stadt"-Ornamenten auf einem Palastrelief Sargons II. in Dur-Šarrukîn/Khorsabad (in situ).*

von Pazyryk in Südsibirien, die ebenfalls in einem Quadrat fünf zinnen-bewehrte Türme, alternierend in hellen und dunklen Farben ausgeführt, zeigen (*Abb. 9c*).[203]

Nach A.L. OPPENHEIM war es die Funktion solcher apotropäischer Sym-bole, besonders des "crenelation"- und des "wall and towers"-Motivs, "to ward off dangers and evil influences, to inspire awe, and to impress the adver-sary".[204] Die Tatsache, dass sich das Stadtsymbol auf höfischen Kleidern findet, könnte darüber hinaus auf eine spezifischer an die Macht- und Sicher-heitsideologie des Palastes gebundene Funktion deuten.[205]

Abb. 9 Kassettendekor mit Stadtmotiv auf höfischen Kleidern aus spätachaimenidischer Zeit (1. Hälfte 4.Jh.a): a-b = Detail vom sog. Bogenschützenfries aus Susa (Paris, Louvre); c = Detail von Originalstoffen aus dem Kurgan 5 von Pazyryk.

---

[203] RUDENKO, *Kul'tura* Pl. CXVII:2; AZARPAY, *Some Classical and Near Eastern Motifs* 336 mit fig. 40 ("citadel motif").

[204] OPPENHEIM, *Golden Garments* 190f; vgl. auch BITTNER, *Tracht und Bewaffnung des persischen Heeres* 117f mit Taf. 2.

[205] Anmerkungshalber sei an dieser Stelle auf eine 1972 in Buseira/Bosra gefundene Tonbulle aus dem 8.Jh.a mit Abdruck eines Beamtensiegels hingewiesen (BENNETT, *Excava-tions* 18f mit Fig. 17 und Pl. VIB [seitenverkehrt]; LEMAIRE, *Note on an Edomite Seal Impression* 18f; PUECH, *Documents épigraphiques* 12f mit Fig. 2 und Pl. IVC [auf dem Kopf stehend]). Dessen Dekoration besteht aus vier horizontalen Registern; die drei unteren werden von der Inschrift (*lmlklbᶜ ᶜbd hmlk*) eingenommen, das oberste von der Darstellung dreier schematischer Türme. Die drei Türme scheinen allerdings nicht untereinander verbunden zu sein, weshalb es sich vielleicht nur um eine Variante des "Stadt"-Motivs handelt. Ob nun aber eine "Stadt" oder ob mehrere Wehrtürme oder Festungen dargestellt sind, jedenfalls dürfte das Motiv als Ausdruck der Macht und Herrschaft des edomitischen Königs, welcher der ᶜbd (der Statthalter von Bosra?) seine eigene Autorität verdankte, zu interpretieren sein.

c) Die Stadt als Schutzmacht auf Zylindersiegeln

Die Stadtornamente auf höfischen Kleidern weisen das Stadtmotiv als apotropäisches Symbol aus. Es erstaunt deshalb nicht, dass dieses auch auf Zylindersiegeln, deren Amulettfunktion an dieser Stelle nicht nachgewiesen werden muss, belegt ist, wobei sich die Belege bisher auf eine kleine Gruppe neuassyrischer Siegel des 8./7.Jh.a beschränken.[206]

Abb. 10 (Paris, Musée Guimet, Nr. 117)[207] zeigt eine durch zwei zinnenbewehrte Türme, einen zinnenbewehrten Mauerabschnitt und ein Tor charakterisierte "Stadt". Türme und Mauer sind mit verschiedenen Ornamenten, u.a. dem schon auf der Mauerkrone Assurnasirpals II. (*Abb. 4*) angetroffenen Pfeilund Sparrendekor, verziert. Rechts der "Stadt"[208] steht ein barhäuptiger, bärtiger Mann mit kurzem Schurz und offenem Schalgewand, das ein Bein frei lässt. Der Mann trägt keine Kopfbedeckung; ein über seinen Nacken auf den Rücken fallendes (eigentlich zu einem Diadem gehörendes) Band deutet aber darauf hin, dass es sich hier um den König (oder einen "Genius"?) handeln könnte. Das Fehlen der Kopfbedeckung muss nicht erstaunen, da der Mann

---

[206] Die Umzeichnungen der Siegelabrollungen sind von H. KEEL-LEU für eine umfassende Untersuchung der neuassyrischen Glyptik durch Frau Prof. R. MAYER-OPIFICIUS (Münster), der ich für diesbezügliche Quellenangaben danke, angefertigt worden.

[207] DELAPORTE, Musée Guimet 90f Nr. 117; FRANKFORT, Cylinder Seals Pl. XXXIVj.

[208] Streng genommen handelt es sich bei den hier angesprochenen Siegelbildern nicht um isolierte (kontextlose) Stadtdarstellungen.

hier in einem kultischen Kontext erscheint: er hebt einen Arm beschwörend-verehrend gewinkelt nach oben, während er in der anderen Hand ein längliches Trinkgefäss(?) hält. Rechts der Gestalt befindet sich ein mandelförmiges oder rhomboides Symbol.[209]

DELAPORTE beschreibt die "Stadt" sachlich zweifellos richtig als "forteresse".[210] Türme und Zinnen lassen am Befestigungscharakter keinen Zweifel. Angesichts der beschwörend-verehrenden Geste des Mannes könnte man allerdings versucht sein, das dargestellte Gebäude als Tempel zu identifizieren[211]; der Befestigungscharakter spricht nicht dagegen, da mesopotamische Tempel häufig Zinnen und Türme aufwiesen.[212] Auffällig ist aber, dass das Gebäude nicht durch irgendwelche Göttersymbole identifiziert oder einer bestimmten Gottheit zugeordnet wird, wie das etwa auf den bekanneren mittelassyrischen Siegelbildern, die anerkanntermassen Tempel(fassaden) zeigen, der Fall ist.[213] Neuassyrische Siegelbilder derselben Zeit zeigen zudem ganz ähnlich schematisierte Gebäude, die offensichtlich belagert bzw. erobert werden, weshalb es sich dabei um "Städte" handeln muss.[214] Schliesslich ist die Darstellung des Gebäudes von *Abb. 10* stilistisch auch mit derjenigen auf einem Elfenbein "aus Ziwije"[215] recht eng verwandt, wo anstelle des verehrenden Mannes ein Reiter mit zwei geschmückten Pferden steht, also kein kultischer, sondern militärisch-festlicher Kontext vorzuliegen scheint. Auch in letzterem Fall kann man das

---

[209] Dessen Bedeutung ist unklar; da das Symbol auf den Kudurrus fehlt, handelt es sich wohl nicht um das Zeichen einer bestimmten Gottheit, sondern um ein apotropäisches Symbol allgemeinerer Bedeutung (vgl. VAN BUREN, Symbols 115-119).

[210] AaO. 91. Ebenso FRANKFORT, Cylinder Seals XXXV und 197; die Deutung des Mannes als "soldiers" (*sic!*) ebd. ist allerdings ganz abwegig.

[211] So etwa PORADA, Corpus I 78:"probably a temple gate"; vgl. BUCHANAN, Catalogue Ashmolean Museum I 111 zu Nr. 610.

[212] Vgl. etwa HEINRICH, Tempel und Heiligtümer Abb. 318 a-c.327.342.348.353. 360f. 373.398f.402.407f.422, und bes. den Weissen Obelisken, wo Tempel und Königspalast völlig identisch dargestellt sind (BÖRKER-KLÄHN, Altvorderasiatische Bildstelen und vergleichbare Felsreliefs Nr. 132, A-3 und D-7).

[213] HEINRICH, Tempel und Heiligtümer Abb. 318 a-c (bei Abb. 318 c könnte es sich m.E. allerdings auch um eine Stadt oder einen Palast handeln, da mehrere Göttersymbole nebeneinander vorkommen, keines davon aber *im* Gebäude dargestellt ist).

[214] Den *Abb. 10-12* erstaunlich verwandt ist ein unpubliziertes Siegel aus der Sammlung Erlenmeyer ("Stadt" und ein einzelner bärtiger Mann mit gewinkelt erhobenem Arm); der Mann trägt aber nur einen kurzen Rock, und die Leiter zwischen ihm und der Stadt indiziert eindeutig die Erstürmung der "Stadt". Eine weitere Stadteroberungsszene auf einem neuassyrischen Zylindersiegel aus einer Privatsammlung sollte demnächst von Frau Prof. R. MAYER-OPIFICIUS (Münster) veröffentlicht werden; vgl. auch DELAPORTE, Louvre Pl. 57 fig. 2 (K. 7).

[215] WILKINSON, Ivories 35-37 Nr. 13.

Gebäude zuversichtlich als "Stadt" identifizieren. Ich möchte deshalb auch die "forteresse" der hier diskutierten Siegelbilder als "Stadt" interpretieren, wenngleich eine Deutung als Tempel (oder Palast?) nicht ausgeschlossen werden kann.

Abb. 11 (New York, Pierpont Morgan Library, Nr. 652)[216] zeigt wiederum eine "Stadt", deren Türme (hier sind es offenbar drei) die gleiche ornamentale Dekoration wie auf der vorgehenden Darstellung aufweisen. Links der "Stadt" steht ein barhäuptiger, bärtiger Mann mit langem Schalgewand. Auch er ist der "Stadt" zugewandt und hält eine Hand im typischen assyrischen Verehrungsgestus *ubāna tarāṣu* (mit ausgestrecktem Zeigefinger[217]) erhoben. In diesem Falle gibt es keinerlei Anhaltspunkt, den Mann als König zu deuten. Zwischen dem Mann und dem Gebäude ist wiederum ein mandelförmiges Symbol sichtbar, dessen Bedeutung auch hier unklar ist. Die "Stadt" selbst weist sonst kein identifizierendes Symbol auf.

---

[216] PORADA, Corpus I 78 und II Pl. XCV; vgl. zu diesem Siegel ausführlich BODEN-STEIN, Morgan Seal 652 5-13, die (m.E. ohne zwingende Gründe) urartäischen Einfluss annimmt.

[217] Vgl. zu diesem Gestus nun MAGEN, Assyrische Königsdarstellungen 45-55 und 94-104.

Abb. 12 (Oxford, Ashmolean Museum, Nr. 1963.1553)[218] zeigt noch einmal eine "Stadt" mit zwei Türmen, einem zinnenbewehrten(?) Mauerabschnitt und einem Tor. Links der Stadt steht wiederum ein barhäuptiger (bärtiger?) Mann. Auch hier ist ein Arm gewinkelt erhoben, doch ist nicht ganz klar, ob damit der Verehrungsgestus *ubāna tarāṣu* gemeint ist. Denn beide Arme scheinen bis zum linken Turm zu führen, als ob der Mann diesen berühren würde. Rechts der "Stadt" steht ein *aladlammû* (geflügelter Stierkoloss mit Menschenkopf und schematisierter Hörnerkrone)[219], über bzw. hinter ihm finden sich Göttersymbole (Sibitti?, Šamaš, Ištar, Sîn [drei Winkelhaken])[220].

Wahrscheinlich gehört auch ein weiteres Zylindersiegel aus Oxford (Ashmolean Museum, Liddon Collection, Nr. 27)[221] zu dieser Gruppe, auch wenn es eine "provinziellere" Faktur aufweist.[222] Es zeigt wiederum die zinnenbewehrte "Stadt" mit zwei Türmen, Mauer und Tor sowie rechts davon einen bartlosen(?) Mann in einem langen Fransengewand und über der Brust gekreuzten Bändern. Die beiden Arme des Mannes hängen dem Körper entlang herunter. Keine zusätzlichen Symbole.

---

[218] MOOREY/GURNEY, Ancient Near Eastern Cylinder Seals 51f Nr. 43 und Pl. VII:43.

[219] Solche Stierkolosse sind in neuassyrischer Zeit für Tore und Paläste, *nicht* aber für Tempel belegt, was m.E. für die Identifizierung des Gebäudes als "Stadt" bzw. Zitadelle spricht (gegen MOOREY/GURNEY, Ancient Near Eastern Cylinder Seals 52).

[220] Es handelt sich auffälligerweise um dieselben Götter wie auf dem bereits oben bei Anm. 213 angesprochenen mittelassyrischen Siegelbild HEINRICH, Tempel und Heiligtümer Abb. 318 c!

[221] BUCHANAN, Catalogue Ashmolean Museum I 111 Nr. 610 und Pl. 40:610.

[222] Vgl. MOOREY/GURNEY, Ancient Near Eastern Cylinder Seals 51.

Die "Stadt" erscheint auf diesen Siegelbildern als apotropäisch-symbolische Grösse, der man geradezu kultische Verehrung entgegenbringen kann, auf deren festen Schutz man vertraut.

d) Die Stadt als Macht- und Herrschaftssymbol auf Bronzeblechen

Eimerchen, Becher, Köcherbeschläge u.a. Bronzebleche assyrischen bzw. "assyrisch-barbarischen" Stils aus Urartu, dem Zagros oder aus Luristan stellen eine auch für unseren Zusammenhang nicht unbedeutende Gruppe von Bildträgern dar, da diese mit grosser Wahrscheinlichkeit lokaler, d.h. provinzieller Herstellung sind, sich in bezug auf ihre Dekoration jedoch stark an der assyrischen Ikonographie orientieren. Da diese Objekte z.t. ziemlich weit verstreut publiziert sind und da die Mehrzahl von ihnen nicht aus kontrollierten archäologischen Ausgrabungen, sondern aus dem Kunsthandel stammt, wird ihnen nicht immer die gebührende Beachtung geschenkt.

Hier ist auf zwei kleine Bronzeeimerchen hinzuweisen, deren Dekor u.a. das isolierte "Stadt"-Motiv enthält. Das eine, schon seit längerem bekannte, stammt aus der Nekropole von War Kabud im westlichen Luristan (Ende 8./7.Jh.a). Sein Bildfries zeigt alternierend je viermal eine durch eine Mauer und zwei zinnenbewehrte Türme dargestellte "Stadt" sowie (jeweils zwischen zwei "Städten") einen liegenden, geflügelten Sphinx mit Menschenkopf und Skorpionschwanz. Der skorpionschwänzige Sphinx entstammt ursprünglich offenbar nordsyrischer Tradition.[223] Das zweite Eimerchen, dessen genaue Herkunft nicht bekannt ist (New York, Metropolitan Museum of Art, 62.52), das aber ebenfalls aus Luristan stammen und ins 8./7.Jh.a datieren dürfte, zeigt wiederum alternierend je viermal eine durch eine Mauer und drei zinnenbewehrte Türme dargestellte "Stadt" sowie (jeweils zwischen zwei "Städten") einen stehenden Beamten, mit langem Schalgewand und Schwert an der Hüfte, in der typischen Gehorsamsstellung mit ineinandergelegten Händen.[224]

G. MARKOE, der jüngst anlässlich der Publikation eines Eimerchens, das eine narrative Darstellung (Stadteroberung und Wegführung von Gefangenen) zeigt, auf diese beiden Stücke hingewiesen hat, beschreibt die Stadtdarstellungen auf den beiden Eimerchen formal zutreffend als "a simple decorative motif repeated in a quadripartite arrangement"[225], stellt die ikonographische Abhängigkeit der verschiedenen Motive von assyrischen Vorbildern fest und interpretiert die beiden Eimerchen als Zeugnisse für den wachsenden assyrischen Druck auf die Gegend von Luristan unter den Sargoniden.

---

[223] VANDEN BERGHE/MALEKI, Le mystérieux Luristan 30; V ANDEN BERGHE, Luristan 116 Abb. 56; MARKOE, An Assyrian-Style Bucket 47f mit Pl. III.

[224] MARKOE, An Assyrian-Style Bucket 47.53f mit Pl. IV.

[225] AaO. 47.

Für unseren Zusammenhang ist hervorzuheben, dass die Dekoration des Eimerchens in New York die "Stadt" als Symbol königlicher Herrschaft verwendet: Der Beamte wird in typischer Haltung dargestellt "in a gesture of deference reserved for court officials entering into the presence of the king"[226]. Die "Stadt" repräsentiert hier den (assyrischen) König, vielleicht seinen Palast, jedenfalls aber seine Herrschaft und Macht.[227]

e) Stadtmodelle

Die letzte Bildgattung altvorderasiatischer isolierter Stadtdarstellungen der Kleinkunst, die hier erwähnt werden muss, ist diejenige der Stadtmodelle. Da diese m.w. bisher noch nie systematisch behandelt worden sind, will ich hier eine (zweifellos ergänzungsbedürftige) Liste der mir bekannten Belege anführen.

A. Originale (8.?/7.Jh.a)

1. London, BM (WAA) 91'177, fragmentarisches Stadtmodell aus Toprak Kale, Bronze, H 28 x B 36 cm.[228] Teilweise erhalten sind zwei Türme bis auf Mauerhöhe (aber ohne die darüber hinausragenden Zinnen), zwei Mauerabschnitte mit drei Reihen von schiessschartenartigen Vertiefungen und Zinnen, ein Tor.

2. London, BM (WAA) 91'250, Fragment eines zinnengekrönten Turms, Bronze, H 16 cm.[229]

3. Yerevan, Armenisches Historisches Museum, Nr.?, Fragment eines zinnengekrönten Turms aus Karmir Blur, Elfenbein.[230]

---

[226] Ebd. 54. Vgl. oben *Abb. 7* und *8*!

[227] Da die typische Gehorsamshaltung der ineinandergelegten Hände m.W. ausschliesslich vor dem König belegt ist, scheint mir MARKOEs provinzpolitische Interpretation weniger wahrscheinlich:"The citadels…may thus have been intended to denote the headquarters or residence of an Assyrian *provincial* head; (…) the fortress and approaching dignitary were intended to have been read as symbols of *local* Assyrian authority…[and] would have served a definite propagandistic function as visible reminders to their owners (and their constituency) of *local* Assyrian authority" (aaO. 54; Hervorhebungen von mir). Zweifellos richtig ist die jedoch Feststellung, dass "at the very least, they would have been understood as symbols of the Assyrian state" (ebd.).

[228] BARNETT, Excavations…at Toprak Kale 5 und Pl. I,2 (mit abweichender Massangabe: H 30,5 cm); GHIRSHMAN, Iran 296 Abb. 354.

[229] BARNETT, Excavations…at Toprak Kale 6 und Pl. I,1 (mit abweichender Massangabe: H 16,5 cm). Nach BARNETT ist das Turmfragment "doubtless from the same model [d.h. Nr. 1] but not actually joining the last".

[230] PIOTROVSKII, Urartu 58f mit Fig. 40.

<u>Abb. 13</u> *Tributbringerzüge mit Stadtmodellen und anderen Gaben auf*
Palastreliefs Sargons in Dur-Šarrukîn/Khorsabad (in situ, zerstört?).

4(?). Bagdad, Iraq Museum Nr.?, ND 10'931, Fragment eines Stadtmodells(?) aus Nimrud (Fort Shalmaneser), Ton, H 52 cm.[231] Teilweise erhalten sind ein zinnengekrönter Turm zwischen zwei zinnenbewehrten, rosettengeschmückten Mauerabschnitten.

5-6(?). Bagdad, Iraq Museum Nr.?, ND 11'406 und 11'407, Fragmente von Stadtmodellen(?) aus Nimrud (Fort Shalmaneser), Ton.[232]

B. Abbildungen (9.-7.Jh.a)

1. Auf dem Thronpodest Salmanassars III. (858-824a) aus dem "Fort Shalmaneser" in Nimrud finden sich unter den zahlreichen Tributträgern auch zwei Männer, welche dem assyrischen König je ein Stadtmodell zutragen.[233] Beide Stadtdarstellungen sind durch zwei zinnenbewehrte Türme charakterisiert, welche den Originalen Nr. 1-3 verblüffend ähnlich sind; auf einem der beiden Modelle ist zudem ein Rundbogentor dargestellt.[234]

2. Ein fragmentarisches, ziemlich verwittertes (Oberflächenfund) Kalksteinrelief aus Karkemisch, das ich aus stilistischen Gründen der Zeit Tiglatpilesers III. (745-727a) zuweisen möchte[235], zeigt einen Mann mit einfachem Hemd und runder Kappe, der mit seinen beiden auf Brusthöhe erhobenen Händen ein Stadtmodell mit 3 (oder 4?) Türmen trägt.[236]

3. Auf dem wohl in die 2. Hälfte des 8.Jh.a zu datierenden sog. "Ziwiye rim" (hier New York, MMA 57.96) finden sich unter den durch eine weiche Spitzmütze, einen langen Fellmantel(?) mit Fransen und Spitzschuhe charakterisierten Tributträgern (Zagrosbewohner?[237]) auch drei, die neben den üblicheren Geschenken Rhiton und Trinkhorn je ein Stadtmodell mit mindestens zwei Türmen und einem Tor auf der erhobenen Hand tragen.[238]

4. Viel bekannter als die bisher genannten Abbildungen von Stadtmodellen als Tributgaben sind Darstellungen im Palast Sargons II. (721-705a) von Khorsabad.[239] Sie finden sich in den Händen von Tributbringern aus Phönizien, Phrygien, Kleinasien, Nordsyrien und dem

---

[231] MALLOWAN, Nimrud and its Remains II 462 mit Fig. 378 (dort als "fragment of a pottery storage bin representing the crenellations on a fortress wall" identifiziert; das Objekt scheint aber keine besondere Wölbung aufzuweisen). Nach MALLOWAN wurde das Stadtmotiv auf den Ton "impressed" (ebd. II 463).

[232] Ebd. II 463:"Other similar fragments, ND 11406, 11407, were found in T 21 of the *throne room block*" (Hervorhebung von mir).

[233] MALLOWAN, Nimrud and its Remains II 448f Fig. 371f und g; vgl. OATES, The Excavations at Nimrud 1962 16-18 mit Pl. IV-V.

[234] MALLOWAN (aaO. II 446) und WÄFLER (Nicht-Assyrer 72 Anm. 335; vgl. 208 Anm. 1076; 210 Anm. 1092) identifizieren die Tributträger aufgrund der Inschrift über den Reliefs als Chaldäer (von Bit-Ukani bzw. Bit-Dakuri), was jedoch hinsichtlich der Antiquaria keineswegs zwingend ist. Die Stadtmodelle werden in der Tributliste der Inschrift nicht genannt.

[235] Beachte etwa die für die vorsargonidischen nordsyrisch-neuassyrischen Reliefs charakteristischen Randleisten!

[236] WOOLLEY/BARRNETT, Carchemish III 283 und Pl. B.68,b.

[237] Vgl. zur Identifikation WÄFLER, Nicht-Assyrer 280.

[238] WILKINSON, More Details on Ziwiye 214 Fig. 2 und 216 Fig. 6; Beschreibung ebd. 218.

[239] BOTTA/FLANDIN, Monument I Pl. 29.36 (Façade n [= Court VIII]-20; vgl. LOUD, Khorsabad I Fig. 34f) und II Pl. 103.106 (Salle VI [= Room 6]-20?.21.29); 122.124-130.133-

Abb. 14 Stadtmodell auf einem Tischchen unter anderem Beutegut auf einem spätassyrischen Palastrelief aus Ninive/Quyunǧiq (London, BM [WAA] 124'955).

Zagrosgebiet[240], sind also nicht einer besonderen Region des neuassyrischen Reiches zuzuordnen. Die Modelle weisen auf den Bildern drei bis sechs zinnenbewehrte Türme auf, jedoch kein Stadttor, und sie weichen in Einzelheiten voneinander ab (lokale Differenzen?). Nicht selten sind es die beiden vordersten (bzw. der vorderste) Tributbringer einer Delegation, die diese Stadtmodelle tragen (*Abb. 13*), weshalb es sich dabei um besonders bedeutende Repräsentativgeschenke handeln dürfte.

5. Ein weiteres Stadtmodell findet sich unter dem von assyrischen Soldaten angehäuften und von Schreibern sorgsam registrierten Beutegut eines Feldzugs in Südbabylonien auf

---

134 (Salle X [= Corridor 10]-2a-5a.7a-8a.12a-13a.15a; 6b-8b; vgl. LOUD, Khorsabad I 48 und 55); 137 (Salle XI [= Room 11]-6-8); Beschreibungen BOTTA/FLANDIN, Monument V 104. 148.157f. Zudem PLACE, Ninive et l'Assyrie III Pl. 48,1 (= WÄFLER, Nicht-Assyrer Taf. 16,2; vgl. ebd. 191f).- Die stark zerstörte Darstellung BOTTA/FLANDIN, Monument II Pl. 85. 88 (Salle V-4a), zeigt dagegen keine fremden Tributbringer, sondern assyrische Soldaten; was diese auf den Händen tragen, sind deshalb nicht "sans aucun doute...des représentations de villes conquises" (aaO. V 143), sondern vermutlich Plateaus mit irgendwelchen Speisen.

240 Vgl. zur Identifikation WÄFLER, Nicht-Assyrer passim (bes. Index 9, 364-366).

einem Palastrelief der "späten Gruppe" (Assurbanipal oder Sinšariškun, 2. Hälfte 7.Jh.a) im Südwestpalast von Ninive (XXVIII-9b = London, BM [WAA] 124'955) dargestellt (*Abb. 14*).[241] Das Modell weist auf dem Bild vier zinnengekrönte Türme auf, zwischen diesen ebenfalls zinnenbewehrte Mauerabschnitte, jedoch kein Tor. Es ruht auf einem fein gearbeiteten Tischchen; dieses und andere, daneben dargestellte Beutestücke wie Hocker, Sessel, Fussschemel, Bett und Waffen lassen darauf schliessen, dass wir es mit Mobiliar eines Königs oder zumindest eines Angehörigen der Aristokratie, vielleicht eines südbabylonischen Lokalfürsten, zu tun haben. Das erbeutete Stadtmodell bringt auf dem Relief deutlich zum Ausdruck, dass der antiassyrische Widerstand gebrochen ist.

Die Bedeutung der Stadtmodelle liegt angesichts der assyrischen Darstellungen, welche sie entweder als Tributgaben oder als Beutegut zeigen, auf der Hand: Es handelt sich um Symbole königlicher bzw. fürstlich-aristokratischer Macht. Die letztgenannte Darstellung macht deutlich, dass diese Stadtmodelle nicht etwa *nur* als Tributsymbole zu verstehen sind, also *nicht primär* für den assyrischen Grosskönig als Zeichen der Anerkennung von *dessen* Macht hergestellt worden sein dürften, sondern dass sie in den Palästen der Lokalherrscher *deren eigene Lokalgewalt* symbolisierten.[242] Es ist diese *Lokalgewalt*, welche auf den Tributbringerzügen dann dem assyrischen Grosskönig zum Beweis der Loyalität der Untertanenfürsten *zugetragen* wird.

Die damit über die Ikonographie isolierter Stadtdarstellungen gewonnenen, mit dem Bild einer "Stadt" verbundenen Konnotationen von unangreifbarer Macht, Sicherheit verleihender Schutzmacht, fürstlicher Herrschaft können noch durch einen kurzen Blick auf die Semantik des hebr. Wortes עיר gestützt werden.

---

[241] PATERSON, Assyrian Sculptures Pl. 55f; HALL, Babylonian and Assyrian Sculpture Pl. XXXVII. Eine schöne Farbphotographie dieses Reliefs bietet READE, Assyrian Sculpture 43 Fig. 61. Die "Stadt" wird ebd. als "model of a fortress" identifiziert; um eine Mauerkrone (s.o. 2.2.a) kann es sich kaum handeln, da die Stadtdarstellung dafür viel zu breit ist. Vgl. auch LAYARD, Nineveh and Babylon 444.

[242] Vgl. dazu auch den oben in Anm. 205 erwähnten Siegelabdruck aus Buseirah/Bosra!

f) Semantische Aspekte von עיר

Etymologisch scheint hebr. עיר mit der homonymen Verbalwurzel *ᶜJR* verwandt zu sein, welche "schützen, behüten" bedeutet.[243] Wenn sich auch nichts Sicheres über eine "Grundbedeutung" des Wortes sagen lässt, so sollte man doch "bei *ᶜir* an irgendeine Form von Befestigung denken. (...) Jede Siedlung, mehr oder weniger permanent bewohnt, geschützt durch die Errichtung einer 'Burg' oder einer einfachen Umwallung, kann *ᶜir* genannt werden."[244] *Schutz* und *Sicherheit* innerhalb fester Mauern oder einer einfachen Umwallung scheinen jedenfalls zu den wesentlichen Konnotationen von עיר zu gehören.[245]

Die Umwallung einer Stadt definiert diese als einen eindeutig *umgrenzten* Bereich. Man geht in eine Stadt hinein (בוא, הלך) bzw. aus einer Stadt hinaus (יצא). Man wohnt (ישב) in einer Stadt. *Innen und Aussen* sind räumlich also klar zu unterscheiden. Wer ständig in einer Stadt wohnt, gehört zu den "Leuten der Stadt" (אנשי־העיר; Gen 19,4; 24,13; Ri 6,27.28.30; 14,18; 1 Sam 5,9; 2 Sam 11,17; 2 Kön 2,19; 23,17 u.ö.) bzw. zu den "Bürgern der Stadt" (ישבי־העיר; Dtn 13,14.16; Jer 21,6 u.ö.). Wer in eine Stadt kommt, untersteht der besonderen Gerichtsbarkeit *dieser* Stadt (vgl. die Asylstädte), kann aber auch den besonderen Sitten *dieser* Stadt ausgeliefert sein (vgl. Gen 19; Ri 19), weshalb man sich gelegentlich nur zögernd in eine Stadt begibt (vgl. auch die Erzählungen von der Verführung der Ahnfrau Gen 12,10-19; 20; 26,1-11). Ist man aber auf freiem Feld bedroht, kann man in eine Stadt fliehen und dort *Schutz* finden; dies gilt ganz besonders in Kriegszeiten (vgl. Jos 10,20; Lev 26,25; Jer 4,5; 8,14; 35,11).

Dass man sich die von Ezechiel zu zeichnende "Stadt" als eine *befestigte* zu denken hat, ist klar, da sie belagert werden muss; wenig befestigte Siedlungen werden nicht belagert, sondern sofort im Sturm genommen. Befestigte Städte können im Hebr. durch verschiedene näherbestimmende Ausdrücke charakterisiert werden: עיר בצורה "unzugängliche Stadt" (Jes 27,10; 2 Sam 20,6); עיר מבצר "stark befestigte Stadt, Festungsstadt" (Jos 19,29; 1 Sam 6,18; 2 Kön 3,19; 10,2; 17,9; 18,8 u.ö.); עיר חומה "ummauerte Stadt" (Lev 25,29f); ערים בצרות חומה "ummauerte Festungsstädte" (Dtn 3,5); עיר דלתים ובריח "Stadt mit Toren und Riegeln" (1 Sam 23,7); oder einfach עיר גדלה "grosse Stadt" (Jos 10,2; Jer 22,8; 1 Kön 4,13 u.ö.).

Dass befestigte Städte als *mächtig* empfunden werden können, zeigen deutlich Texte, welche die in Kanaan einwandernden, ärmlichen, wenig gerüsteten Israeliten den Städten

---

[243] Vgl. STAMM, Ein ugaritisch-hebräisches Verbum 5-9; HAL III 776.

[244] A.R. HULST in THAT II 268f; vgl. auch H. STRATHMANN in ThWNT VI 522; S. HERRMANN in BHH III 1847; WALLIS, Die Stadt 133; E SHEL, The Semantics of the Word *ᶜir* 327-341.423f; ROST, Die Stadt im Alten Testament 129-131. Herrn Prof. Eckart OTTO (Osnabrück) danke ich für die freundliche Zusendung einer Vorabdruckkopie seines Artikels עיר für ThWAT VI/1-2 (Spalten 43-60). Vgl. ebd. 47:"Die Befestigung ist semantisches Proprium, das mit *ᶜir* bezeichnete Siedlungen von unbefestigten Siedlungen abhebt."

[245] Manche Autoren nehmen gar eine Verwandtschaft von hebr. עיר "Stadt" und bibl.-aram. קיר "Mauer, Wand" (vgl. hebr. קריה "Stadt" im Sinne einer ummauerten Siedlung) an und postulieren einen Konsonantenwechsel von hebr. *ᶜ* zu aram. *q*. Allerdings kann hebr. עיר auch nomadische Siedlungen (1 Sam 15,5; 30,29) bzw. Siedlungen in der Steppe (Jes 42,11 neben חצרים) bezeichnen, bei denen wir wohl kaum mehr als eine notdürftig schützende Umhegung voraussetzen dürfen; vgl. dazu THAT II 268; HAL 776f.

Kanaans gegenüberstellen: Die Städte sind "befestigt und sehr gross" (Num 13,28), "gross und himmelhoch befestigt" (Dtn 1,28; 9,1; vgl. 3,5; 6,10) und erschrecken das Volk zunächst derart, dass es nach Ägypten zurück will. Nur durch Wunder oder Kriegslisten können solche Städte in die Hand der Israeliten gefallen sein (vgl. Ri 1,22-26; Jos 6,1-21; Jos 7,1-8,29; Jos 9,1-27).

"Da die Stadt gewöhnlich auf einer Bodenerhöhung, einer Bergkuppe, lag oder wenigstens auf einem Bergvorsprung aufgebaut wurde, so zog der Weg im Tal vorbei, und wenn man in die Stadt hineingehen wollte, musste man vom Weg abweichen und die kleine Stichstrasse den Hang hinaufsteigen, die zum Stadttor führte [vgl. 1 Sam 9,11]. (…) So zog der Verkehr an der Stadt vorbei. Die Stadt verschloss sich ihm voll vorsichtigen Misstrauens. Vom Wege aus muss eine so trutzig umwehrte Stadt einen stolzen Anblick gewährt haben."[246]

Städte können auch durch ihre besondere Beziehung zum Königtum als Orte von *Macht und Herrschaft* verstanden werden (vgl. עיר הממלכה in 1 Sam 27,5 und עיר המלוכה in 2 Sam 12,26). *Jerusalem*, die Residenzstadt JHWHs und des judäischen Königs, ist für einen Judäer "die Stadt" schlechthin (vgl. 2 Sam 15,25; 1 Kön 8,44.48; Jer 8,16; Klgl 1,19; 2,12; Ez 7,23; 9,4.9; Mi 6,9; Zef 3,1; Neh 2,3; 11,9[?]). Jerusalem ist gewissermassen die "schützende Decke" (?, מסך) Judas (Jes 22,8). Es ist eine wohlgebaute, fest zusammenhaltende Stadt; man darf sich innerhalb seiner Bastionen Heil und sorglose Sicherheit in seinen Palästen wünschen (Ps 122,3.7). Der Psalmist kann zuversichtlich dazu auffordern, die Türme (מגדלים) Jerusalems zu zählen, seine Bastionen (Glacis?; חיל) zu betrachten und seine Paläste (ארמנות) zu bestaunen (Ps 48,13f; vgl. Jes 33,18). "Wir haben eine starke Stadt", singt noch ein nachexilisches Jerusalemlied (Jes 26,1).

Es ist nicht erstaunlich, dass man im AT neben königskritischen und sozialkritischen Texten auch spezifisch stadtkritische findet, gehen doch "Stadt und menschliches Sicherheitsstreben, Herrentum, Machtkonzentration und Auflehnung gegen Gott"[247] nicht selten zusammen. Dazu braucht man nicht unbedingt Gen 11,1-9 zu bemühen. Besonders die Sozialkritik der Propheten ist gegen die Stadt und ihre Verderbnisse gerichtet (Am 4,1-3; Mi 6,9-14; Jes 3,16-24; 5,8-25; Hab 2,12 usw.). Die durch Mauern geschützte Stadt kann die Israeliten zur Selbstsicherheit, d.h. nach dtr Theologie zum Abfall von JHWH, verleiten (Dtn 28,52). Der Reiche fühlt sich in seinem Besitz geborgen wie im Schutz einer festen Stadt (Spr 10,15).

Das Bekenntnis des Psalmisten, wonach "der Wächter umsonst wacht, wenn nicht JHWH die Stadt behütet" (Ps 127,1), formuliert bewusst überhöhend und setzt voraus, dass die bewachten Mauern einer Stadt ihren Bewohnern auch schon ein ganz gehöriges Sicherheitsgefühl geben konnten. Und wenn Sach 2,9 JHWH als "feurige Mauer" für Jerusalem beschrieben wird, das deshalb keiner anderen Mauern mehr bedarf, so wird damit wiederum die Sicherheit, welche eine solche "Stadt par excellence" bieten kann, unterstrichen. *"Stadt" konnotiert primär "Sicherheit"*.

---

[246] ROST, Die Stadt im Alten Testament 130f. Es gehört zu den stereotypen Bildern der *Fluchzeit*, dass dann die Stadt zur Ruine wird (Lev 26,31.33; Jes 6,11; 24,10.12; 25,2; Jer 22,5; Klgl 2,5 u.ö.).

[247] A.R. HULST in THAT II 270.

2.3. Folgerungen für das Verständnis der Stadtdarstellung von Ez 4f

Wir haben festgestellt, dass der *Bildinhalt* "Stadt" (mit zinnenbewehrter Mauer, Türmen und in der Regel einem Tor) einerseits stolze, unbezwingbare Macht und Selbstsicherheit signalisieren, anderseits als Schutzsymbol von geradezu numinoser Qualität fungieren kann. In den Stadtmodellen ist uns die "Stadt" als Machtattribut von Kleinkönigen, als Zeichen ihrer Lokalgewalt begegnet. Schliesslich hat ein Blick auf den *Begriff* עיר "Stadt" gezeigt, dass dieser (solange er nicht in einem spezifischen Fluchzeitkontext erscheint) wesentlich Sicherheit und Schutz, häufig aber auch Befestigung, Stärke, Uneinnehmbarkeit konnotiert. Was lässt sich daraus nun für die Bedeutung und Funktion der Stadtdarstellung am Ausgangspunkt der von Ez 4f geschilderten Zeichenhandlung folgern?

Zur Beantwortung dieser Frage ist die konkrete politische Situation in den letzten Jahren vor 587, in der Ezechiels Bild ein Zeichen sein soll, noch einmal kurz in Erinnerung zu rufen.[248] Die Jerusalemer Führung unter König Zidkija hegt Aufstandspläne gegen Babylon; unter den Exulanten von Tel-Abib werden Rückkehrhoffnungen geschürt für den Fall, dass der Aufstand erfolgreich verlaufen sollte. Jeremias Brief, der die Exulanten dazu auffordert, sich auf ein längeres Exil einzurichten, provoziert ein flammendes Protestschreiben nach Jerusalem (Jer 29). "Le grand espoir des déportés, c'est que Jérusalem n'a pas été détruite. Encouragés par certains prophètes [vgl. Jer 29,8f!], ils voient dans la ville épargnée le gage de leur prochain retour au pays."[249] Möglicherweise mobilisieren die Aufstandsbefürworter in Jerusalem, vielleicht aber auch ihre Kontaktleute unter den Exulanten und gerade die "Heilspropheten" (vgl. Jer 27,14.16; 28,2-4.11) aus propagandistischem Interesse die bekannten Jerusalemer Kulttraditionen von der Uneinnehmbarkeit der Gottesstadt und der Unverwundbarkeit des Zion.[250]

Ezechiels Stadtbild konnte, für sich allein genommen, hier anschliessen und einer uneingeschränkt *positiven* Deutung der "Stadt" offenstehen. Es holt die Adressaten (und Gegner) des Propheten dort ab, wo diese stehen: bei ihrem Vertrauen auf die Sicherheit und Unbezwingbarkeit einer (vermeintlich) uneinnehmbaren Stadt, welche für eine selbstsichere, zudem noch durch ein Bündnis mit Ägypten (vermeintlich) gestärkte Lokalgewalt als schutzmächtige

---

[248] Vgl. oben 1.3.c!

[249] AMSLER, Les actes des prophètes 27.

[250] Vgl. dazu etwa STECK, Friedensvorstellungen 13-25.28.30.43f.54-56 u.ö. Auch FOHRER XXI (vgl. ebd. 70) vermutet, Ezechiels Verkündigung habe u.a. den Zweck, unter den Exulanten "das leichtfertige und trügerische Vertrauen auf die Unantastbarkeit Jerusalems...zu zerstören" (vgl. FOHRER, Hauptprobleme 223; DERS., Propheten III 13; zurückhaltender LANG, Kein Aufstand 160).

Garantie ihrer Stärke gilt. Allerdings wird die Stadtdarstellung vorerst noch nicht mit Jerusalem identifiziert. Sie fokalisiert zunächst nur all die positiven Konnotationen, welche Ezechiels Adressaten mit der Vorstellung einer Stadt, ganz besonders aber mit Jerusalem, "der Stadt" par excellence, verbinden. Sie bildet für den Propheten den Anknüpfungspunkt, auf den die Befürworter eines Aufstands wie auch alle anderen Exulanten, die sich eine baldige Rückkehr nach Jerusalem erhoffen, ihre Überzeugungen und Hoffnungen projizieren können. Nichts an der isolierten Stadtdarstellung weist in eine negative, bedrohliche Richtung.

Ezechiel eröffnet seine Zeichenhandlung mit einer äusserst geschickten Strategie. Anstatt sofort mit einer polemischen Predigt gegen die Aufstandsoptimisten loszuschiessen (womit er seine Gegner wahrscheinlich nur in deren Meinung bestärkt hätte, diesem Mann zuzuhören lohne sich nicht), setzt er mit einem stummen Bild ein, dessen positive Symbolkraft den Adressaten gerade entgegenkommen musste.

Abb. 15 Befestigter Belagerungswall mit assyrischen Kriegern, darüber angreifende assyrische Bogenschützen und Schildträger sowie Flüchtlinge, welche die eroberte Stadt verlassen; fragmentarische Stadteroberungsszene auf einem Palastrelief im Südwestpalast Sanheribs in Ninive/Quyunǧiq (in situ).

3. "...UND BELAGERE SIE!"

Die eben gegebene Beschreibung und Deutung des Auftaktes der Zeichenhandlung von Ez 4f muss zugegebenermassen hypothetisch bleiben, da ja der
Text zwischen Ez 4,1 und 4,2 keine Zäsur macht. Immerhin muss das Einritzen
einer "Stadt" auf den Lehmziegel der modellartigen Inszenierung ihrer Belagerung zeitlich vorausgegangen sein, und die Herstellung des Ausgangsbildes
wird schon für sich allein genommen die Frage "Was tut der da?" (vgl. Ez
12,9) provoziert haben.

Versuchen wir nun, die Bedeutung des Bildinhalts der Fortsetzung der
prophetischen Zeichenhandlung, nämlich der "Belagerung" der gezeichneten
"Stadt", zu rekonstruieren!

3.1. Die Belagerungsanlagen

Auf das Einritzen der "Stadt" auf den Lehmziegel folgt die modellartige
"Belagerung", welche durch die Nachbildung typischer Elemente einer Gross-
belagerung (Wall, Sturmrampe, Heerlager, Sturmböcke) dargestellt wird.[251]
Die Aufzählung der Belagerungsanlagen in Ez 4,2 scheint einer gewissen
militärischen Logik zu folgen[252]: Traf ein Heer vor einer feindlichen Stadt ein,
galt es diese durch eine Blockade der Versorgung und der Kommunikation von
der Aussenwelt abzuschliessen. Richtete man sich auf eine lange Belagerung
ein, geschah dies durch den Bau einer circumvallatio. Möglichst schnell musste
die Stadt angegriffen werden, so dass ihr nur wenig Zeit blieb, ihre Verteidigung gegen den konkreten Gegner zu organisieren und etwa einen Ausfall zu
versuchen. Der Aufbau von Sturmrampen geschah unter heftigem Beschuss der
belagerten Stadt durch Schleuderer und Bogenschützen.[253] Erst dann konnten
auch die für eine längere Belagerung notwendigen Heerlager errichtet werden.
Wurden die Sturmböcke über die hölzernen Bahnen gegen die Stadtmauern
geschoben, ging die Belagerung bereits ihrem Ende entgegen und stand der Fall
der Stadt unmittelbar bevor.

---

[251] Vgl. oben 2.1.b!

[252] In Ez 21,27 ist gerade umgekehrt zuerst vom Aufstellen der Sturmböcke, dann(!) vom
Aufschütten der Rampe und erst zuletzt vom Bau des Belagerungswalles die Rede.

[253] Den Bau von hölzernen Pisten für die Sturmböcke (vgl. Jer 6,6) stellt ein unveröffentlichtes, nur durch eine Originalzeichnung LAYARDs bekanntes Palastrelief Sanheribs in Ninive dar (Or.Dr. V 53.55; die Erlaubnis zur Einsichtnahme in die Or.Dr.-Bände verdanke ich
J.E. READE, British Museum). Nicht selten dürften für den Aufbau der Sturmrampen Kriegs-
gefangene eingesetzt worden sein; vgl. den Hinweis auf FRONTINs "Kriegslisten" (I 4,1f) bei
EPH^CAL, The Assyrian Siege Ramp 63, bes. aber den eindeutigen Beleg in Sanheribs(?)
Gottesbrief (K. 6205+, Z. 18: NA'AMAN, Sennacherib's "Letter to God" 26.28; vgl. 29.35).

Bei allem Realismus sollte aber nicht übersehen werden, dass die modell-artige Inszenierung einer "Stadtbelagerung" sich auf der Ebene eines *typischen Bildes* bewegt und auch hier noch nichts auf ein bestimmtes historisches Geschehen deutet. Zwar handelt es sich um ein ad hoc hergestelltes Modell, doch wird die Belagerungssituation durch typische Indikatoren dargestellt. Vgl. dazu ein fragmentarisches Palastrelief Sanheribs (*Abb. 15*), das eine Stadt-belagerung mit einem befestigten, von assyrischen Soldaten besetzten Belage-rungswall[254] und Sturmrampen zeigt!

Das isolierte Bildelement ist zu einer *polaren* Bild*konstellation* erweitert wor-den. Nicht mehr das Motiv der (primär Sicherheit konnotierenden) "Stadt" dominiert, sondern die neuen Bildelemente mit dem Thema "Stadt*belagerung*". Die Bildkonstellation altorientalischer Stadtbelagerungsdarstellungen besteht stets aus zwei Polen mit eindeutig voneinander abgegrenzten Rollen: hier mächtige Angreifer, dort bedrängte Verteidiger. Die *Funktion* solcher Bilder ist offenkundig: sie dienen dazu, die *unaufhaltsame Siegermacht* der Angreifer zum Ausdruck zu bringen. Ebenso gut wie von Stadtbelagerungsbildern könnte man deshalb von Stadt*eroberungs*bildern sprechen. Der Betrachter des Bildes wird durch die Konstellation "Stadtbelagerung" dazu angeleitet, sich mit der angreifenden Siegermacht zu identifizieren.[255]

Bei Ezechiels Belagerungs- bzw. Eroberungsbild handelt es sich um ein Bild im dreidimensionalen Raum. Der durch die Bildkonstellation "Stadt*belagerung*" intendierte Bildinhalt ist aber auch in diesem Falle die *Eroberung* der Stadt durch eine unaufhaltsame Siegermacht. Wer die modellartige "Belagerung" Ezechiels verfolgt, wird Zuschauer einer perfekt inszenierten, folgerichtig ihrem Ziel entgegenlaufenden Kriegsoperation. Aus der Sicherheit und Schutz-

---

[254] Belagerungswall (דִּיק "circumvallatio") und Sturmrampe (סֹלְלָה) sind nicht zu ver-wechseln. בָּנָה דִּיק "einen Belagerungswall bauen" kommt ausser in Ez 4,2 noch in 2 Kön 25,1; Jer 52,4; Ez 17,17; 21,27 vor und bezieht sich dort immer auf die Belagerung Jerusalems (vgl. noch נָתַן דִּיק Ez 26,8 gegen Tyrus). דִּיק gehört somit nicht zur Standard-terminologie einer Belagerung, sondern charakterisiert eine aussergewöhnlich harte Belagerung bzw. die lang andauernde Belagerung einer aussergewöhnlich starken und widerstandskräftigen Stadt (Jerusalem wurde 587/6a rund eineinhalb Jahre lang belagert!).

In den assyrischen Königsinschriften wird ein Belagerungswall (*dajjiqu*) nur in einem von Hunderten von Belagerungsberichten genannt (BORGER, Die Inschriften Asarhaddons 104 § 68 II 8). Was bildliche Darstellungen betrifft, so sind mir nur zwei gesicherte auf Palastreliefs Sanheribs bekannt (*Abb. 15* = LAYARD II Pl. 50 = PATERSON Pl. 38 rechts [Room X-11, oberes Register] sowie LAYARD II Pl. 18 = PATERSON Pl. 39 oben [Room XII-12, unteres Register]). Vielleicht handelt es sich bei der eigenartigen, mit berg-ähnlichen Ausbuchtungen versehenen, eine belagerte Stadt umgebenden Struktur auf einem Palastrelief Tiglatpilesers III. (BARNETT/FALKNER, Sculptures...Tiglath-Pileser Pl. XLV-XLVII; vgl. die Diskussion ebd. 14) ebenfalls um einen Belagerungswall. Vgl. schliesslich auch das bei den polnischen Grabungen in Nimrud gefundene Relief NA 10/76 (SOBOLEWSKI, The Polish Work at Nimrud 270 Fig. 14, unteres Register: "Bergmuster" zu einer circumvallatio zu ergänzen?).

[255] Vgl. dazu einstweilen UEHLINGER, Das Image der Grossmächte 165-169.

macht versprechenden "Stadt" ist mit einem Male eine bedrängte, angefochtene Festung geworden. Die Adressaten Ezechiels beginnen zu zweifeln: Eben noch konnten sie in der Stadtdarstellung ein Symbol ihrer Aufstandshoffnungen erkennen. Nun aber hat sich das Schwergewicht des Bildes mittels der Bildkonstellation "Stadtbelagerung" eindeutig auf die Seite der angreifenden Eroberer verlagert. Die Identifikation der Zuschauer beginnt damit zu schwanken: Auf welcher Seite stehen sie? Bei der bedrängten "Stadt", oder auf Seiten der Sieger?

An dieser Stelle ist allerdings kurz darauf hinzuweisen, dass die altorientalischen Quellen in der Regel eine Differenzierung im Verständnis von "Angriffs-" und "Verteidigungskriegen" nicht zulassen.[256] Auch solche Kriege, die wir aufgrund der gesamtpolitischen Konstellationen mühelos als "Angriffskriege" einschätzen dürfen, etwa die neuassyrischen Expansionskriege, erscheinen in den Quellen als *Reaktionen* auf feindliche *Bedrohungen*. Das heisst, dass die ideologische Motivation von Kriegshandlungen stets von festen Stereotypen geprägt wurde, welche von der konkreten historischen Kriegssituation ganz unabhängig sein konnten.

Eines dieser Stereotypen ist die Bildkonstellation "Stadtbelagerung", die den ideologischen Wert "unaufhaltsame Siegermacht" konnotiert. Dieser Wert (damit aber auch das stereotype Motiv) konnte nicht nur von Belagerern aktualisiert und für sich in Anspruch genommen werden, sondern von irgendeiner Partei in irgendeiner Kriegssituation, ja auch in Friedenszeiten: Die stereotype Bildkonstellation "Stadtbelagerung" evoziert primär keine bestimmte historische Situation, ja vielleicht nicht einmal die militärische Rolle "Belagerer", sondern den ganz allgemeinen ideologischen Topos "militärische Stärke", "unaufhaltsame Siegermacht". Auch die Jerusalemer Aufständischen bzw. ihre Verbündeten unter den Exulanten hätten dieses Bildstereotyp zur ideologischen Bekräftigung ihres Aufstandsprojekts verwenden können, obwohl sie in der konkreten Konfliktsituation ja niemals die realpolitische Rolle von Belagerern hätten einnehmen können.

Die Bildkonstellation "Stadtbelagerung" macht es verblendeten Aufstandssympathisanten also noch nicht ganz unmöglich, sich mit dem vom Propheten inszenierten Geschehen *positiv* zu identifizieren. Denn noch deutet ja nichts darauf hin, dass mit der belagerten "Stadt" ihre eigene Stadt, Jerusalem, gemeint ist.[257] Noch können die Aufstandssympathisanten das Siegesbild (so ist die Bildkonstellation "Stadtbelagerung" ja zu verstehen) mit ihrer eigenen, optimistischen Siegeshoffnung verbinden. Allerdings müssen sie dafür ihre anfängliche Identifikation mit der "Stadt" als einem Symbol unanfechtbarer Stärke aufgeben.[258]

---

[256] Vgl. WEIPPERT, "Heiliger Krieg" in Israel und Assyrien 492.

[257] Vgl. dazu auch EICHRODT 27f.

[258] Eine andere Deutungsmöglichkeit bei FOHRER 29:"Während Ez...'Festung spielt', denken seine Zuschauer an die grausame Wirklichkeit, die ihnen selbst 598 gedroht hatte, und

178

Zusammenfassend: In Ez 4,2f wird ein isoliertes Bildmotiv zu einer polaren Bildkonstellation erweitert: hier eine "Stadt", da eine sie bedrängende "unaufhaltsame Siegermacht". Noch ist offen, wie die Rollen verteilt sind, ob das Bild konkrete historische Grössen darstellen soll - und, wenn ja, welche.

3.2. Zur Funktion der eisernen Platte

Auf die Belagerungsanweisungen folgt in Ez 4,3, durch ואתה eröffnet und damit als eigene Untereinheit abgesetzt, die Aufforderung, Ezechiel solle sich eine "eiserne Backplatte" (מחבת ברזל) nehmen, diese als "eiserne Mauer" zwischen sich und die "Stadt" stellen und seinen Blick auf die Stadt fixieren (והכינותה את־פניך אליה). Der Vers ist von verschiedenen Kommentatoren als sekundär ausgeschieden worden.[259] Die beigebrachten literarkritischen Gründe sind m.e. jedoch keineswegs zwingend, weshalb 4,3 hier dem Grundtext belassen werden soll.

Der Begriff מחבת bezeichnet eine tönerne oder metallene Platte, die zum Rösten und Backen von Brotfladen und Kuchen (vgl. Lev 2,5; 6,14; 7,9; 1 Chr 23,29) über das Feuer gelegt wurde.[260] Ausser in Ez 4,3 bezieht sich das Wort immer auf Geräte, die im Tempelkult für das Backen von Speiseopfern Verwendung fanden. Dass es sich um ein "zur üblichen Küchenausstattung des Hauses"[261] gehöriges Gerät handelte, wie ZIMMERLI sagt, ist zwar wahrscheinlich, lässt sich aber von diesen Texten her nicht eindeutig erweisen. Die Charakterisierung der מחבת von Ez 4,3 als "eiserne" Backplatte erinnert an das auf Steine gelegten, umgekehrte Backblech (*sağ*) der palästinensischen Araber.[262]

Die Verwendung einer Backplatte im Rahmen der Zeichenhandlung von Ez 4f würde weiter nicht erstaunen, wenn auf ihr das Notbrot gebacken würde, das herzustellen der Prophet in 4,9-15* angewiesen wird (s.u. 3.3.a). Doch ist an jener Stelle von der מחבת keine Rede mehr, weshalb die Platte in der Zeichenhandlung Ezechiels einen vom Backen unabhängigen, verfremdeten Verwendungszweck zu haben scheint. Was ist ihre genaue Funktion in 4,3?

---

grübeln immer noch darüber nach, warum Jahwe damals dergleichen zugelassen hat. Wahrscheinlich erwarten sie von dem neuen Propheten Trost und Stärkung. Er wird ihnen sicherlich zeigen, dass Jahwe sich nun auf die Seite Jerusalems stellt und die Belagerungsgeräte und -vorkehrungen hinwegfegt."

[259] Vgl. etwa HÖLSCHER, Hesekiel 61 Anm. 1 (metrisch unpassend und gegenüber V. 1f inhaltlich redundant); ZIMMERLI 101f.113.

[260] Vgl. DALMAN, Arbeit und Sitte IV 42f; HONEYMAN, The Pottery Vessels 84; KELSO, The Ceramic Vocabulary 23 § 51; ZIMMERLI 113f; HAL II 537b.

[261] ZIMMERLI 113; vgl. schon KEIL 44; KRAETZSCHMAR 44; BERTHOLET 24; COOKE 51 u.v.a.

[262] Vgl. DALMAN, Arbeit und Sitte III 264; IV 39-41.45-51.59-63.

Die Kommentare geben der Backplatte meist eine theologisch-symbolische Bedeutung, die jeweils einer von zwei Interpretationen der jüdischen Exegese entspricht. Die Platte wird entweder (mit Qimchi) als Symbol der Sünden des Volkes verstanden, welche wie eine Mauer zwischen Israel und JHWH aufgerichtet sei (vgl. Jes 59,2)[263], oder (mit Raschi) als Bild für die Härte, mit der JHWH die Stadt umschlossen hält.[264] "Die gegen die Stadt aufgerichtete Eisenplatte macht die Härte, mit der Jahwe gegen seine Stadt handelt, anschaulich. Härte, Undurchdringlichkeit und Unzerbrechlichkeit der Platte verbildlichen die entsprechenden Züge an Jahwes Tun."[265] Die Hauptschwierigkeit einer solchen theologischen Interpretation besteht darin, dass die "Stadtbelagerung" im bisherigen Verlauf der Zeichenhandlung noch in keiner Weise mit JHWH in Verbindung gebracht worden ist und erst recht nicht als "Jahwes Tun" identifiziert werden kann, und dass bislang auch die "Stadt" noch keineswegs als "seine Stadt" kenntlich gemacht worden ist.

Geht man vom Text von Ez 4,3 aus, so fällt auf, dass dieser der eigenartigen Szene mit der Backplatte selbst eine Deutung gibt: die Stadt "soll im Belagerungszustand sein (והיתה במצור), und du sollst sie belagern (וצרת עליה)" (4,3bβγ). Das Stichwort מצור greift auf 4,2aα zurück und ordnet das Aufstellen der Backplatte den zuvor befohlenen Belagerungshandlungen zu. Die chiastische Formulierung soll darüber hinaus deutlich machen, dass alles in bezug auf die "Stadt" Geschehende mit deren "Belagerung" zusammenhängt.[266] Eine Deutung, welche die Backplatte in dieser Funktion als zusätzliches Element der "Stadtbelagerung" versteht, dürfte deshalb einer voreilig theologisch-symbolischen Interpretation vorzuziehen sein.

Darauf weist ja nicht zuletzt auch die Charakterisierung der "eisernen Backplatte" als "eiserne Mauer". Was aus Eisen oder aus Bronze ist, gilt dem Alten Testament als undurchdringlich hart und widerstandsfähig (vgl. Jer 15,12):"Ein schon schwieriges Hindernis wird dadurch, dass es aus Eisen besteht, nahezu unüberwindlich, ein Symbol, das an sich Kraft und Stärke beinhaltet, wird...zum Sinnbild der Unüberwindlichkeit."[267] In besonderem Masse gilt dies vom literarischen Topos der "bronzenen" oder "eisernen Mauer": A. ALT hat auf dessen Vorgeschichte im Amarnabrief EA 147,52f und in ägyptischen Königshymnen der 19. Dyn. hingewiesen, wo der Pharao als "eherne Mauer", d.h. als unüberwindliche Schutzwehr seiner Untertanen und seines Heeres qualifiziert wird.[268] Im Alten Testament findet sich der Topos ausser in Ez 4,3 noch in Jer 15,20 und 1,18 (חומת נחשת) sowie in 2 Makk 1,9 (σιδηρᾶ τεῖχη). An allen diesen Stellen bezeichnet die Metapher starke, nach menschlichem Ermessen uneinnehmbare Verteidigungsmauern, die nicht durchbrochen werden können.

---

[263] Vgl. etwa HITZIG 30; EHRLICH, Randglossen V 15; KRAETZSCHMAR 44. Etwas zurückhaltender interpretiert GREENBERG 104 die Platte im Anschluss an bBer 32b als "an impenetrable barrier, representing the total severance of relation between the city and God".

[264] Vgl. SMEND 29; HERRMANN 32f; FOHRER, Die symbolischen Handlungen 48 u.v.a.

[265] ZIMMERLI 114.

[266] Das Urteil von COOKE 51, es handle sich um "faults of style" und die Sprache sei hier "redundant and inexact", ist ganz unbegründet.

[267] SINGER, Die Metalle 122; vgl. 127-132.185-190.

[268] ALT, Hic murus aheneus esto 38-42.46-48; vgl. dazu nun die ergänzenden Ausführungen von HERRMANN, Die Herkunft der "ehernen Mauer" 344-352.

Von daher muss man sich fragen, ob nicht auch die "eiserne Mauer" von Ez 4,3 als Bild für die nahezu unüberwindliche *Verteidigungskraft der belagerten "Stadt"* verstanden werden sollte.[269] Das Bild würde dann an die von der isolierten Stadtdarstellung konnotierten Werte Sicherheit, Uneinnehmbarkeit, Stärke anschliessen und die Belagerungsszene zusätzlich dramatisieren: hier eine (nach menschlichem Ermessen) uneinnehmbare "Stadt", dort die gewaltige Belagerungstechnologie einer (nach menschlichem Ermessen) unaufhaltsamen Siegermacht.

Anderseits könnte man in Erwägung ziehen, ob angesichts der ganz ausergewöhnlichen Intensität der Belagerung, bei der u.a. ein um die ganze Stadt gezogener Belagerungswall (דִּיק) errichtet wurde, die "eiserne Mauer" nicht als ein weiteres aussergewöhnliches Element der so gewaltigen Belagerungsanlagen verstanden werden sollte.[270] In diesem Falle wäre die "eiserne Mauer" nicht für die Belagerer, wohl aber *für die eingeschlossenen Belagerten undurchdringlich* und würde die Besiegelung ihrer ganz aussichtslosen Lage anzeigen.

Wie dem auch sei, eines lässt sich über die Funktion der eisernen Backplatte ganz sicher sagen: Sie schafft eine deutliche Trennung zwischen der belagerten "Stadt" und dem Propheten[271], der nun (wenn auch nur für kurze Zeit) eindeutig auf der Seite der angreifenden "Belagerer" steht, ja diese durch seinen starren Blick gegen die "Stadt" geradezu repräsentiert. Damit aber zwingt der Prophet seine *Gegner* unter den Zuschauern dazu, sich unwillkürlich mit der belagerten *"Stadt"* zu identifizieren. Hier werden also im pragmatischen Kontext der Zeichenhandlung die polaren Rollen von "Belagerern" und "Belagerten" verteilt.

Ezechiels Gegner können nicht mehr ausweichen: eben noch sahen sie sich durch das isolierte Stadtbild, vielleicht auch noch durch die von der Belagerungsszene konnotierten "unaufhaltsamen Siegermacht" in ihrem Aufstandsoptimismus bestätigt - nun aber können sie der Belagerung nicht mehr aus der Perspektive optimistischer Sieger zuschauen, sondern finden sich auf der Seite der eingeschlossenen Belagerten.

3.3. Die Begleithandlungen

Die Zeichenhandlung strebt ihrer Klimax zu. "Ein Zeichen sei dies (אוֹת הִיא) für das Haus Israels" (4,3bδ). Jetzt wird es ernst. Der "2. Akt" und der "3. Akt" der Zeichenhandlung wollen den Aufstandsbefürwortern in drastischen Bildern die katastrophale Ausweglosigkeit ihrer Position vor Augen führen.

---

[269] Vgl. schon EWALD 361.

[270] Vgl. JAHN 26; HEINISCH 41f; HERRMANN 32; FUHS 33. AMSLER (Les actes des prophètes 52) bezeichnet die Backplatte als "une sorte de blindage de fer - le dernier cri de l'armement".

[271] Vgl. HITZIG 30; SMEND 28.

a) Notnahrung

Die Rede- bzw. Handlungseinheit 4,9-15* wird wiederum durch וְאַתָּה eröffnet. Die Aufforderung קַח־לְךָ stellt die Einheit strukturell auf dieselbe Ebene wie 4,1-3* und 5,1-2*.[272] Die Einführung neuer Requisiten eröffnet einen neuen, den "2. Akt" der prophetischen Zeichenhandlung. Ezechiel wird aufgefordert, Weizen und Gerste, Bohnen und Linsen, Hirse und Emmer in einem einzigen Gefäss zu vermengen und sich daraus Brot zu machen. Charakteristisch für diese Nahrung ist einmal das Vermischen von Ungleichartigem, dann dessen genaue Rationierung, schliesslich eine höchst anstössige, den Reinheitsnormen krass widersprechende Bedingung für das Backen des Brotes. Allen drei Aspekten ist gemeinsam, dass sie die Grenzsituation der lang andauernden Belagerung mit ihrer Verknappung von Lebensmitteln und Brennmaterial und mit ihrer notgedrungenen Infragestellung normaler Verhaltensweisen voraussetzen.

Die Kommentatoren nehmen in diesem Textabschnitt verschiedentlich Umstellungen vor, um einen logischeren Geschehensablauf zu rekonstruieren. Besonders die VV. 10-11, die von der Rationierung von Brot und Wasser handeln, werden gerne ans Ende der Sequenz, hinter die VV. 9a.12b.14f verschoben, wo erst von der Herstellung des Brotes die Rede ist.[273] Allerdings bleiben diese Autoren in der Regel die Erklärung schuldig, wie es zum jetzt vorliegenden "gestörten" Text gekommen ist. Da wir es nicht mit einem narrativen Text zu tun haben, kann eine zeitlich absolut logische Geschehenssequenz nicht als für das Textverständnis unabdingbar notwendig postuliert werden.[274] Am inhaltlichen Verständnis der Zeichenhandlung ändert die Umstellung der VV. 10-11 nichts. Für die Eliminierung der VV. 12.14-15 als sekundäre Erweiterungen[275] sehe ich ebenfalls keinen zwingenden Grund.[276]

---

[272] Diese Beobachtung hat die Kommentatoren seit HÖLSCHER (Hesekiel 61f) immer wieder dazu angeleitet, in Ez 4f* eine dreiteilige Zeichenhandlung <Anfang der Belagerung - Höhepunkt der Belagerung - Einnahme der Stadt> zu erkennen. HÖLSCHER selbst nahm dies zum Anlass, geradezu ein dreistrophiges Gedicht zu rekonstruieren (ZIMMERLI 102:"etwas hoch gegriffen"). Vorausgesetzt wurde, dass die authentischen Worte des Propheten poetisch gebunden vorgetragen bzw. niedergeschrieben worden seien (vgl. dazu LANG, Kein Aufstand 176f). Dass dabei inhaltlich zahlreiche Finessen der Zeichenhandlung auf der Strecke bleiben mussten, wäre vorauszusehen gewesen. Die hier vorausgesetzte Rekonstruktion des Grundtextes sieht deshalb von metrischen und anderen poetischen Gesichtspunkten ganz ab und versucht, die Logik des Textes für einmal aufgrund der sukzessive ineinandergreifenden Bildstrukturen zu erheben.

[273] Vgl. BERTHOLET 27; FOHRER, Hauptprobleme 37.80; FOHRER 32 u.v.a.

[274] Vgl. aber HERRMANN 38 für den Versuch einer sinnvollen Deutung der vorliegenden Versfolge!

[275] Vgl. etwa MAY 89; ZIMMERLI 125-127 (inhaltliche Begründung: Thema der Unreinheit ist mit V. 13 gegenüber den VV. 9-11 neu; formal: Zwiegespräch als eigene, neuartige Gattung).

[276] Die Verse erhalten erst durch V. 13 eine auf das Exil bezogene Deutung, lassen sich

182

Ezechiel soll sechs verschiedene Arten von Getreide und Hülsenfrüchten in einem Gefäss untereinander vermengen. Die Anweisung zur bewussten Vermengung von Ungleichartigem ist angesichts der diesbezüglichen grossen Zurückhaltung alttestamentlicher Gesetzestexte (vgl. Lev 19,19; Dtn 22,9-11) erstaunlich. Nicht der Gedanke der Unreinheit ist hier aber entscheidend, wie im Anschluss an den nicht zum Grundtext gehörenden V. 13 immer wieder vermutet wurde[277], sondern derjenige des von Nahrungsmittelknappheit und Hungersnot verursachten *Beimischungszwangs*: nach langer Belagerung kratzt man alle noch auffindbaren Reste zusammen, um sich daraus etwas Letztes zuzubereiten.[278] Nach 4,12a hat dieses Notbrot den sonst üblichen Gerstenkuchen zu ersetzen.[279]

Die VV. 10-11 unterstreichen die vorausgesetzte Nahrungsmittelknappheit: Der Prophet soll Brot nur zu 20 Schekeln (ca. 230 g) pro Tag, Wasser nur zu 1/6 Hin (ca. 0,45 l?)[280] pro Tag rationiert zu sich nehmen, und er soll davon nur "von Zeit zu Zeit" (עד־עת מעת)[281] essen und trinken. Letzteres bringt die Situation der Hungersnot noch einmal verschärft zum Ausdruck.

Da in einer lange belagerten Stadt nicht nur die Nahrungsmittel, sondern auch Brennmaterialien fehlen, wird Ezechiel auch noch angewiesen, sein Notbrot "auf Menschenkot (בגללי צאת האדם[282]) zu backen vor ihren Augen

---

aber unabhängig von V. 13 problemlos im Rahmen der Belagerungssymbolik des Grundtexts verstehen.

[277] HITZIG 33; SMEND 31; B ERTHOLET 28; KRAETZSCHMAR 50f; HEINISCH 44f ("Der Prophet kündigt also an, dass der fromme Israelit Gewissensnöte [sic!] haben werde"); HERRMANN 37.

[278] KEIL 49; JAHN 28; COOKE 54; ZIMMERLI 124f. Vgl. FOHRER, Die symbolischen Handlungen 15:"Dem Herstellen und Rationieren des Brotes in Ez 4,9-17 entspricht eine während der Belagerung von Ephesus durch die Perser vorgenommene Handlung. Als die Nahrungsmittel knapp wurden, nahm Heraklit auf einer Versammlung Gerstengrütze, mischte sie mit Wasser und ass den Brei, wonach das Volk die 'stillschweigende Lehre' beherzigte."

[279] Zu hebr. עוג vgl. GÖRG, Ezechiels unreine Speise 22f. GÖRG nimmt ebd. eine von KRAETZSCHMAR 52 u.a. vorgeschlagene Umvokalisierung von שְׂעֹרִים zu שְׂעָרִים (vgl. Jer 29,17) auf und erwägt "wenigstens eine klanglich-semantische Einwirkung" des letzteren, was das karge Mischgebäck eindeutig als "Scheusalskuchen" disqualifizieren würde. In bErub 81a ist von einem zur Zeit R. Samuels (Nehardea, 3. Jh. p) durchgeführten Experiment die Rede, wonach ein entsprechend der Anweisung von Ez 4,9 bereitetes Brot, da ungeniessbar, vor die Hunde geworfen worden sei (nach GREENBERG 106 hätte es selbst ein Hund nicht angerührt)!

[280] Vgl. G. SCHMITT in BRL[2] 205.

[281] Verschiedene Interpretationen von עד־עת מעת sind vorgeschlagen worden:"...nach den täglichen Mahlzeitsstunden in Portionen verteilt, so dass er [d.h. der Prophet] nie ganz satt wird" (KEIL 50); "in Abständen von 24 Stunden" (KRAETZSCHMAR 50 im Anschluss an Qimchi; HERRMANN 28; COOKE 55). Notverschärfend ist die Bestimmung auf jeden Fall.

[282] צאת mit FOHRER (Studien 213) und FREEDY (Glosses 136; vgl. 150) als eine sekundär eingetragene Glosse ("lexikalische Glosse" bzw. "interlinear explanation") zu בגללי האדם zu verstehen, ist nicht notwendig.

(לעיניהם)" (4,12b). Der Text spezifiziert nicht, ob der Brotfladen auf der vorher verwendeten Backplatte[283] oder direkt im Feuer (bzw. in Kohlen und Asche) gebacken werden soll. Die Septuaginta, die עגת שערים mit ἐγκρυφίας κρίθινος als "in Asche gebackener Gerstenkuchen" wiedergibt, hat offenbar an letzteres gedacht. Brotbacken direkt im Feuer illustriert vielleicht ein spätassyrisches Relief aus dem Nordpalast Assurbanipals in Ninive.[284] Die Nahrung käme in diesem Fall unmittelbar mit dem unreinen Brennmaterial in Berührung.[285]

Dies ist nun aber für den Priester(!) Ezechiel eine offenbar nicht mehr zumutbare Übertretung ritueller Reinheitsnormen. Die Kommentatoren verweisen zur Erklärung dieser Stelle gerne auf Dtn 23,13-15, wo menschliche Exkremente als unrein bezeichnet werden (und deshalb ausserhalb des Lagers zu lassen sind; vgl. auch Lev 5,3; 7,21). Ezechiels Einwand steht aber auf einer anderen Ebene als der Befehl JHWHs[286]: er spricht von verbotenen Fleischkategorien, wo von Notbrot auf Menschenkot die Rede war. Der Priester situiert das Problem in den ihm vertrauten Kategorien der Reinheitsbestimmungen (vgl. Ex 22,30; Lev 7,15; 17,15.18; 19,7; Dtn 14,21; Ez 44,31; vgl. Apg 10,14). Die skandalöse Zumutung von JHWHs Befehl wird dadurch nur noch deutlicher hervorgehoben.

Der spontane Protest des Propheten hat Erfolg. JHWH erlaubt ihm Rindermist anstelle von Menschenkot, was nun allerdings viel weniger aussergewöhnlich ist, obwohl man auch Rindermist vor allem als Heizmittel, nicht aber als Brennmaterial beim Backen verwendet haben dürfte.[287] Zum ersten (und, was den Grundtext betrifft, einzigen) Mal wird damit die Drastik des Belagerungsbildes relativiert. Das Zwiegespräch soll jedoch vermutlich zum Aus-

---

[283] So HERRMANN 37; FOHRER 32f. Da die Belagerung aber noch unvermindert andauert, dürfte die מחבת weiterhin dafür in Gebrauch geblieben sein.

[284] GADD, The Stones of Assyria 178 mit Pl. 49; BARNETT, Sculptures of the North Palace of Ashurbanipal 59 mit Pl. LXVIe. Das Fragment gehört wahrscheinlich zur Hamanu-Sequenz aus Raum S¹, die u.a. verschiedene Gruppen von essenden, trinkenden und schwatzenden elamitischen Deportierten zeigen. Es ist von daher wahrscheinlich, dass die kleine Feuerszene mit der Nahrungsherstellung zusammenhängt und die runden Fladen somit Brotfladen und nicht etwa Dungkuchen als Brennmaterial darstellen, was der lakonische Kommentar von BARNETT (aaO. 59:"women [sic] light a fire") intendieren könnte. Allerdings dürfte die Darstellung nicht naturalistisch zu verstehen sein, da Brotfladen in hoch loderndem Feuer verkohlen würden und damit ungeniessbar wären.

[285] Vgl. ZIMMERLI 96. Von hier wäre es nur noch ein kleiner Schritt zum "Essen von Kot und Trinken von Urin" (2 Kön 18,27 par Jes 36,12), einer letzten, das unausweichliche Todesschicksal signalisierenden Fluchzeithandlung (vgl. dazu XELLA, "Mangiare feci e bere orina" 37-51).

[286] Vgl. COOKE 56:"The exaggerated language betrays the prophet's consternation at the mere thought of such defilement."

[287] Vgl. DALMAN, Arbeit und Sitte IV 18-21.30.32.

druck bringen, dass trotz dieses dramaturgischen Entgegenkommens eigentlich das Allerletzte intendiert ist, eine äusserste Notsituation. Die Endphase der Belagerung, in der so fundamentale Ordnungen wie die priesterlichen Reinheitsvorschriften in Frage gestellt werden und schliesslich zerbrechen, wird als eine *Fluchzeit* typisiert (vgl. das Liegen in Mist als Charakteristikum der Fluchzeit in Klgl 4,5b).

b) Scherung und Haarsymbolik

Hat sich der Prophet schon durch die karge Notbrotprozedur physisch mit dem Schicksal der eingeschlossenen Stadtbewohner identifiziert, so tut er dies in der zweiten, in Ez 5,1-2 geschilderten Begleithandlung in noch stärkerem Masse. Erneut signalisiert einleitendes ואתה, dass hier eine neue Untereinheit vorliegt. קח־לך markiert wiederum die Einführung neuer Requisiten und damit den Beginn eines neuen, nunmehr des "3. Aktes" der Zeichenhandlung. בן־אדם fand sich bisher erst ganz zu Beginn der Perikope in 4,1 und verleiht der hier folgenden Episode ganz besonderes Gewicht.

Ezechiel soll ein "scharfes Schwert" (חרב חדה) nehmen, es als "Schermesser" (תער הגלבים) benutzen[288] und sich damit Haupt- und Barthaar abrasieren (womit er erneut gegen die Regeln priesterlichen Verhaltens verstossen wird, vgl. Lev 19,27f; 21,5; Ez 44,20). Soll dieses Kahlscheren die demütigende Behandlung von Kriegsgefangenen oder einen Klagegestus darstellen?

Für ersteres könnte man auf Jer 2,16 (vgl. auch Jes 3,17) verweisen, wo allerdings nur vom Kahlscheren des Scheitels die Rede ist. 2 Sam 10,4f schildert, wie die von David zu Hanun von Ammon gesandten Boten gedemütigt wurden, indem man ihnen eine Hälfte des Bartes und eine Hälfte ihrer Kleider abschnitt. In Jes 15,2; Jer 48,37; Mi 1,16 wird das Scheren von Haupthaar und Bart (vgl. Jer 7,29; Ez 7,18 nur Haupthaar, Jer 41,5 nur Bart) dagegen eindeutig als Trauergestus dargestellt. Das Abnehmen des Bartes ist auch im Gilgameschepos als Trauergestus belegt.[289] Somit dürfte der Aspekt des Entsetzens und der Klage in Ez 5,1 überwiegen.

---

[288] Dass der Satz תער הגלבים תקחנה לך die Bestimmung des Schwertes expliziert, reicht für sich allein genommen nicht aus, um ihn mit HÖLSCHER (61 Anm. 3), ZIMMERLI 128, FREEDY (Glosses 150) u.a. als Glosse zu entfernen.

[289] Tafel VIII, II 21 (ANET 88a). Dagegen dürfte *psltm bjᶜr jhdj* in KTU 1.5 = CTA 5 = UT 67 = I*AB VI 18f; KTU 1.6 = CTA 6 = UT 62obv.+ = I AB I 2f gegen GIBSON (Canaanite Myths and Legends 73f) nicht das Abschneiden des Bartes bezeichnen, da es sowohl von El als auch von Anat ausgesagt wird, sondern das Abschneiden von Zöpfen (so CAQUOT/ SZNYCER/HERDNER, Textes ougaritiques 251 und 252 mit Anm. i) oder Schläfenlocken (so K.-H. BERNHARDT in RTAT 233).

Vielleicht darf man die Alternative aber nicht in ausschliessendem Sinne formulieren und sind die Demütigung des Kriegers und der Trauergestus, beides Aspekte einer tödlichen Realität, zusammenzusehen, wie in Jes 7,20 das Scheren von Haupt-, Scham- und Barthaaren sowohl die vollständige Entblössung im Sinne der kriegerischen Eroberung, Entvölkerung und Demütigung des ganzen Landes als auch die Trauerklage darüber bezeichnen dürfte.[290] Jedenfalls weist die Scherung nach der Notbrotepisode nun endgültig auf den katastrophalen Ausgang der "Stadtbelagerung" hin.

Die abgeschnittenen Haare soll der Prophet dann mittels einer Waage zu drei gleichen Teilen abwägen.[291] Das erste Drittel ist "im Feuer inmitten der Stadt" (באור בתוך העיר[292]) zu verbrennen. Der Text präzisiert, dass damit die Zeit der "Belagerung" zu Ende gekommen ist (5,2aγ: כמלאת ימי המצור[293]), was wohl heisst, dass das Verbrennen dieses Drittels der Haare die Einnahme der "Stadt" und den Tod der während der Belagerung verhungerten und der im Endsturm innerhalb der Mauern umgekommenen Bewohner symbolisiert. Die Deutung der Zeichenhandlung in 5,12a spricht von "Hunger und Pest" (vgl. Ez 6,12c; 7,15a; Klgl 4,9 sowie Klgl 5,10:"Unser Leib glüht wie ein Backofen vor lauter Hungerqualen").[294]

Das zweite Drittel der Haare soll der Prophet mit dem Schwert rings um die Stadt schlagen: Hiermit dürfte das Ende der im Kampf um die Stadt gefallenen, durch das Schwert Getöteten gemeint sein (vgl. die entsprechende Deutung in 5,12aγ sowie נפל בחרב "durch das Schwert fallen" in Ez 6,11f; 11,10; 17,21; 24,21; 25,13; 30,5.17; 32,22-24; 33,27; 39,23; vgl. 32,12; הרג בחרב "mit dem Schwert niedermachen" in Ez 23,10; 26,8.11; 32,12; vgl. 26,6; sowie מות חרב "durch das Schwert sterben" in Ez 7,15 usw.).[295]

---

290 AMSLER (Les actes des prophètes 28; vgl. schon KRAETZSCHMAR 54) erwägt die Möglichkeit, dass Ezechiels Zeichenhandlung bewusst an Jes 7,20 anknüpfte.

291 "Zerteilen, Zählen, Wägen sind Gerichtsvorgänge (Dan 5,26ff)" (ZIMMERLI 130).

292 Es besteht kein Anlass, in 5,2aβ בתוך העיר und in 5,2bβ סביבותיה mit HÖLSCHER (Hesekiel 61 Anm. 3), FOHRER (Studien 213), ZIMMERLI 128 u.a. als deutende Glossen zu verstehen. BERTHOLET 30 und KRAETZSCHMAR 54f haben wohl richtig gesehen, dass sich das בתוך העיר auf das Verbrennen der Haare mitten *über* der Stadtdarstellung, d.h. innerhalb des Belagerungswalls bezieht (vgl. auch FOHRER 35 Anm. 2; GREENBERG 108).

293 Das Stichwort מצור "verklammert 5,1-4 zeitlich mit [Kap.] 4"; dies ist jedoch kein Grund, 5,2aγ mit HERRMANN 38 als Glosse auszuscheiden.

294 Vgl. allerdings AMSLER, Les actes des prophètes 29:"La description est si transparente qu'on est presque déçu d'en trouver plus bas le déchiffrement (v. 12-13a). Cette finale a des chances d'être une adjonction secondaire, destinée aux lecteurs benêts qui n'auraient pas compris tout de suite!"

295 Vgl. auch die Wendung הביא חרב על "das Schwert über jemanden bringen" (stets mit JHWH als Subjekt) in Ez 5,17; 6,3; 11,8; 14,17; 29,8; 33,2 und das ganz unheimliche "Schwertlied" in Ez 21,13-22!

Das letzte Drittel wird in den Wind zerstreut: dies stellt die ins Exil deportierten Gefangenen (vgl. 5,12b und 17,21) dar. Alle drei Drittel, d.h. sämtliche Bewohner der eroberten "Stadt", werden dem Grundtext zufolge in dieser Katastrophe verloren gehen.[296]

Nach W.G.E. WATSON[297] findet sich zu den beiden Zeichenhandlungen Notbrot und Scherung eine Analogie in einem neuassyrischen Beschwörungsritual, wo für den Fall, dass jemand von der "Hand des *eṭemmu*-Totengeistes" oder anderer Dämonen gepackt, von Epilepsie oder anderen ausbruchartigen Krankheiten befallen wurde oder in noch anderer Weise "Zorn von Gott und Göttin" auf ihm lastet, u.a. die Durchführung der folgenden Ritualhandlung empfohlen wird:[298]

A Ia 14 1 *qâ* [neuass. 1,84 l] Holzkohlenbrot (*kamān tumri*) bringst du zur Pferch eines Hirten und gibst es dem Hirten. Ein noch unbesprungenes Zicklein kaufst du (dafür). Tamariske 15 lässt du sie einen ganzen Tag fressen. In der Nacht fegst du das Dach[299], versprengst reines Wasser. Vor Ischtar stellst du ein Tragaltärchen auf, 16 schüttest Datteln und Feinmehl hin. Einen Auflauf (mit) Honig (und) Butter legst du hin, stellst einen Räucherständer mit Wacholder 17 auf. Bier libierst du. Vor Gula legst du 1 *qâ* Holzkohlenbrot (und) Emmerbrot einen Tisch 18 hin. Einen Räucherständer mit Wacholder stellst du auf, libierst Bier. Eine Waage hältst du hoch, legst sein (d.h. des Kranken) Haupthaar und seinen Gewandsaum 19 darauf, auf der Waage wägst du es. Einen *assinnu* lässt du Platz nehmen: Sein *inḫu*-Lied soll er laut singen. 20 Das unbesprungene Zicklein schlachtest du, röstest sein Herz, ziehst ihm das Fell ab und legst es in die Nähe der Opferzurüstung. 21 Der Kranke erhebt die Hand und rezitiert dreimal die Beschwörung «Du bist Kilili».

[In der Beschwörung sagt der Kranke dann u.a.:] «(...) 32 Ich habe angefertigt eine Waage des Gewichts (= zum Wägen?), habe mein (Haupt-)Haar und meinen Gewandsaum auf ihrem(?) Gewicht gewogen.»

Der Text wurde hier mit Absicht recht ausführlich zitiert, damit der von Ez 4f so gänzlich verschiedene Kontext deutlich wird. Die angeblichen Gemeinsamkeiten zwischen der Zeichenhandlung Ezechiels und dem Ritual beschränken sich auf ein paar eher zufällig isolierte Einzelheiten: das genau bemessene Holzkohlenbrot, eine Waage, Haupthaare und der Gewandsaum. Das Holzkohlenbrot dient im Ritual aber zunächst als Entgelt für den Kauf eines Opferzicklens, dann als reichlich bemessene Zugabe zu den Opferspeisen für Gula: von hier führt kein Weg zu Ez 4,9-15*.[300] Was den Gewandsaum betrifft (der allerdings nicht zum Grundtext von Ez 4f* gehören dürfte), so ist in Ez 5,3 keine Rede davon, dass auch er wie die Haare gewogen werden soll. Somit bleibt allein das Wägen der Haare als Bindeglied zwischen den beiden Texten. Dies scheint nun aber eine für mesopotamische Texte ganz

---

[296] Vgl. COOKE 57.

[297] WATSON, Splitting Hairs in Israel and Babylon 193-197.

[298] FARBER, Beschwörungsrituale 64-67 (Zeilenzählung nach dem Normaltext ebd.).

[299] WATSON (Splitting Hairs 196 Anm. 10) versteht hebr. רוא in Ez 5,1 von akkad. *ūru* als "Dach", was m.E. allerdings im Kontext von Ez 4f* keinen Sinn ergibt.

[300] WATSON beschränkt sich denn auch auf einen flüchtigen Hinweis (Splitting Hairs 193f).

singuläre Ritualhandlung zu sein[301], weshalb von hier jedenfalls keine Hilfe für das Verständnis der Haarsymbolik von Ez 5,1-2 erwartet werden kann.

Über die allgemeine Feststellung, dass Haare wie Gewandsaum sowohl in Ez 5,1-3 als auch im neuassyrischen Ritual wie in vielen anderen Texten[302] *Persönlichkeitszeichen* sind und eine Person (im Ritual den Kranken, in Ez 5,1-2(3) die personifizierte Bewohnerschaft der eroberten Stadt) *repräsentieren* können[303], ist hier wohl nicht hinauszukommen.

c) Die besondere Funktion der Begleithandlungen

Stärker noch als die vorausgehende "Stadtbelagerung" gehören die beiden Begleithandlungen Notbrot und Scherung in den Bereich des "Strassentheaters", insofern Ezechiel hier auch physisch total engagiert ist. Nun ist distanziert von aussen betrachtendes Zuschauen kaum mehr möglich, werden die Adressaten viel direkter interpelliert, bringt der Prophet doch typische Szenen und Gesten aus dem allbekannten Repertoire der *Fluchzeitsituationen* (Hungersnot während einer Belagerung, Niederlage im Krieg, Klagegesten) zur Darstellung.

Die Begleithandlungen gehen damit dramaturgisch über die vorausgehende "Stadtbelagerung" hinaus, indem sie den Zuschauer definitiv und unausweichlich dazu zwingen, das Kriegsgeschehen *von einem ganz bestimmten Standpunkt aus* wahrzunehmen: aus der Perspektive der Verlierer, der unterliegenden Bewohner der eroberten Stadt, aus der *Katastrophenperspektive*.

Erinnern wir uns, dass die Hauptadressaten von Ezechiels Zeichenhandlung Befürworter eines antibabylonischen Aufstandes in Jerusalem gewesen sein dürften.[304] Diese Aufstandsoptimisten sollen durch die Begleithandlungen mit den (realpolitisch und "realtheologisch") voraussehbaren katastrophalen Konsequenzen eines Abfalls von Nebukadnezzar konfrontiert werden. Damit sie nun auch das, was sich bisher erst als typische Bildsituation (die ihnen als solche aber in die Knochen fahren musste) vor ihren Augen entfaltet hatte, reflexiv mit *ihrer eigenen Situation und der ihnen selbst drohenden Katastrophe* in Verbindung bringen können, bedarf die Bildhandlung allerdings noch einer das dargestellte Geschehen *identifizierenden* Präzisierung, einer *Historisierung* - wie sie nur die Sprache herzustellen vermag.

---

[301] Vgl. FARBER, Beschwörungsrituale 27 mit Anm. 27 ("eine sachlich unklare Passage"). SEUX (Hymnes et prières 459 Anm. 1) vermutet, Haare und Gewandsaum würden "vraisemblablement pour déterminer un prix de rachat à offrir à la déesse" gewogen.

[302] Vgl. den Hinweis auf Texte aus Mari bei FARBER, Beschwörungsrituale 78; ausführlich ELLERMEIER, Prophetie in Mari und Israel 97-110.186; FINET, Les symboles du cheveu, du bord du vêtement et de l'ongle 102-130, bes. 118ff; NOORT, Untersuchungen zum Gottesbescheid 83-86; CRAGHAN, The ARM X "Prophetic" Texts 53-57.

[303] Vgl. auch FOHRER, Die symbolischen Handlungen 53f.

[304] Vgl. oben 1.3.c!

4. Die "Stadt" und ihr Name

"Der Grundtext der Dreizeichenkomposition hatte auf jedes Element der Deutung verzichtet. Erst 5,5 bringt die Enthüllung des in den Zeichenhandlungen Gemeinten. In einem Satz…macht sie die für die Deutung der Zeichenhandlungen entscheidende Aussage:'Das ist Jerusalem.'"[305] Durch ein *Wort* wird der Brennpunkt des bis anhin völlig stummen Bildes, die stereotype Darstellung einer "Stadt", namentlich *identifiziert*.[306] Der Name "Jerusalem" hat hier dieselbe (individuierende bzw. historisierende) Funktion wie die Beischrift zu einer Stadtdarstellung auf einem Palastrelief (vgl. *Abb. 6*). Nun muss den Adressaten Ezechiels auch mit einem Schlag klarwerden, dass das Szenario des Propheten auf ein ganz bestimmtes, drohend bevorstehendes *historisches* Ereignis weist: *Jerusalem*[307] wird - wenn die Aufstandspläne nicht fallengelassen werden - erobert werden, ein Aufstand Zidkijas hat keine Chance, er muss im Gegenteil zur völligen Katastrophe führen.

Die hier vertretene Deutung hat sich nun allerdings abschliessend noch mit der in der Forschung zuweilen vertretenen Auffassung auseinanderzusetzen, die Identität der "Stadt" sei sowohl für den zeichnenden Ezechiel als auch für sein Publikum von vorneherein klar gewesen.[308] Diese Meinung wird von manchen Exegeten geradezu als Grund für die literar-

---

[305] ZIMMERLI 132. Ältere Kommentare wie HITZIG 37, EWALD 359, KEIL 55 u.a. ziehen זאת ירושלם zur folgenden Gerichtsbegründung und übersetzen:"Dieses Jerusalem..."; dagegen SMEND 33f; BERTHOLET 30.

[306] Ich gehe mit der Mehrzahl der Kommentare (sowie mit dem "Jerusalem"-Glossator von Ez 4,1.7) davon aus, dass der Satz 5,5aβ זאת ירושלם "dies ist Jerusalem" sich auf die *Stadtdarstellung* von 4,1 bzw. auf *alle* damit verbundenen Zeichenhandlungen und nicht etwa, wie FOHRER (Die symbolischen Handlungen 54.100; FOHRER 35; vgl. BERTHOLET 30) meint, nur auf das abgeschnittene Haar Ezechiels bezieht.

[307] EICHRODT 31 nimmt an, Ezechiels Publikum hätte bis hieher glauben können, die "Stadtbelagerung" bzw. "-eroberung" beziehe sich auf den Fall Babels:"Die einzige unbeantwortete Frage war die nach dem Namen der dargestellten Stadt. (…) Der kurze Satz:'Dies ist Jerusalem' zerreisst mit einem Schlage alle Hoffnungen, die die drohenden Symbolhandlungen gerne auf die Zwingherrin Babel bezogen hätten." Vgl. ähnlich ALONSO SCHÖKEL/SICRE DIAZ II 694.696; FUHS 36.

[308] KEIL 43; KRAETZSCHMAR 43; EHRLICH, Randglossen V 14. GREENBERG 106.120.123-127 versteht Ez 5,5-17 als "script" von Worten, welche den Zeichenhandlungen parallel laufend diese *gleichzeitig* gedeutet hätten ("the verbal accompaniment of the actions", vgl. 4,7b: ונבאת עליה "und du sollst wider die Stadt prophezeien"). Dagegen ist einzuwenden, dass den Gerichtsbegründungen ein den Zeichenhandlungen vergleichbarer, progressiver Aufbau fehlt und auch die Inhalte von 5,5-17 nur teilweise auf einzelne Elemente der Zeichenhandlungen zurückweisen. Zudem ist nicht sicher auszumachen, ob נבאת עליה hier ein "Agieren als Prophet" oder spezifischer ein Prophezeien mit Worten meint (letzteres ist aufgrund des ni. allerdings wahrscheinlicher; vgl. HAL II 622f; J. JEREMIAS in THAT II 15-17).

kritische Elimination der Jerusalem-Glosse in 4,1 (siehe oben) angeführt:"Es gab für die Deportierten in der Tat nur 'die Stadt'; wenn von ihr die Rede war, konnte jede Erklärung wegfallen."[309] Allerdings wäre dann schwer einzusehen, weshalb der Begriff עיר hätte glossiert werden müssen.

In der Tat gilt Jerusalem dem Alten Testament als "die Stadt" schlechthin (vgl. 2 Sam 15,25; 1 Kön 8,44.48; Jer 8,16; Klgl 1,19; 2,12; Ez 7,23; 9,4.9; Mi 6,9; Zef 3,1; Neh 2,3; 11,9[?]), und jeder Judäer, ob in seinem Lande oder im Exil, dürfte beim Stichwort "die Stadt" zunächst einmal an Jerusalem gedacht haben. Dies wird epigraphisch durch das in die Zeit Ezechiels datierende Lachisch-Ostrakon Nr. 4 bestätigt, das h^cjrh ganz absolut in der Bedeutung "nach Jerusalem" verwendet.[310] In all diesen Texten wird jedoch immer (ה)העיר "die Stadt" mit Artikel geschrieben, wogegen in Ez 4,1* gerade in *nicht* determiniertem Sinne von עיר "*einer* Stadt" die Rede ist.[311]

Das *Verhältnis von Bild und Wort* in der prophetischen Zeichenhandlung von Ez 4f* entspricht spezifischen Ausdrucksmöglichkeiten der beiden Medien Bild und Sprache: Das Bild stellt einzelne Motive dar und kann sie in bestimmten Relationen zu typischen Konstellationen verbinden. Das Wort dagegen kann individuieren und historisieren. Die Fähigkeit zur historischen Identifikation eines Geschehens stellt eine der wesentlichen Eigenleistungen des Wortes dar, die ein Bild nicht oder nur mit grösster Mühe erbringen kann.[312]

---

[309] FOHRER, Hauptprobleme 245; vgl. auch EHRLICH, Randglossen V 14.

[310] KAI 194,7; vgl. LEMAIRE, Les ostraca 110.112; THOMAS, Jerusalem in the Lachish Ostraca 88f.

[311] In 4,3 und 5,2 trägt העיר dann wegen des Rückbezugs auf *diese nicht determinierte* "Stadt" den Artikel.

[312] Vgl. dazu vorläufig KEEL, Bibel und Ikonographie 144:"Das Bild (...) hat einen Hang zum Typisieren. Das vorzüglich im Bild Darstellbare ist z.B. ein Knabe (nicht Peter), der an einem Herbsttag (nicht am 18. Okt. 1985) vor einem süddeutschen Bauernhaus (aber nicht vor dem Haus Florastr. 36 in Sindelfingen) steht. Um eine bestimmte Person zu einer bestimmten Zeit an einem bestimmten Ort (und das macht das Historische aus) darzustellen, muss man in der Regel zusätzlich zum Bild Buchstaben und Zahlen zu Hilfe nehmen. (...) Die besondere Möglichkeit des Bildes besteht in der Darstellung typischer Konstellationen (Mensch eines bestimmten Geschlechts in einer bestimmten Position). Kriegsphotos zeigen, wie Männer andere Männer, Frauen und Kinder töten. Mitzuteilen, wo und wann das geschieht, hat das Bild erhebliche Mühe. Kriegsphotos aus Beirut, dem Irak oder Afghanistan sehen einander zum Verzweifeln ähnlich.Während das Bild, besonders das a[lt]o[rientalische], im historisch-historisierenden Bereich wenig zu bieten hat, ist es vorzüglich geeignet, typische Lebensumstände darzustellen."

Vgl. auch KEEL, Iconography and the Bible (im Druck): "The visual image is better adapted for the portrayal of complicated relationships. (...) Pictures lend themselves to the representation of clusters of aspects. (...) Ancient Near Eastern iconography is suitable for the illustration of the typical and institutional, but not for that of the individual person or historical event."

In der Zeichenhandlung von Ez 4f* kommt das Wort genau da (und erst da) zum Zug, wo es unverzichtbar ist: bei der beischriftartigen Identifikation einer im Bild dargestellten "Stadt" durch den *Namen* "Jerusalem", dank dem die auf die Stadtdarstellung bezogene Bildkonstellation "Stadtbelagerung" bzw. "Stadteroberung" sowie die damit verbundenen typischen Katastrophenbilder auch *historisch* als Darstellungen von (für den Propheten voraussehbaren) Ereignissen anlässlich einer drohend bevorstehenden Belagerung und Eroberung Jerusalems fixiert werden können.

Schluss

Selbst gelehrte Spezialuntersuchungen gehen leider vielfach von der zu engen Voraussetzung aus, die in den prophetischen Zeichenhandlungen inszenierten Bilder hätten allein dazu gedient, die *Worte* der Propheten (deren angeblich "eigentliche" Botschaft) zu unterstreichen, sie zu *illustrieren* bzw. ihnen vermittels der Erregung von öffentlicher Neugier zu einem grösseren Publikum zu verhelfen.[313] Wahrscheinlich spielten solche Aspekte auch eine gewisse Rolle. Wir haben gesehen, dass die isolierte Stadtdarstellung, vielleicht auch das Siegesbild "Stadtbelagerung" durchaus bei ideologischen Werten der Aufstandsbefürworter anknüpfen und insofern deren Interesse wecken und sie zum Zuschauen gewinnen konnte.[314]

M.E. haben die Bilder von Ez 4f über den ästhetischen Sinn der Anlockung hinaus eine für den *Inhalt* der prophetischen Botschaft *wesentliche* Funktion. Was LANG (im Anschluss an P. RICOEUR) von der Bild*rede* sagt, gilt auch von der prophetischen Bild*handlung*:"Das Bild rückt eine Sache ins rechte Licht.

---

[313] Nach ZIMMERLI 104 ist "die Zeichenhandlung ganz und gar nur leibhafte Manifestation des *Wortes* Jahwes…und vom sonstigen Prophetenwort schlechterdings nicht ablösbar." Laut FOHRER sollen die Zeichenhandlungen "ein *Jahwewort* veranschaulichen, verstärken oder bekräftigen. Sie *dienen der prophetischen Wortverkündigung*". FOHRER sieht allerdings die Problematik dieser Auffassung, die im besonderen der Tatsache nicht gerecht wird, dass manche Zeichenhandlungen eines deutenden Wortes gänzlich entbehren, und schlägt deshalb vor, die Zeichenhandlungen als "*Sinnbilder* neben dem Wort und ohne das Wort" zu verstehen (Die symbolischen Handlungen 91f; Hervorhebungen von mir).

[314] Vgl. die differenzierte Stellungnahme von AMSLER:"L'acte prophétique…prolonge la communication *lorsque la parole est en crise.* (…) *davantage que la parole,* [il] met les auditeurs-spectateurs dans *l'obligation de répondre* à l'interpellation de Dieu. (…) A la manière d'une *provocation,* il exerce sur les interlocuteurs une *pression* qui met à jour, à la fois, la persévérance de Dieu à leur égard et leur refus caché de poursuivre le dialogue avec lui. Il *aggrave la crise* plus qu'il la dénoue, mais il contribue par là à *révéler* le climat où se joue le salut" (Les actes de prophètes 62-64; Hervorhebungen von mir).

Mit der Neubeschreibung eines Sachverhalts durch ein Bild gewinnt die Sache selbst Profil. (...) Das Bild tritt zunächst als unerwartete Behauptung auf; Bilder wollen provozieren, ihre argumentative Kraft entfalten und schliesslich überzeugen. (...) Das übertreibende Bild soll...die latente Gefahr aufdecken."[315] Ezechiels Zeichenhandlungen sind *Argumente* eines politisch-theologischen Diskurses.[316]

Durch die Darstellung der typischen Konstellation "Stadtbelagerung" und die mit ebenso typischen Bildern operierenden Begleithandlungen wird die Gefahr, welche ein Aufstand in Jerusalem heraufbeschwört, in ihrer drastischen Eindeutigkeit erst richtig evident: Zidkijas Abfall wird eine militärische Reaktion Nebukadnezzars herausfordern, Jerusalem wird belagert werden. Schlimmer noch: Zidkija wird unterliegen, Jerusalem wird fallen, das "Haus Israels" wird (durch Hungersnot, Krieg oder Deportation) zugrunde gehen. Typische Bilder sagen hier mehr als viele Worte.

Durch die dramatische Ausführung der bildhaften Begleithandlungen lockt Ezechiel sein Publikum gewissermassen in eine Falle: es soll diesem unmöglich gemacht werden, den evozierten Krieg aus der illusorischen Position solcher, die meinen siegen zu können, ins Auge zu fassen. Insofern schafft die Zeichenhandlung unter den Adressaten Ezechiels erst die Voraussetzung dafür, dass der prophetische Appell an die Exulanten, mit einem Aufstand der Jerusalemer gegen Babylon keinesfalls zu sympathisieren, in seiner eigentlichen Insistenz zur Kenntnis genommen, *eingesehen* und somit (vielleicht, vgl. Ez 12,3[317]) befolgt werden kann.

(abgeschlossen am 1.6.1987)

---

[315] LANG, Kein Aufstand 172f.

[316] Vgl. auch die in bezug auf die sprachlichen Bilder des Adlergleichnisses von Ez 17,1-10 formulierten Einsichten LANGs (Kein Aufstand 47-49.172-176) über den "argumentativen Charakter des Bildes", die ebenso treffend auf die Zeichenhandlungen von Ez 4f bezogen werden könnten:"Die politischen Realitäten ersetzen das Bild nicht, sondern machen es verständlich. Aber nicht etwa, dass sie die Bildfolge enträtseln; vielmehr *enträtselt umgekehrt die Bildfolge die politische Wirklichkeit*, denn das Bildliche will nicht wie eine durchsichtige, künstliche und beliebige Verkleidung abgeworfen, sondern auf seine politische Aussagekraft hin abgehört werden" (aaO. 48f; Hervorhebung von mir).

[317] Vgl. oben Anm. 139!

Abbildungsnachweis

Abb. 1	BHH III 1849f oben.
Abb. 2-3	KING/THOMPSON, Cuneiform Texts XXII Pl. 49.
Abb. 4	BORCHARDT, Ein babylonisches Grundrissfragment Taf. 1 (Umzeichnung C.U.).
Abb. 5	LENZEN/FALKENSTEIN, [XII.-XIII.] vorläufiger Bericht...Uruk-Warka Taf. 23 (Umzeichnung C.U.).
Abb. 6	OLB I 291 Abb. 127 (Umzeichnung H. KEEL-LEU).
Abb. 7	THOMPSON/HUTCHINSON, The Site of the Palace of Ashurnasirpal Pl. XXI,2
Abb. 8	BOTTA/FLANDIN, Monument II Pl. 101.
Abb. 9	a-b: BITTNER, Tracht und Bewaffnung des persischen Heeres Taf. 2,1; c: AZARPAY, Some Classical and Near Eastern Motifs Fig. 40 (Umzeichnung C.U.).
Abb. 10	DELAPORTE, Musée Guimet Pl. VII No. 117 (Umzeichnung H. KEEL-LEU).
Abb. 11	PORADA, Corpus II Pl. XCV Nr. 652 (Umzeichnung H. KEEL-LEU).
Abb. 12	MOOREY/GURNEY, Ancient Near Eastern Cylinder Seals Pl. VII Nr. 43 (Umzeichnung H. KEEL-LEU).
Abb. 13	BOTTA/FLANDIN, Monument II Pl. 129f.
Abb. 14	READE, Assyrian Sculpture 43 fig. 61 (Umzeichnung C.U.).
Abb. 15	LAYARD, Monuments II Pl. 50 (Ausschnitt).

Literatur- und Abkürzungsverzeichnis

AHw = W. VON SODEN, Akkadisches Handwörterbuch, 3 Bde, Wiesbaden 1965-1981.

ALONSO SCHÖKEL L./SICRE DIAZ J.L., Profetas. Introducciones y comentario. Vol. II: Ezequiel, Doce Profetas menores, Daniel, Baruc, Carta de Jeremias (Nueva Biblia Española), Madrid 1980.

ALT A., Hic murus aheneus esto: ZDMG 86 (1933) 33-48.

AMIET P., Elam, Auvers-sur-Oise 1966.

AMSLER S., Les prophètes et la communication par les actes, in: R. ALBERTZ u.a., Hg., Werden und Wirken des Alten Testaments (FS C. WESTERMANN), Göttingen und Neukirchen-Vluyn 1980, 194-201.

--- Les actes des prophètes (Essais bibliques 9), Genève 1985.

ANEP = J.B. PRITCHARD, The Ancient Near East in Pictures. Relating to the Old Testament. 2nd ed. with Supplement, Princeton/N.J. 1969.

AOB = H. GRESSMANN, Altorientalische Bilder zum Alten Testament, Berlin-Leipzig [2]1927.

AOBPs = O. KEEL, Die Welt der altorientalischen Bildsymbolik und das Alte Testament. Am Beispiel der Psalmen, Neukirchen-Vluyn und Zürich-Einsiedeln-Köln [4]1984.

ARAB = D.D. LUCKENBILL, Ancient Records of Assyria and Babylonia, 2 Bde, Chicago 1926+1927 (unveränderter Nachdruck New York 1975).

AZARPAY G., Some Classical and Near Eastern Motifs in the Art of Pazyryk: Artibus Asiae 22 (1959) 313-339.

BARNETT R.D., The Excavations of the British Museum at Toprak Kale Near Van: Iraq 12 (1950) 1-43.

--- Sculptures from the North Palace of Ashurbanipal at Nineveh (668-627 B.C.), London 1976.

BARNETT R.D./FALKNER M., The Sculptures of Aššur-nasir-apli II (883-859 B.C.), Tiglath-Pileser III (745-727 B.C.), Esarhaddon (681-669 B.C.) from the Central and South-West Palaces at Nimrud, London 1962.

BASMACHI F., Treasures of the Iraq Museum, Baghdad 1972.

BENNETT C.-M., Excavations at Buseirah, Southern Jordan, 1972: Preliminary Report: Levant 6 (1974) 1-24.

BERNHARDT I./KRAMER S.N., Der Stadtplan von Nippur, der älteste Stadtplan der Welt: Wissenschaftliche Zeitschrift der Friedrich-Schiller-Universität Jena. Ges.-spr. Reihe 19 (1970) 727-730.

BERTHOLET A., Das Buch Hesekiel (Kurzer Hand-Commentar zum Alten Testament 12), Freiburg i.b.-Leipzig-Tübingen 1897.

BHH = B. REICKE/L. ROST, Hg., Biblisch-Historisches Handwörterbuch. Landeskunde, Geschichte, Religion, Kultur, Literatur, 4 Bde, Göttingen 1962-1979.

BITTEL K. u.a., Das hethitische Felsheiligtum Yazilikaya (Boğazköy-Hattuša. Ergebnisse der Ausgrabungen IX), Berlin 1975.

BITTNER S., Tracht und Bewaffnung des persischen Heeres zur Zeit der Achaimeniden (Interdisziplinäre Wissenschaft 1), München 1985.

BLEIBTREU E., Art. "Babylonische Kartographie", in: I. KRETSCHMER/J. DÖRFLINGER/F. WAWRIK, Hg., Lexikon zur Geschichte der Kartographie. Von den Anfängen bis zum Ersten Weltkrieg, Bd. 1 (= E. ARNBERGER, Hg., Die Kartographie und ihre Randgebiete. Enzyklopädie, Bd. C/1), Wien 1986, 60-63.

BM (WAA) = British Museum, Department of Western Asiatic Antiquities

BODENSTEIN S., Morgan Seal 652: JANESCU I/2 (1969) 5-13.

BÖRKER-KLÄHN J., Altvorderasiatische Bildstelen und vergleichbare Felsreliefs. Mit einem Beitrag von A. SHUNNAR-MISERA (Baghdader Forschungen 4), Mainz am Rhein 1982.

BORCHARDT L., Ein babylonisches Grundrissfragment: SBAW (1881/1) 129-137.

BORGER R., Die Inschriften Asarhaddons, Königs von Assyrien (Archiv für Orientforschung. Beiheft 9), Graz 1956.

--- Handbuch der Keilschriftliteratur, 3 Bde, Berlin-New York 1967-1975.

BOTTA P.E./FLANDIN E., Monument de Ninive, 5 Bde, Paris 1846-1850 (Nachdruck Osnabrück 1972).

BOTTERO J., Le manuel de l'exorciste et son calendrier, in: --- Mythes et rites de Babylone (Bibliothèque de l'Ecole des Hautes Etudes. IVe section: Sciences historiques et philologiques, T. 328), Genève-Paris 1985, 65-112.

BRL² = K. GALLING, Hg., Biblisches Reallexikon (Handbuch zum Alten Testament I/1), Tübingen ²1977.

BUCHANAN B., Catalogue of Ancient Near Eastern Seals in the Ashmolean Museum. Vol. I: Cylinder Seals, Oxford 1966.

BUDGE E.A.W., Assyrian Sculptures in the British Museum. Reign of Ashur-nasir-pal, 885-860 B.C., London 1914.

CALMEYER P., Vom Reisehut zur Kaiserkrone: AMI N.F. 10 (1977) 153-190.

CAQUOT A./SZNYCER M./HERDNER A., Textes ougaritiques. Tome I: Mythes et légendes. Introduction, traduction, commentaire (Littératures anciennes du Proche-Orient 7), Paris 1974.

COOKE G.A., A Critical and Exegetical Commentary on the Book of Ezechiel (International Critical Commentary), Edinburgh 1936 (unveränderter Nachdruck 1951).

CORNILL C.H., Das Buch des Propheten Ezechiel, Leipzig 1886.

CRAGHAN J.F., The ARM X "Prophetic" Texts. Their Media, Style and Structure: JANESCU 6 (1974) 39-57.

DALMAN G., Arbeit und Sitte in Palästina. Bd. III: Von der Ernte zum Mehl. Ernte, Dreschen, Worfeln, Sieben, Verwahren, Mahlen (Schriften des Deutschen Palästina-Institutes 6 = Beiträge zur Förderung der Christlichen Theologie II/29), Gütersloh 1933; Bd. IV: Brot, Öl und Wein (Schriften des Deutschen Palästina-Institutes 6 = Beiträge zur Förderung der Christlichen Theologie II/33), Gütersloh 1935 (unveränderter Nachdruck Hildesheim 1964).

DAXELMÜLLER CH./THOMSEN M.-L., Bildzauber im alten Mesopotamien: Anthropos 77 (1982) 27-64.

DELAPORTE L., Catalogue du Musée Guimet. Cylindres orientaux (Annales du Musée Guimet 33), Paris 1909.

--- Catalogue des Cylindres orientaux, cachets et pierres gravées du Musée du Louvre. Tome I: Fouilles et missions, Paris 1920.

DELLER K., Assurbanipal in der Gartenlaube: BaghM 18 (1987) [im Druck]

EBELING E., Bruchstücke eines politischen Propagandagedichtes aus einer assyrischen Kanzlei (Mitteilungen der Altorientalischen Gesellschaft XII/2), Leipzig 1938.

--- Beschwörungen gegen den Feind und den bösen Blick aus dem Zweistromlande: ArOr 17 (1947) 172-211.

EHRLICH A.B., Randglossen zur hebräischen Bibel. Textkritisches, Sprachliches und Sachliches. Bd. 5: Ezechiel und die kleinen Propheten, Leipzig 1912 (unveränderter Nachdruck Hildesheim 1968).

EICHRODT W., Der Prophet Hesekiel. Kap. 1-18 übersetzt und erklärt (Das Alte Testament Deutsch 22/1), Göttingen 1959.

ELAT M., Mesopotamische Kriegsrituale: BiOr 39 (1982) 5-26.

ELLERMEIER F., Prophetie in Mari und Israel (Theologische und orientalistische Arbeiten 1), Herzberg 1968.

EPH^CAL I., The Assyrian Siege Ramp at Lachish: Military and Lexical Aspects: Tel Aviv 11 (1984) 60-70.

ESHEL B.Z., The Semantics of the Word ^cîr in the Language of the Bible: BethM 18 (1972-73) 327-341.423f.

EWALD H., Die Propheten des Alten Bundes. Bd. 2: Jeremja und Hezeqiel mit ihren Zeitgenossen, Göttingen ²1868.

FARBER W., Beschwörungsrituale an Ištar und Dumuzi. Atti Ištar ša ḫarmaša Dumuzi (Akademie der Wissenschaften und der Literatur. Veröffentlichungen der Orientalischen Kommission 30), Wiesbaden 1977.

FINET A., Les symboles du cheveu, du bord du vêtement et de l'ongle en Mésopotamie, in: A. ABEL/L. HERRMANN, éds., Eschatologie et cosmologie (Annales du Centre d'Etude des Religions 3), Bruxelles 1969, 102-130.

FOHRER G., Die Hauptprobleme des Buches Ezechiel (Beihefte zur Zeitschrift für die alttestamentliche Wissenschaft 72), Berlin 1952.

--- Ezechiel. Mit einem Beitrag von K. GALLING (Handbuch zum Alten Testament I/13), Tübingen 1955.

--- Studien zur alttestamentlichen Prophetie (1949-1965) (Beihefte zur Zeitschrift für die alttestamentliche Wissenschaft 99), Berlin 1967 [darin besonders die Aufsätze: 92-112 Die Gattung der Berichte über symbolische Handlungen der Propheten (= ZAW 64 [1952] 101-120); 204-221 Die Glossen im Buche Ezechiel (= ZAW 63 [1951] 33-53); 242-264 Prophetie und Magie (= ZAW 78 [1966] 25-47)].

--- Die symbolischen Handlungen der Propheten (Abhandlungen zur Theologie des Alten und Neuen Testaments 54), Zürich ²1968.

--- Die Propheten des Alten Testaments. Bd. 3: Die Propheten des frühen 6. Jahrhunderts, Gütersloh 1975.

FRANKFORT H., Cylinder Seals. A Documentary Essay on the Art and Religion of the Ancient Near East, London 1939.

FREEDY K.S., The Glosses in Ezekiel I-XXIV: VT 20 (1970) 129-152.

FUHS H.F., Ezechiel 1-24 (Neue Echter-Bibel 7,1), Würzburg 1984.

GHIRSHMAN R., Iran. Protoiranier, Meder, Achämeniden (Universum der Kunst), München 1964.

GIBSON J.C.L., Canaanite Myths and Legends, Edinburgh 1978.

GÖRG M., Ezechiels unreine Speise: BN 19 (1982) 22-23.

GREENBERG M., Ezekiel 1-20. A New Translation with Introduction and Commentary (Anchor Bible 22), Garden City/N.Y. 1983.

HAL = W. BAUMGARTNER/J.J. STAMM, Hebräisches und aramäisches Lexikon [= KBL³], Leiden 1967-.

HALL H.R., Babylonian and Assyrian Sculpture in the British Museum, Paris-Bruxelles 1928.

HEINISCH P., Das Buch Ezechiel (Die Heilige Schrift des Alten Testamentes 8/1), Bonn 1923.

HEINRICH E./SEIDL U., Grundrisszeichnungen aus dem Alten Orient: MDOG 98 (1967) 24-45.

HEINRICH E., Die Tempel und Heiligtümer im alten Mesopotamien. Typologie, Morphologie und Geschichte. Unter Mitarbeit von U. SEIDL (Deutsches Archäologisches Institut 14), Berlin 1982.

HERRMANN J., Ezechiel (Kommentar zum Alten Testament 11), Leipzig 1924.

HERRMANN S., Die Herkunft der "ehernen Mauer". Eine Miszelle zu Jeremia 1,18 und 15,20, in: M. OEMING/A. GRAUPNER, Altes Testament und christliche Verkündigung (FS A.H.J. GUNNEWEG), Stuttgart u.a. 1987, 344-352.

HILLERS D.R., Treaty-Curses and the Old Testament Prophets (Biblica et Orientalia 16), Rome 1964.

--- The Effective Simile in Biblical Literature: JAOS 103 (1983) 181-185.

HINES H.W., The Prophet as Mystic: AJSL 40 (19) 37-71.

HITZIG F., Der Prophet Ezechiel (Kritisch-Exegetischer Handcommentar 8), Leipzig 1847.

HÖLSCHER G., Hesekiel. Der Dichter und das Buch. Eine literarkritische Untersuchung (Beihefte zur Zeitschrift für die alttestamentliche Wissenschaft 39), Giessen 1924.

HÖRIG M., Dea Syria. Studien zur religiösen Tradition der Fruchtbarkeitsgöttin in Vorderasien (Alter Orient und Altes Testament 208), Kevelaer und Neukirchen-Vluyn 1979.

HONEYMAN A.M., The Pottery Vessels of the Old Testament: PEQ 71 (1939) 76-90.

HOWIE C.G., The Date and Composition of Ezekiel (Journal of Bibilical Literature. Monograph Series 4), Philadelphia 1950.

HROUDA B., Die Kulturgeschichte des assyrischen Flachbildes (Saarbrücker Beiträge zur Altertumskunde 2), Bonn 1965.

JAHN G., Das Buch Ezechiel. Auf Grund der Septuaginta hergestellt, übersetzt und kritisch erklärt, Leipzig 1905.

JEREMIAS J., Kultprophetie und Gerichtsverkündigung in der späten Königszeit Israels (Wissenschaftliche Monographien zum Alten und Neuen Testament 35); Neukirchen-Vluyn 1970.

KAI = H. DONNER/W. RÖLLIG, Kanaanäische und aramäische Inschriften, 3 Bde., Wiesbaden ²1966-1969.

KEEL O., Deine Blicke sind Tauben. Zur Metaphorik des Hohen Liedes (Stuttgarter Bibel-Studien 114/115), Stuttgart 1984.

--- Bibel und Ikonographie. Kleine Geschichte des Themas mit ein paar Bemerkungen zur Methode: BiKi 40 (1985) 143-147.

--- Art. Iconography and the Bible, in: The Anchor Bible Dictionary [im Druck].

KEIL C.F., Biblischer Commentar über den Propheten Ezechiel (Biblischer Commentar über das Alte Testament III/3), Leipzig 1868.

KELSO J.L., The Ceramic Vocabulary of the Old Testament (Bulletin of the American Schools of Oriental Research. Supplementary Studies 5-6), New Haven/Conn. 1948.

KING L.W./THOMPSON R.C., Cuneiform Texts from Babylonian Tablets in the British Museum. Part XXII, London 1906 (unveränderter Nachdruck 1966).

KRAETZSCHMAR R., Das Buch Ezechiel (Handbuch zum Alten Testament III/3,1), Göttingen 1900.

LANG B., Kein Aufstand in Jerusalem. Die Politik des Propheten Ezechiel (Stuttgarter Biblische Beiträge 7), Stuttgart 1978.

--- Prophetie, prophetische Zeichenhandlungen und Politik in Israel: TThQ 161 (1981) 275-280.

--- Ezechiel. Der Prophet und das Buch (Erträge der Forschung 153), Darmstadt 1981.

--- Street Theater, Raising the Dead, and the Zoroastrian Connection in Ezekiel's Prophecy, in: J. LUST, ed., Ezekiel and his Book. Textual and Literary Criticism and their Interrelation (Bibliotheca Ephemeridum Theologicarum Lovaniensium 74), Leuven 1986, 297-316.

LAYARD A.H., A Second Series of the Monuments of Nineveh; Including Bas-Reliefs from the Palace of Sennacherib and Bronzes from the Ruins of Nimroud. From Drawings Made on the Spot, During a Second Expedition to Assyria, London 1853.

--- Discoveries in Nineveh and Babylon; With Travels in Armenia, Kurdistan and the Desert: Being the Result of a Second Expedition Undertaken for the Trustees of the British Museum, London 1853.

LEMAIRE A., Note on an Edomite Seal-Impression from Buseirah: Levant 7 (1975) 18f.

--- Inscriptions hébraïques. T. I: Les ostraca. Introduction, traduction, commentaire (Littératures anciennes du Proche-Orient 9), Paris 1977.

LENZEN H./FALKENSTEIN A., [XII.-XIII.] Vorläufiger Bericht über die vom Deutschen Archäologischen Institut und der Deutschen Orientgesellschaft...unternommenen Ausgrabungen in Uruk-Warka, Winter 1953/54, 1954/55, Berlin 1956.

LOUD G., Khorsabad. Part I: Excavations in the Palace and at a City Gate (Oriental Institute Publications 38), Chicago 1936.

LUCKENBILL D.D., The Annals of Sennacherib (Oriental Institute Publications 2), Chicago 1924.

MAGEN U., Assyrische Königsdarstellungen - Aspekte der Herrschaft. Eine Typologie (Baghdader Forschungen 9), Mainz am Rhein 1986.

MALLOWAN M.E.L., Nimrud and its Remains, 2 Vols., London ²1975.

MARKOE G., An Assyrian-Style Bucket from Chanzhi Mumah, Luristan: Iranica Antiqua 20 (1985) 43-54.

MAY H.G., The Book of Ezekiel, in: The Interpreter's Bible VI (1956) 39-338.

--- Babylonien und Assyrien (Kulturgeschichtliche Bibliothek I/4), 2 Bde, Heidelberg 1920+1925.

MENZEL B., Assyrische Tempel (Studia Pohl: Series Maior 10), 2 Bde, Rome 1981.

MOOREY P.R.S./GURNEY O.R., Ancient Near Eastern Cylinder Seals Acquired by the Ashmolean Museum, Oxford 1963-1973: Iraq 40 (1978) 41-60.

NA'AMAN N., Sennacherib's "Letter to God" on his Campaign to Judah: BASOR 214 (1974) 25-39.

ND = Nimrud Document (Ausgrabungssignatur)

NOORT E., Untersuchungen zum Gottesbescheid in Mari. Die "Mariprophetie" in der alttestamentlichen Forschung (Alter Orient und Altes Testament 202), Kevelaer und Neukirchen-Vluyn 1977.

NORTH R., A History of Biblical Map Making (Beihefte zum Tübinger Atlas des Vorderen Orients.B 32), Wiesbaden 1979.

OATES D., The Excavations at Nimrud (Kalhu), 1962: Iraq 25 (1963) 6-37.

OLB = O. KEEL/M. KÜCHLER [/CH. UEHLINGER], Orte und Landschaften der Bibel. Ein Handbuch und Studienreiseführer zum Heiligen Land, bisher 2 Bde, Zürich-Einsiedeln-Köln und Göttingen 1982+1984.

OPPENHEIM A.L., The Golden Garments of the Gods: JNES 8 (1949) 172-193.

--- "Siege-Documents" from Nippur: Iraq 17 (1955) 69-89.

OVERHOLT TH.W., Seeing is Believing. The Social Setting of Prophetic Acts of Power: JSOT 23 (1982) 3-31.

PARROT A., Ziggurats et Tour de Babel, Paris 1949.

PARROT A./NOUGAYROL J., Asarhaddon et Naqi'a sur un bronze du Louvre (AO 20.185): Syria 33 (1956) 147-160.

PARROT A., Assur. Die mesopotamische Kunst vom XII. vorchristlichen Jahrhundert bis zum Tode Alexanders des Grossen (Universum der Kunst), München 1961.

PATERSON A., Assyrian Sculptures. Palace of Sinacherib. Plates and Ground-Plan of the Palace, The Hague o.J. [1917].

PIOTROVSKII B.B., Urartu. The Kingdom of Van and its Art, London 1967.

PLACE V., Ninive et l'Assyrie, 3 vols., Paris 1867-1870.

PORADA E., Alt-Iran. Die Kunst in vorislamischer Zeit (Kunst der Welt), Baden-Baden 1962 (unveränderter Nachdruck 1979).

--- Corpus of Ancient Near Eastern Seals in North American Collections. Vol. I: The Collection of the Pierpont Morgan Library (The Bollingen Series 14), Washington 1948.

PUECH E., Documents épigraphiques de Buseirah: Levant 9 (1977) 11-20.

RAMLOT L., Art. Prophétisme: DBS VIII (1972) 821-1222.

READE J.E., Assyrian Sculpture. British Museum, London 1983.

RlA = [E. EBELING/B. MEISSNER u.a.] D.O. EDZARD, Hg., Reallexikon der Assyriologie und Vorderasiatischen Archäologie, Berlin-New York 1932-.

ROST L.[/KELLERMANN M.], Die Stadt im Alten Testament: ZDPV 92 (1981) 129-138.

RTAT = W. BEYERLIN, Hg., Religionsgeschichtliches Textbuch zum Alten Testament (ATD. Ergänzungband), Göttingen 1975.

RUDENKO S.I., Kul'tura naseleniia gornogo Altaia v skifskoe vremia, Moskva-Leningrad 1953.

SCHENKER A., Gerichtsverkündigung und Verblendung bei den vorexilischen Propheten: RB 93 (1986) 563-580.

SCHMID H., Der Tempelplan IM 44036,1 - Schema oder Bauplan?: Or N.S. 54 (1985 = FS J. VAN DIJK) 289-293.

SCHMIDT E.F., Persepolis III. The Royal Tombs and Other Monuments (Oriental Institute Publications 70), Chicago 1970.

SCHROER S., In Israel gab es Bilder. Nachrichten von darstellender Kunst im Alten Testament (Orbis Biblicus et Orientalis 74), Freiburg/Schweiz und Göttingen 1987.

SEIDL U., Die elamischen Felsreliefs von Kurangun und Naqš-e Rustam. Mit einem Anhang von P.O. SKAJAERVO (Iranische Denkmäler, Lfg. 12, Reihe 2: Iranische Felsreliefs), Berlin 1986.

SEUX M.-J., Hymnes et prières aux dieux de Babylonie et d'Assyrie. Introduction, traduction et notes (Littératures anciennes du Proche-Orient 6), Paris 1976.

SINGER K.H., Die Metalle Gold, Silber, Bronze, Kupfer und Eisen im Alten Testament und ihre Symbolik (Forschungen zur Bibel 43), Würzburg 1980.

SMEND R., Der Prophet Ezechiel (Kurzgefasstes exegetisches Handbuch zum Alten Testament 8), Leipzig ²1880.

SMITH S., Assyrian Sculptures in the British Museum. From Shalmaneser III to Sennacherib, London 1938.

SOBOLEWSKI R., The Polish Work at Nimrud. Ten Years of Excavation and Study: ZA 71 (1982) 248-273.

STAMM J.J., Ein ugaritisch-hebräisches Verbum und seine Ableitungen: ThZ 35 (1979) 5-9.

STARR I., Historical Omens Concerning Ashurbanipal's War Against Elam: AfO 32 (1985) 60-67.

STECK O.H., Friedensvorstellungen im alten Jerusalem. Psalmen, Jesaja, Deuterojesaja (Theologische Studien 111), Zürich 1972.

THAT = E. JENNI/C. WESTERMANN, Hg., Theologisches Handwörterbuch zum Alten Testament, 2 Bde, München und Zürich 1971(³1978)+1976.

THOMAS D.W., Jerusalem in the Lachish Ostraca: PEQ 78 (1946) 86-91.

THOMPSON R.C./HUTCHINSON R.W., The Site of the Palace of Ashurnasirpal at Nineveh, Excavated in 1929-30 on Behalf of the British Museum: AAA 18 (1931) 79-112.

ThWAT = G.J. BOTTERWECK/H. RINGGREN u.a., Hg., Theologisches Wörterbuch zum Alten Testament, bisher 5 Bde, Stuttgart u.a. 1970-.

ThWNT = G. KITTEL/G. FRIEDRICH, Hg., Theologisches Wörterbuch zum Neuen Testament, 10 Bde, Stuttgart u.a. 1933-1979.

TUAT = O. KAISER, Hg., Texte aus der Umwelt des Alten Testaments, 3 Bde [bisher 8 Lieferungen], Gütersloh 1982-.

UEHLINGER CH., Das Image der Grossmächte. Altvorderasiatische Herrschaftsikonographie und Altes Testament. Assyrer, Perser, Israel: BiKi 40 (1985) 165-172.

UNGER E., Babylon. Die heilige Stadt nach der Beschreibung der Babylonier, Berlin-Leipzig 1931.

VAN BUREN E.D., Clay Figurines of Babylonia and Assyria (Yale Oriental Series. Researches 16), New Haven/Conn. 1930.

--- Symbols of the Gods in Mesopotamian Art (Analacta Orientalia 23), Roma 1945.

VANDEN BERGHE L./MALEKI Y., Le mystérieux Luristan livre ses secrets, in: Trésors de l'ancien Iran (Musée Rath, 8 juin - 25 septembre 1966), Genève 1966, 23-32.

VANDEN BERGHE L., Luristan. Een verdwenen bronskunst uit West-Iran, Gent 1982.

VAN DIJK J.J.A., Un rituel de purification des armes et de l'armée. Essai de traduction de YBC 4184, in: M.A. BEEK u.a., ed., Symbolae Biblicae et Mesopotamicae F.M.TH. DE LIAGRE BÖHL Dedicatae (SFSMD 4), Leiden 1973, 107-117.

VAN DRIEL G., The Cult of Aššur (Studia Semitica Neerlandica 13), Assen 1969.

VOGT E., Untersuchungen zum Buch Ezechiel (Analecta Biblica 95), Rome 1981.

WÄFLER M., Nicht-Assyrer neuassyrischer Darstellung (Alter Orient und Altes Testament 26), Kevelaer und Neukirchen-Vluyn 1975.

WATSON W.G.E., Splitting Hairs in Israel and Babylon: Irish Biblical Studies 4 (1982) 193-197.

WEIPPERT M., "Heiliger Krieg" in Israel und Assyrien. Kritische Anmerkungen zu Gerhard von Rads Konzept des "Heiligen Krieges im alten Israel": ZAW 84 (1972) 460-493.

WILKINSON CH.K., More Details on Ziwiye: Iraq 22 (1960) 213-220.

--- Ivories from Ziwiye and Items of Ceramic and Gold (Monographien der Abegg-Stiftung Bern 7), Bern 1975.

WISEMAN D.J., A Babylonian Architect?: AnSt 22 (1972 = FS S.H.F. LLOYD) 141-147.

WOOLLEY L./BARNETT R.D., Carchemish. Report on the Excavations at Jerablus on Behalf of the British Museum. Part III: The Excavations in the Inner Town. The Hittite Inscriptions, London 1952.

XELLA P., "Mangiare feci e bere orina". A proposito di 2 Re 18:27/Isaia 36,12: Studi Storico-Religiosi 3/1 (1979) 37-51.

ZIMMERLI W., Ezechiel (Biblischer Kommentar XIII), 2 Bde, Neukirchen-Vluyn 1969.

--- Das Phänomen der "Fortschreibung" im Buch Ezechiel, in: J.A. EMERTON, ed., Prophecy. Essays presented to G. FOHRER on his sixty-fifth birthday (Beihefte zur Zeitschrift für die alttestamentliche Wissenschaft 150), Berlin-New York 1980, 175-191.

DIE ZWEIGGÖTTIN IN PALÄSTINA/ISRAEL.

Von der Mittelbronze II B-Zeit bis zu Jesus Sirach

Silvia Schroer

U. WINTER hat im Kapitel "Baum und Göttin" seiner grundlegenden Studie "Frau und Göttin" (1983: 434-441) auf einen ausgeprägten Baumkult in Zypern und Palästina hingewiesen, jedoch in Zweifel gezogen, "dass dieser Kult der Göttin galt" (aaO. 441). Für eine weitere Klärung des Zusammenhangs seien eingehendere Analysen notwendig.

Aufgrund eigener Studien zu den Stempelsiegeln der MB II B-Zeit aus Palästina[1] sowie der Ergebnisse meiner Untersuchungen über die Aschera in Israel (SCHROER 1987: 19-45) glaube ich nun, das Bild von der Bedeutung des heiligen Baumes und der Göttin in Israel weiter vervollständigen zu können. Ich verzichte auf die Wiederholung oder Zusammenfassung schon erarbeiteter Grundlagen und beschränke mich, soweit möglich, darauf, Neues als Ergänzung beizutragen und durch die Verknüpfung von früheren Forschungsergebnissen gewissermassen ein schärferes Gesamtbild auf die Leinwand zu projizieren.

Die ikonographische Verbindung von Baum und Göttin in Palästina/Israel ist in doppelter Hinsicht bemerkenswert. Zum einen ist sie, wie gelegentlich auch andere altorientalische Bildtraditionen[2], äusserst dauerhaft. Die frühesten Zeugnisse stammen aus der MB II B-Zeit (ab 1750 v.Chr.), die letzten Spuren finden sich in den Weisheitstraditionen bei Jesus Sirach (2.Jh.v.Chr.). Zum anderen ist die enge Beziehung der Göttin zum heiligen Baum in der MB II B-Zeit

---

[1] Die Ergebnisse dieser Arbeit, die durch ein Stipendium des Schweizerischen Nationalfonds ermöglicht wurde, werden demnächst ausführlich in der Reihe der "Studien zu den Stempelsiegeln aus Israel/Palästina" als OBO 67/2 veröffentlicht werden. Der hier vorliegende kleine Beitrag, mit dem ich auch der feministischen Forschung neues Material an die Hand zu geben hoffe, sei als "Erstlingsgabe" der Arbeit über die Göttinnenmotive Othmar und Hildi Keel-Leu sehr herzlich zum gemeinsamen Hundertjährigen gewidmet. Für die Anfertigung der im Abbildungsverzeichnis mit einem Sternchen versehenen Zeichnungen bin ich meinem Kollegen Ch. Uehlinger zu Dank verpflichtet.

[2] Vgl. z.B. die über zwei Jahrtausende hin lebendige Konstellation von Göttin und Löwen, Göttin und Taube (KEEL 1984: 39-46 und 53-62). In einem 1983 erschienenen Artikel hat F. IPPOLITONI-STRIKA die Kontinuität von Bildern im Göttinnenkult des Nahen Ostens, so z.B. die Verbindung von Göttin und Panther, sogar bis in die vorhistorische Zeit zurückverfolgt.

offenbar eine für Palästina, ab der SB-Zeit auch für die übrige Levante und für Zypern typische Eigenheit. Zwar waren zu verschiedenen Zeiten in Ägypten, Vorderasien und Syrien heilige Bäume im Bereich der Göttinnen anzutreffen - man denke an die Verbindung der Ischtar mit der Dattelpalme und an die ägyptischen Baumgöttinnen[3] -, aber in Palästina ist die ikonographische Verschmelzung beider zu einer Zweiggöttin[4] anscheinend sowohl älter als auch dominanter. Dies ist besonders erstaunlich, weil man in Palästina sonst keine thematisch oder stilistisch autochtone Kunst gefunden hat (SCHROER 1987: bes. 421-431). Das kleine Gebiet wurde durch seine gesamte Geschichte hindurch von Syrien, Vorderasien und Ägypten wechselnd oder gleichzeitig stark beeinflusst.

1. Die "nackte Göttin" zwischen Zweigen/Bäumen auf MB II B-Skarabäen aus Palästina

Unter den MB II B-zeitlichen Stempelsiegeln aus Palästina findet sich eine Gruppe mit der En-face-Darstellung einer nackten Göttin zwischen zwei Bäumchen/Zweigen (22 Stücke aus offiziellen Grabungen, zu ergänzen durch eine etwa gleich grosse Zahl von Stücken unbekannter Herkunft aus Sammlungen). Die Göttin kann mit dem Kopf im Profil nach syrischer Manier dargestellt sein, wie *Abb. 1* aus Geser sie zeigt, bisweilen hält sie wie die Göttinnen auf den altsyrischen Rollsiegeln ihre Brüste.[5] Besonders häufig (8 Exemplare[6]) aber ist der hier durch ein Beispiel aus Lachisch (*Abb. 2*) repräsentierte Typ einer frontalgesichtig abgebildeten Göttin mit Strichgesicht und grossen Ohren, deren Arme einfach seitlich am Körper herabhängen. Auf einem Stück aus Jericho

---

[3] Vgl. dazu zuletzt KEEL 1986: bes. 221-230.

[4] Ich wähle hier die Bezeichnung "Zweiggöttin" aus verschiedenen Gründen. Zum einen, um diesen Bildtyp von der Tradition der jüngeren ägyptischen "Baumgöttinnen" begrifflich abzuheben, da letztere stark mit dem Totenkult verbunden sind, was für die palästinische Zweiggöttin nicht zutrifft. Zum anderen scheint mir die Bezeichnung "Zweiggöttin" auch deshalb angemessen, weil die ältere palästinische Tradition zumeist eher Zweige als Bäume darzustellen scheint. Eine genaue Differenzierung zwischen Zweig und stilisiertem Bäumchen ist ikonographisch unmöglich, weshalb im folgenden in der Terminologie absichtlich Zweig und Baum auch gelegentlich ausgewechselt werden.

[5] Die Skarabäen bekannter Herkunft stammen aus Bet Schemesch (KEEL 1986a: Nr. 5 fig. 14), vom Tell Adschul (TUFNELL 1984: Nr. 2842), aus Jericho (unveröffentlicht; in Sydney), Geser (unsere *Abb. 1* sowie ein unveröffentlichtes Stück), vom Tell Fara (Süd) (STARKEY/HARDING 1932: Pl. 73,12) und aus Lachisch (TUFNELL 1958: Pl. 30f,47; 41,14).

[6] Aus Grabungen in Israel: je zwei Exemplare aus Lachisch (TUFNELL 1958: Pl. 30f,11; 32f,99), drei vom Tell Fara (Süd) (TUFNELL 1984: Nr. 2839.2840 und PETRIE 1930: Pl. 22,225), ein Exemplar vom Tell Adschul (GIVEON 1985: 80f. Nr. 57), vom Tel Nagila (unveröffentlicht) und aus Jericho (TUFNELL 1984: Nr. 2838).

(*Abb. 3*) trägt die Göttin zudem noch grosse Hörner, die vielleicht als Capridenhörner zu deuten sind.[7]

Eine systematische ikonographisch-ikonologische Bearbeitung dieser Motivgruppe, auf deren Ergebnisse hier nur summarisch verwiesen werden kann[8], hat gezeigt, dass eine so enge und dominante Verbindung der Göttin mit den Zweigen in der MB II B-Zeit keine Vorbilder ausserhalb Palästinas hat. Zwar galt in Memphis Hathor seit dem Alten Reich als "Herrin der südlichen Sykomore", und in Maulbeerfeigen-, Feigen- und Granatapfelbäumen, in Dum- und Dattelpalmen hat man im Ägypten des Alten Reiches die Anwesenheit vor allem weiblicher lebenspendender Gottheiten verehrt.[9] Das alles wissen wir aber eigentlich nur aus recht spärlichen Textzeugnissen. Eine *Bild*tradition der typischen Baumgöttinnen setzt in Ägypten erst in der 18. Dynastie ein.[10] In Vorderasien ist die ikonographische Verbindung von Baum oder Zweig und Göttin hingegen älter. Vereinzelt gibt es seit der zweiten Hälfte des dritten Jahrtausends v.Chr. Baum- oder Vegetationsgöttinnen[11] und sicher seit dem dritten Jahrtausend v.Chr. eine feste Beziehung der Ischtar zur Dattelpalme.[12] In der altbabylonischen und altsyrischen Glyptik, die sonst vielfach ganz eindeutig auf die palästinischen Stempelsiegel einwirkt, steht die nackte oder sich entschleiernde Göttin aber nur in sehr lockerem Zusammenhang mit Zweiglein, die in die Siegelfläche eingestreut sind.[13] In der mesopotamisch-syrischen Bild-

---

[7] Es könnte sich um die durch Ringe bzw. Wülste gekennzeichneten Hörner der Bezoarziege oder des Steinbocks handeln. Die Überprüfung anhand sehr guter Photographien hat gezeigt, dass auf den Zweigen entgegen der von TUFNELL (1984: Nr. 2838) publizierten Zeichnung und Deutung *keine* Vögel sitzen, dass vielmehr die Hörnerspitzen bis auf die kleinen Bäumchen herabgezogen sind. Die von Ch. Uehlinger angefertigte neue Zeichnung entspricht dieser korrigierten Sichtweise.
Eine ähnliche gehörnte Göttin ist auch auf einem Skarabäus in Liverpool (NEWBERRY 1906: Pl. 25 Nr. 6) zu sehen. Schon R. STADELMANN (1967: 98) hat auf eine mögliche Erscheinung der palästinischen Göttin als ᶜAšterot-Qarnajim (Gen 14,5) hingewiesen. Ein MB-zeitliches Bronzefigürchen aus Geser (WINTER 1983: Abb. 14) stellt ebenfalls eine Göttin mit kleinen, nach unten gebogenen Hörnern dar. Ein SB-zeitliches Tonmodel vom Tell Qarnajim zeigt eine Qudschu mit grossen, aber hier nach oben gebogenen Hörnern (SCHROER 1987: 277 Abb. 100).

[8] Die Studie beinhaltet eine detaillierte Untersuchung der Besonderheiten der einzelnen Stücke und versucht eine ikonologische Auswertung.

[9] Vgl. zu den Baumgöttinnen ALLAM 1963: 103-109; I. GAMER-WALLERT, Art. "Baum, heiliger" in: LdÄ I 655-660; HERMSEN 1981: 62-121.

[10] Vgl. KEEL 1986: 221-230 und WINTER 1983: 438-440; 1986: 58-63.

[11] Vgl. DANTHINE 1937: Pl. 14,76; WINTER 1983: Abb. 459 (= KEEL [4]1984: Abb. 42).

[12] KEEL [4]1984: Abb. 43 und KEEL 1986: 223 Abb. 124-127.

[13] WINTER 1983: Abb. 76f.84.88.93.216f.224.476.508. Manchmal sind die Flügel der geflügelten Göttin als Zweige gestaltet (aaO. Abb. 191.194.195.201), und einmal ist auf einem altsyrischen Rollsiegel (aaO. Abb. 508) zwischen der Göttin und ihrem Verehrer ein junges Bäumchen in einem Schrein dargestellt.

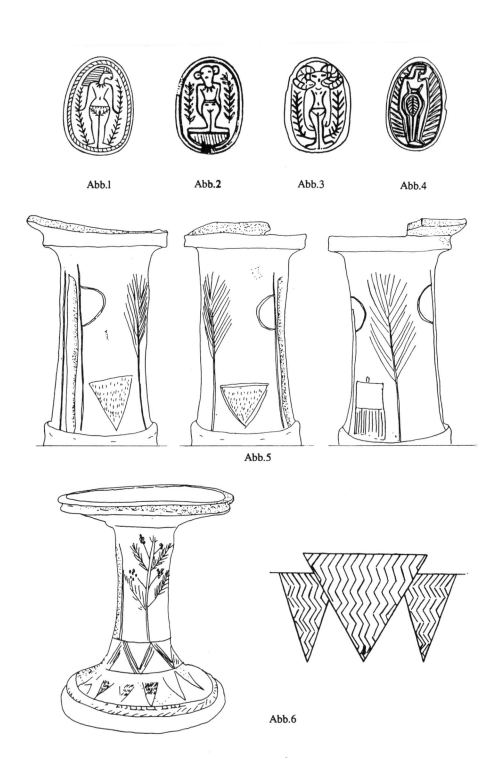

Abb.1   Abb.2   Abb.3   Abb.4

Abb.5

Abb.6

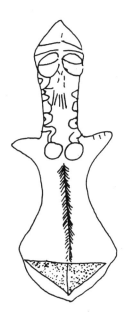

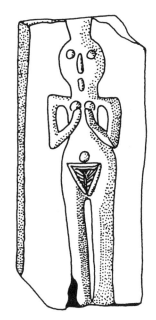

Abb.7   Abb.8

Abb.9

Abb.10   Abb.11

tradition war der Baum demnach keinesfalls ein primäres oder dominantes Attribut der Göttinnenverehrung. Diese Priorität bezeugen anscheinend erst die Stempelsiegel aus Palästina.

Die Göttin erscheint hier frontal zwischen zwei Zweigen/Bäumen, die ikonographisch vielleicht in der alten Tradition der zwei Bäume, die das Himmelstor flankieren, anzusiedeln sind.[14] Sie erzwingt durch die Frontalität und die Position zwischen den Zweigen die Aufmerksamkeit des Betrachters/der Betrachterin, der/die von diesem Bild Lebenssteigerung und Vitalität sowie Abwehr feindlicher Mächte erwartete.[15] Die palästinische Göttin mit den grossen Ohren ist eine (er)hörende, freundliche Göttin.[16] Wie die syrische nackte Göttin strahlt sie eine grosse erotische Faszinationskraft aus, wenngleich Brüste und Scham bei vielen MB-zeitlichen Stücken nur verhalten (stilisiert) angedeutet sind.

Die Zweige (Bäumchen) treten nicht nur gelegentlich auch auf dem Rücken der Skarabäen mit dem Göttinnenmotiv auf[17], sie zieren, wie man bei genauerem Hinschauen sieht, auch das Schamdreieck der Göttin bei *Abb. 1* . Bei *Abb. 4*, einem bisher unveröffentlichten Skarabäus aus Afek[18], sind die Zweige durch ein mehr blattförmiges Gebilde ausgetauscht.

Die ältesten mir bekannten Bildzeugnisse für die Assoziation von Baum und Schamdreieck stammen aus Ur. Es handelt sich um zwei Keramikständer der Frühdynastischen Zeit III (2600-2300 v.Chr.). Auf dem einen (*Abb. 5a-c*) sind ein Bäumchen und zwei Schamdreiecke neben zwei weiteren rätselhaften Symbolen (Stab und Webkamm?[19]) abgebildet, auf dem anderen (*Abb. 6*) ist

---

[14] Zur akkadzeitlichen und ebenfalls in Ägypten nachweisbaren Tradition der flankierenden Bäume vgl. KEEL 1977: bes. 296-303 und Abb. 228-230.

[15] Wie bei der christlichen Ikone wird das Bild durch die Frontalität und hier zusätzlich durch Flankierung zum "Andachtsbild" (vgl. dazu OBO 67/2); zugleich ist es seiner Bedeutung nach wie alle Siegel ein Amulett.

[16] Das Hören der Gottheit spielte in der Antike eine grosse Rolle; so fanden sich in vielen Tempeln Denksteine, auf denen BeterInnen der Gottheit ihren Dank für erhörte Bitten verewigten (KEEL [4]1984: 172f.). In Ägypten wurden Bitt- und Dankesstelen gern mit möglichst vielen grossen Menschenohren ausgestattet, um so die Bitte oder ihre Gewährung noch wirksamer zu machen (J. QUAEGEBEUR 1978: 9-19).

[17] WINTER 1983: Abb. 153 = KEEL 1980: fig.84 und PETRIE 1925: Pl. XV Nr. 1054 und Pl. 28,26A.

[18] Die ungewöhnliche Gestaltung der Zweigumrandung könnte bei diesem Stück nahelegen, dass eine "Göttin im Baum" gemeint ist, wie wir sie aus der ägyptischen Ikonographie späterer Zeit kennen.

[19] Vgl. zu diesen Symbolen DURING CASPERS 1972: 211-227. D. Collon vermutet jedoch, dass das grosse Symbol ein (Web-)Kamm sei (mündlich). Die Verbindung von Weberei und Göttinnenkult ist bei assyrischen Tempeln und eventuell auch für das eisenzeitliche Israel nachweisbar (SCHROER 1987: 41f).

der Fuss des Ständers genau unterhalb der Dattelpalme mit drei solchen Dreiecken dekoriert.[20]

In Zentralkleinasien sind an verschiedenen Orten weibliche Terrakotta-Figürchen der Namazga V-Periode (2000-1600 v.Chr.) ausgegraben worden, die deutlich ein Zweiglein erkennen lassen, das aus der Scham oder dem Nabel wächst (*Abb. 7*).[21] Bei einer Gussform der MB II B-Zeit aus Byblos (*Abb. 8*) ist in die Scham der Göttin ebenfalls ein Zweiglein eingezeichnet, und auch die nackte Göttin auf dem altsyrischen Rollsiegel der Pierpont Morgan Library (*Abb. 9*) hat eine als Zweiglein stilisierte Scham. Ein Frauenfigürchen aus Holz aus einem Privatgrab in Theben (2050-1991 v.Chr.) lässt vermuten, dass die Verbindung von Scham und Zweig auch in Ägypten bekannt war, denn der flache Holzkörper ist mit einem Schamdreieck und einer aus mehreren Zweigreihen bestehenden Dekorationen bemalt.[22]

Die Assoziation der weiblichen Scham mit Vegetation und d.h. mit Vitalität, Fruchtbarkeit, Wohlergehen, ist also keine palästinische Erfindung, aber sie scheint in Palästina besonders wichtig geworden zu sein. Etwa ein Dutzend MB II B-Skarabäen mit einem Blatt- oder Zweigmotiv, wie das Beispiel vom Tell Fara (Süd) bei *Abb. 10* es zeigt[23], dürften die Beliebtheit des Motivs und die positiven Schutzkräfte, die sich der/die TrägerIn des Siegels davon erhoffte, manifestieren.

Eine feste Zusammengehörigkeit von Göttin und Vegetationselementen in Palästina beweist zudem eine Gruppe von 36 MB II B-zeitlichen Siegeln mit einem Göttinnenkopf, wie z.B. *Abb. 11* von Lachisch. Das Symbol der Göttin erscheint dort (ausnahmsweise) ebenfalls zwischen zwei Zweigen (Bäumchen). Auffällig ist aber besonders der hier zweigliedrige, bei anderen Stücken auch

---

[20] DURING CASPERS (1972: 215 n. 3) hat darauf hingewiesen, dass das Dreieck in der Mitte, das die beiden kleineren teilweise überdeckt, später eingefügt und dabei offenbar absichtlich genau unter die Dattelpalme gezeichnet wurde. Vgl. auch die schon zweigartig stilisierten Schamdreiecke von Tonfigürchen aus Ur bei WOOLLEY 1955: Pl. 20.

[21] MASSON/SARIANIDI 1972: Nr. 40 (Altintepe), Nr. 41(verschiedene Orte), Nr. 43 (Altintepe) und KOHL 1984: Pl. 11c (Altintepe).

[22] DAS ÄGYPTISCHE MUSEUM KAIRO Nr. 81. Dass man in Ägypten jedenfalls die Verbindung des weiblichen Schosses mit einer Gartenmetaphorik kannte, beweisen ägyptische Liebeslieder (vgl. z.B. KEEL 1986: 162). Das Epitheton *nbt ḥtp.t* der Hathor könnte ebenfalls in diese Richtung weisen (vgl. HERMSEN 1981: 70). Die von MOFTAH (1965: 42) schon vorgeschlagene Deutung des Entblössens der Hathor im Papyrus Beatty I (4,1-3) als Entblössen/Kahlsein des Baumes halte ich nicht für überzeugend.

[23] Vgl. sechs Stücke bei TUFNELL 1984: Nr. 1007-1012. Einzelne Exemplare dieser Art gibt es schon am Ende des 3. Jahrtausends v.Chr. in Ägypten (WARD 1978: Pl. III Nr. 84).

dreigliedrige blattartige Kopfschmuck, der bei weiteren Varianten zudem noch mit einer Blüte versehen ist.[24]

2. Baum und Göttin im SB-zeitlichen Palästina, in der Levante und auf Zypern

Während in der palästinischen Siegelkunst die Tradition der Zweiggöttinnen und der Göttinnenköpfe in der SB-Zeit abrupt abreisst und durch stark ägyptisch beeinflusste oder gar importierte "Hathorsistren" verdrängt wird[25], entwickelt sich die Verbindung von Baum und Göttin auf anderen Bildträgern durchaus weiter.

Terrakottareliefs wie das vom Tell Beit Mirsim bei *Abb. 12*, aber auch Schmuckanhänger stellen die Göttin mit langstieligen Blüten statt Zweigen dar.[26] Aus Ugarit und Palästina stammen eine Anzahl von Goldblech- oder Elektrumanhängern mit dem Kopf der Göttin, ihren angedeuteten Brüsten und dem Schamdreieck, das manchmal, wie bei dem Exemplar vom Tell Adschul (*Abb. 13*) aus dem 15.Jh.v.Chr., zusätzlich durch ein aus der Scham oder dem Nabel wachsendes Zweiglein überragt wird.[27]

So wie hier das Zweiglein die Fruchtbarkeitssymbolik der Vagina signalisiert und verstärkt, so kann umgekehrt auch der Baum durch die Assoziation mit dem Schamdreieck der Göttin zu einem konzentrierten Bildsymbol werden. *Abb. 14* aus Lachisch und *Abb. 15* vom Tell Fara (Süd) zeigen SB-zeitliche Krugmalereien mit Capriden, die den heiligen Baum flankieren bzw. sich an ihm aufrichten. Capriden am Baum finden sich zwar sehr häufig in der altorientalischen Kunst, hier ist das Bäumchen durch die Punktierung (vgl. die Schmuckanhänger) aber eindeutig zusätzlich als Schamdreieck gekennzeichnet.[28] Die ganze Konstellation (Capriden am heiligen Baum) kann ab der SB-Zeit die Göttin repräsentieren, wie das Nebeneinander beider auf einem mitannischen Rollsiegel aus Megiddo (*Abb. 16*) nahelegt. Auf einem mitannischen Rollsiegelabdruck aus Kirkuk (14.Jh.v.Chr.) sind Göttin und Baum

---

[24] Eine vollständige Aufstellung der Stücke aus Grabungen, ergänzt durch Exemplare aus Sammlungen, wird in OBO 67/2 publiziert. Hier sei vorerst auf die repräsentative Zusammenstellung bei TUFNELL 1984: Pl. 48 Nr. 2843-2870 hingewiesen.

[25] Diese sehen zwar ähnlich aus wie die MB-zeitlichen Göttinnensymbole, haben aber eine ägyptische Bildtradition und scheinen besonders eng mit Darstellungen auf Stelen des Neuen Reiches verwandt.

[26] Vgl. auch WINTER 1983: Abb. 38-43.54.

[27] WINTER 1983: Abb. 322-324.453-457 und KEEL 1986: Abb. 96.96a.97.97a. Vgl. auch den mitannischen Rollsiegelabdruck aus Nuzi, wo der Schoss zweier stehender Baumverehrer (oder Verehrerinnen) als Zweiglein gestaltet ist (KEPINSKI 1982/III: Nr. 22-23).

[28] Vgl. dazu SCHROER 1987: 39f.

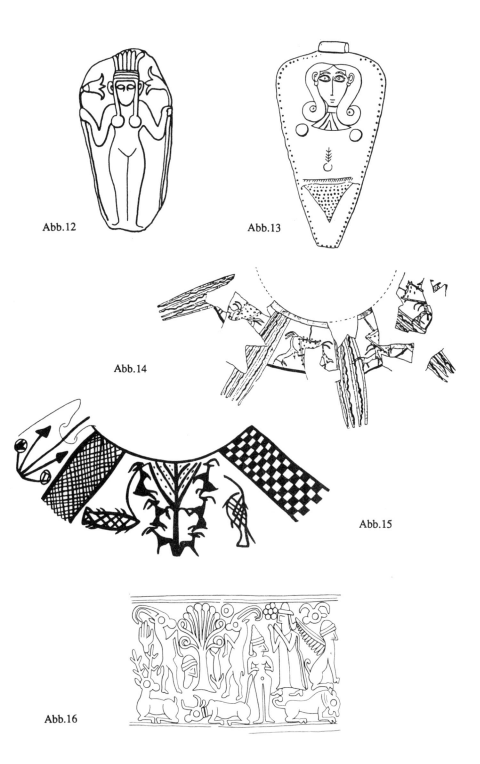

Abb.12

Abb.13

Abb.14

Abb.15

Abb.16

zwischen den Capriden in der Gesamtanordnung der Motive sogar austausch-
bar (WINTER 1983: 175 und Abb. 144 = KEEL 1986: 6l Abb. 10). Ein Elfenbein des 14.Jhs.v.Chr. aus Minet el-Beida zeigt die Göttin zwischen zwei
Ziegen, die sie füttert (KEEL 1986: 6l Abb. 11), was schon H.G. MAY als
Argument dafür anführte, dass der Baum zwischen Capriden Substitut für die
Göttin sein kann.[29] Auch auf einem SB-zeitlichen Rollsiegel aus Zypern (*Abb.
17*) erscheint die Qudschu mit dem dreiblättrigen Kopfschmuck (vgl. *Abb. 11*)
zwischen Capriden, die sie an den Hörnern bzw. Beinen hält.[30]

Der Kult vor dem heiligen Baum scheint dem vor Götterbildern ähnlich gewesen zu sein. Oft wurde hierzu auf den bekannten Bronzeständer des l2.Jhs.
v.Chr. aus Kurium (Zypern) hingewiesen, der einen Verehrer in vier verschiedenen Szenen mit Opfergaben und musizierend vor einem stilisierten Bäumchen
zeigt.[31] Eine grössere Anzahl von SB-zeitlichen Rollsiegeln aus Zypern und
Ugarit ergänzen dieses Bild. Auf ihnen sind Verehrer, zumeist stehend, manchmal sitzend, vor einem stilisierten Bäumchen dargestellt, und in der Umgebung
finden sich häufig Capriden. Aus Zypern stammen *Abb. 17* (1550-1450 v.Chr.)
und *Abb. 19* (1400-1230 v.Chr.), aus Ugarit *Abb. 20* (1550-1450 v.Chr.) und
Abb. 21 (1450-1350 v.Chr.). Etwas älter ist vielleicht das ugaritische Rollsiegel
bei *Abb. 22* (1750-1595 v.Chr.).[32] Zu ergänzen sind Exemplare, auf denen die
Verehrer das Bäumchen mit den Händen halten.[33]

Im Sinne einer Baumkult-Szene dürfte auch der sitzende Verehrer vor zwei
Bäumchen bzw. vor einem Baum und einer Standarte(?) bei *Abb. 23*, einem
Rollsiegel vom Tell Adschul (letztes Viertel des 2.Jts.v.Chr.), zu interpretieren

[29] MAY 1939: 252f. WINTER (1983: 435f) beurteilt MAYs Thesen eher skeptisch, u.a. weil
das Motiv der antithetischen Ziegen am Baum uralt sei (z.B. in Elam bereits seit dem 3.Jt.
v.Chr. bezeugt). Mir scheinen aber die angeführten Zeugnisse MAYs Vermutung zu be-
stätigen. Damit ist allerdings nicht gesagt, dass Capriden am Baum in jedem Fall die Göttin
repräsentieren müssen.
Hingewiesen sei noch auf die Qudschu mit zwei Ziegen in den Händen auf einem Goldan-
hänger aus Minet el-Beida (WINTER 1983: Abb. 42 = SCHROER 1987: Abb. 11), auf ein SB-
zeitliches Rollsiegel aus Lachisch (WINTER 1983: Abb. 452) mit antithetischen Capriden am
Baum und auf die vielen SB-zeitlichen Keramikmalereien aus Palästina mit diesem Motiv
(vgl. AMIRAN 1969: 161-165).

[30] Entgegen SCHAEFFER-FORRER (1983: 59) ist das Rollsiegel sicher als SB-zeitlich zu
datieren, da es in Zypern vorher keine Rollsiegel gibt (D. Collon mündlich).

[31] Vgl. dazu zuletzt SCHROER 1987: 34 mit Abb. 5.

[32] Weitere Stücke aus Zypern sind aufgeführt bei PORADA 1948:194 Pl. XI Nr. 50 und
53, weitere aus Ugarit bei SCHAEFFER-FORRER 1983: 139 R.S.. 24.155; 153 R.S. 25.381
und 166 R.S. 5.260 (vgl. aaO. 148 ein Exemplar aus Mykene).

[33] SCHAEFFER-FORRER 1983: 112 R.S. 14.83; 113 R.S. 24.365; 146 R.S. 25.171;
1459 R.S. 25.251; 151 R.S. 25.255; 152 R.S. 25.379; 156 R.S. 26.227; 159 R.S. 27.066
und DUNAND 1958: Pl. 197 Nr. 13928; KEPINSKI 1982/III: Nr. 22-23; Nr. 311 (aus Nuzi);
Nr. 336 (Ninive) u.ö.; vgl. auch Nr. 360 aus Assur mit drei Verehrern an einer Palme (1425-
1330 v.Chr.).

Abb.17

Abb.18

Abb.19

Abb.20

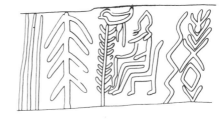

Abb.21

Abb.22

Abb.23

Abb.24

sein. *Abb. 24*, eine Krugmalerei des 12./11. Jhs.v.Chr. aus Megiddo, stellt eine ganze Prozession (Leierspieler, Pferd, Löwe, Gazelle) zu einem stilisierten Bäumchen dar.[34]

Man kann also für die SB-Zeit eine deutliche Kontinuität der Verbindung von Baumkult und Göttin feststellen. Das Zentrum dieser Einheit manifestiert sich in der Verschmelzung des Baumsymbols mit der Scham der Göttin. Der Baumkult scheint also besonders den Aspekt der sexuellen Potenz der Göttin zu repräsentieren. Diese Potenz wiederum ist Manifestation der umfassend lebensfördernden und -erneuernden Kräfte der Göttin.[35]

3. Die Zweiggöttin im eisenzeitlichen Israel, in der Levante und in Zypern

Für die Eisenzeit stehen uns zur Überprüfung des Verhältnisses "Baum - Göttin" nicht nur Bilder, sondern auch biblische und ausserbiblische Texte zur Verfügung. Gehen wir zunächst wieder von den Bildern aus, so ist hier vor allem auf eine Gruppe von Stempelsiegeln (1200-700 v.Chr.) mit zwei Verehrern, die segnend einen Baum flankieren, hinzuweisen.[36] Beim Skaraboid vom Tell en-Naṣbe (*Abb. 25*) und einem sehr ähnlichen, auf der Oberseite mit einer hebräischen Inschrift versehenen Skaraboid, den A. LEMAIRE (1986: 310f.) ins 8./7.Jh.v.Chr. datiert (*Abb. 26*), ist der Baum deutlich als Palme gekennzeichnet. Häufig anzutreffen ist im 8.-7.Jh.v.Chr. auch ein einzelner stehender oder sitzender Verehrer vor einem stilisierten Baum, so z.B. auf einem Skaraboid aus Samaria, einer reliefierten Keramikscherbe aus En-Gedi,

---

[34] Weitere SB-zeitliche Zeugnisse für mit der Göttin assoziierten Baumkult sind: ein Rollsiegel der ausgehenden SB- oder frühen Eisenzeit (1200-1100 v.Chr.) aus Salamis mit einem von zwei Verehrern flankierten stilisierten Baum (JAROŠ 1980: 208 Abb. 5); ein Rollsiegel derselben Zeit aus einem Grab in Enkomi, das zwei Figuren mit Zweigen in der Hand, einem stilisierten Baum und einem weiteren Verehrer in Prozession zeigt (SCHAEFFER 1936: 105 fig.44); evtl. ein Skarabäus vom Tell Adschul, der in MB-zeitlichem Stil gehalten ist (KEEL/KÜCHLER 1982: 98 Abb. 76,4).

[35] Die Andeutung oder Darstellung menschlich-göttlicher Geschlechtlichkeit ist, gerade auf den Siegelamuletten, immer nur Aspekt einer grösseren erwünschten Lebensfülle. Vgl. z.B. auch das Motiv des "Liebespaares" (Göttin/Frau und vergöttlichter Fürst) auf MB II B-Skarabäen (SCHROER 1985: 94-101.106 und Abb. 66-80).

[36] Vgl. die Zusammenstellung bei JAROŠ 1980 und weitere Exemplare referiert bei SCHROER 1987: 34 Anm.63 und 64.

Abb.25

Abb.26

Abb.27

Abb.28

Abb.29

Abb.30

Abb.31

auf einem Skarabäus aus Kition und auf dem zyprischen Prismasiegel bei *Abb. 27.*[37]

Einzigartig dürfte der wahrscheinlich phönizische[38] Skaraboid aus Lachisch bei *Abb. 28* sein. Eine die Brüste haltende Frau in Baubostellung neben einem Bäumchen, auf dem noch ein Affe hockt, wird von einem Verehrer links gegrüsst. Die Göttin präsentiert sich hier in ihrer ganzen sexuell-erotischen Macht, und in deren Umfeld gewinnt das Bäumchen wie der Affe ebenfalls ausgesprochen sexuell-erotische Konnotationen.[39]

Besonders evident wird der Zusammenhang Baum-Scham bei einer Fels-kritzelei aus Vaschta in Phönizien (*Abb. 29*), die ebenfalls eisenzeitlich sein dürfte. Schamdreieck und Palme sind hier einfach assoziativ nebeneinander gestellt. Eine Gruppe von Goldblechen, die bei Ausgrabungen in Zypern gefunden wurden und von V. KARAGEORGHIS als Teile von Golddiademen/ -tiaren gedeutet worden sind[40], zeigt, wie die Tradition der palästinischen MB II B-zeitlichen Zweiggöttin sich auf anderen Bildträgern bis in die frühe Eisenzeit erhalten hat. Auf dem bei *Abb. 30* abgebildeten Exemplar des 11.Jhs.v.Chr. aus Amathus ist wieder die Göttin zwischen den Zweigen zu erkennen. Dieselbe Konstellation bewahrt auch ein bekanntes Tempelmodell aus Idalion (Zypern), wo die Göttin im Eingang zwischen zwei Pflanzensäulen auftritt (zuletzt SCHROER 1987: 59 mit Abb. 24).[41] Eine Göttin mit Lotosblüten zwischen stilisierten Palmen zeigt ebenfalls das fragmentarisch erhaltene syri-sche Elfenbein aus Nimrud (9.Jh.v.Chr.) bei *Abb. 31* (Rekonstruktion).

Weiterhin sind in der Eisenzeit die Capriden am Baum und die Göttin aus-tauschbar, wie der Vergleich einer Krugmalerei aus Kuntillet Adschrud (9./8. Jh.v.Chr.) mit der typischen Qudschu auf dem Löwen gezeigt hat.[42] Dieselbe Auswechselbarkeit in der Konstellation beweist der Tonständer aus Taanach (10.Jh.v.Chr.) bei *Abb. 32*. Während ganz unten die Göttin als Herrin der

---

[37] REISNER 1924/I 377 Nr. 11 = II Pl. 57a Nr. 2; WINTER 1983: Abb. 470 (En-Gedi); CLERC/KARAGEORGHIS 1976: 56. Bekannt und schon häufig publiziert ist das kleine Tonmodell des 7./6.Jhs.v.Chr. aus Chytroi (Zypern), das Frauen um einen stilisierten Baum den Reigen tanzend darstellt (DANTHINE 1937: Nr. 1097 = WINTER 1983: Abb. 471).

[38] E. Gubel mündlich.

[39] Zu diesem Siegel vgl. vorerst WINTER 1983: 180f und demnächst SCHROER (OBO 67/2) mit einem Exkurs zur erotischen Bedeutung des Affen.

[40] Vgl. dazu KARAGEORGHIS 1986: 129-132 mit vier weiteren, unserer *Abb. 30* ver-gleichbaren Exemplaren.

[41] Vgl. auch die blütenhaltende geflügelte Göttin auf einem Karneolsiegel des 5./4.Jhs. v.Chr. aus Tharros (HÖLBL 1986: 292 Nr. 83).

[42] Vgl. dazu und zum Folgenden demnächst R. HESTRIN (IEJ) und vorerst SCHROER 1987: 38f mit Abb. 10-12. Ausschlaggebend für den Vergleich ist hier die Konstellation: Steinböcke am Lebensbaum über einem Löwen (Kuntillet Adschrud) = Göttin auf einem Löwen (Anhänger aus Ugarit).

Tiere zwei Löwen packt, erscheint zwischen ebensolchen Löwen im dritten Register von unten das Motiv der Capriden am heiligen Baum.[43]

4. Das biblische Israel, seine Ascheren und grünen Bäume

Wenden wir uns nun den Texten zu, so ist zunächst festzuhalten, dass die biblischen Quellen für Israels Frühzeit viele heilige Bäume bezeugen, so z.B. einen Orakelbaum bei Sichem (Gen 12,6; Dtn 11,30; Ri 9,37), den Baum bei Mamre, unter dem Abraham die Verheissung eines Sohnes zuteil wird (Gen 18,1ff; vgl. 13,8) oder den heiligen Baum von Ofra, unter dem ein Bote Gottes erschien (Ri 6,11).[44]

O. KEEL hat zudem kürzlich in einem Vortrag auf die zweimal im Alten Testament bezeugte Tradition hingewiesen, Tote unter Bäumen zu begraben.[45] Gen 35,8 kennt eine "Klageeiche", die mit dem Grab der Debora verknüpft ist. In Ri 4,5 wird dieser Baum "Deborapalme" genannt.[46] Beide Erwähnungen dürften auf eine Deboragrabtradition bei einem grossen Baum in der Nähe von Bet-El zurückgehen. Die zweite atl. Überlieferung einer Bestattung unter einem Baum findet sich in 1Sam 31,13, wo es heisst, dass man die Leichen Sauls und seiner Söhne unter *der* Tamariske von Jabesch begrub.

Während diese Nachrichten die Existenz von heiligen Bäumen ganz kritiklos voraussetzen, finden sich bei den Propheten Hosea, Jeremia, Jesaja, Ezechiel sowie beim Dtr. nur noch polemische Angriffe gegen "*alle* grünen Bäume", unter denen Israel der Hurerei und Unzucht nachgeht (Hos 4,13ff; Jer 2,20; 3,6; Jes 1,29; 57,5; Ez 6,13; 20,28; Dtn 12,2; 1Kön 14,23; 2Kön 16,4; 17,10):

Ja, auf *jedem* hohen Hügel und unter *jedem* grünen Baum liegst du als Dirne. (Jer 2,20)

Sie (Israel) ging auf *jeden* hohen Berg und unter *jeden* grünen Baum und hurte da. (Jer 3,6)

---

[43] Die Bedeutung der Motive dieses Tonständers habe ich früher eingehender besprochen (1987: 39 mit Abb. 13).
Aus dem 10.-8.Jh.v.Chr. stammen auch zwei Stempelsiegel aus Taanach, drei Stücke vom Tell Fara (Süd) und eines vom Tell Dschemme mit dem Motiv der antithetischen Capriden am Baum (AMIRAN 1969: Pl. 50,1; PETRIE 1930: Pl. 12,148; 48,564; STARKEY/HARDING 1932: Pl. 73,38; PETRIE 1928: Pl. 20,14).

[44] Vgl. KEEL u.a. 1984: 96f zu den "Heiligen Bäumen" in Israel. Wichtig ist in diesem Zusammenhang, dass die verschiedenen hebräischen Baumbezeichnungen mit 'wl nicht botanische Bezeichnungen zu sein scheinen, sondern im Sinne der Wurzel besonders "eindrückliche, machthaltige, göttliche Bäume" meinen.

[45] Bisher unveröffentlichter Vortrag, gehalten im Januar 1987 in Heidelberg ("Tote und Terra Mater")

[46] O. KEEL vermutet, dass in Ri 4,5 eine Palme überliefert ist, weil diese der Prototyp des altvorderasiatischen Baumes sei.

Ja, ihr werdet euch schämen wegen der grossen Bäume, an denen ihr Lust habt, und erröten wegen der Gärten, die euch gefallen. (Jes 1,29)

... die ihr in Glut geratet für die grossen Bäume unter *jedem* grünen Baum... (Jes 57,5)

Als ich sie in das Land brachte, das ich ihnen zugeschworen hatte mit erhobener Hand, da schlachteten sie, *wo immer* sie einen hohen Hügel und einen dichtbelaubten Baum sahen, daselbst ihre Opfer und brachten dort ihre widerlichen Gaben dar, legten dort ihre lieblich duftenden Spenden nieder und gossen dort ihre Trankopfer aus. (Ez 20,28)

Sie (die Israeliten) errichteten sich Masseben und Ascheren auf *jedem* hohen Hügel und unter *jedem* grünen Baum, opferten dort wie die Völker, die der Herr vor ihnen weggeführt, und taten schlimme Dinge, durch die sie den Herrn erzürnten. (2Kön 17,10f)

Aus den hier ausgewählten Textstellen geht zum einen hervor, dass es Kulthandlungen unter den grünen Bäumen, vor allem wohl unter besonders grossen Bäumen ("Terebinthen") gab.[47] Das stereotype "*jeder* grüne Baum" ist eindeutig als polemische Pauschalisierung aufzufassen. Wichtiger noch ist aber die deutliche Konnotation von Baum und sexuellen Begriffen wie חמם, חמד, קנה. Die heiligen Bäume werden, ganz genau wie in der Ikonographie, mit sexueller Lust in Verbindung gebracht, nur dass die atl. Texte im Gegensatz zu den Bildern diese Verbindung verteufeln.

Im Alten Testament findet sich nur ein einziger nicht-polemischer Hinweis auf sexuelle Betätigungen unter einem Baum, und zwar in Hld 8,5, wo die Frau sagt:

Unter dem Apfelbaum habe ich dich erregt (עוררתיך),
dort wo deine Mutter mit dir schwanger gegangen ist,
dort wo sie, die dich gebar, in Wehen gekommen ist.

Hier ist der heilige Baum, der die Anwesenheit des Schosses der Erde symbolisiert, zugleich der Ort, wo die menschliche Generationenfolge fortgesetzt, wo Leben gezeugt wird.[48] In den Schoss der Erde kehren bei Baumbestattungen die Toten wieder zurück.[49] Werdendes und vergehendes Leben des Menschen werden so an den Baum als symbolischen Ort der lebenspendenden Mutter Erde gebunden.

Worauf konkret die polemischen Angriffe der Propheten und Dtr. zielen (Ehebruch, sakrale Prostitution, Initiationsriten, Götzendienst), mag dahin-

---

[47] Interessant ist, dass es auch für die in Jes 1,29 erwähnten Gärten in Zypern archäologische Anhaltspunkte gibt. In Tempelarealen von Kition (1300-1200 v.Chr.) wurden Spuren grösserer Gartenanlagen entdeckt, die V. KARAGEORGHIS als "heilige Gärten" der Göttin interpretierte (KARAGEORGHIS 1976: bes. 72f). Er vermutet solche heiligen Gärten auch beim Aphroditetempel von Paphos.

[48] Zur Übersetzung "erregt" und zur Deutung vgl. KEEL 1986: 243-245 und den Vortrag (oben Anm. 44).

[49] Auf die Tradition der ägyptischen Baumgöttinnen, die ja eng mit dem Totenreich verbunden sind, kann hier nur allgemein hingewiesen werden.

gestellt sein. Jedenfalls, das ist festzuhalten, kennt das Alte Testament die vergleichende Assoziation "Baum - Schoss der Erde - weiblicher Schoss".

Neben den grünen Bäumen gab es in Israel zudem die sogenannten Ascheren, die wohl meistens stilisierte Holzpfähle gewesen sein dürften.[50] Spätestens zur Regierungszeit Ahabs (871-852 v. Chr.), wahrscheinlich aber schon in vormonarchischer Zeit muss die namentliche Verbindung dieser stilisierten Bäume mit der kanaanäischen Göttin Aschera gang und gäbe gewesen sein.[51] Die biblischen Verfasser berichten über die Ascheren ausschliesslich polemisch und in der Absicht, ihre Ausrottung und Vernichtung zu besiegeln:

Ihr sollt ihre (der Bewohner des Landes) Altäre niederreissen, ihre Masseben zerstören und seine Ascheren umhauen. (Ex 34,13)[52]

Aus den inzwischen bekannten Inschriften von Kuntillet Adschrud und Chirbet el-Qom geht zumindest soviel hervor, dass diese Ascheren im 9./8.Jh. v.Chr. eine in den JHWH-Kult integrierte numinose Macht repräsentierten, von der man sich Schutz und Segen versprach.[53] Die atl. Verketzerung ist wohl auf die Ablösung und Verselbständigung ihrer Bedeutung zurückzuführen und Zeichen einer wirklichen oder vermeintlichen Konkurrenz der Aschera/ Ascheren zum JHWH-Kult. Diese Konkurrenz wird besonders deutlich sichtbar, wenn JHWH in Hos 14,9 gegen die Götzen (= Göttinnen!) für sich allein beansprucht, Israels immergrüner heiliger Baum zu sein:[54]

Ich bin wie eine immergrüne Zypresse, von mir kommt deine Frucht.

---

[50] Vgl. zur Aschera ausführlich das entsprechende Kapitel bei SCHROER 1987: 21-45.

[51] Vgl. Ri 6,25-32 und zur Datierungsfrage WINTER 1983: 559 mit Anm. 326 und 428.

[52] Diese Vernichtungsformel für die Aschera könnte die älteste im Alten Testament sein; sie datiert sicher in vordtr. Zeit und möglicherweise in die vorstaatliche Epoche (dazu WINTER 1983: 559f). Der Wechsel vom Plural zum Singular ("seine Ascheren") ist eine Folge des Kollektivbegriffs ‏ליושב הארץ‎ in V. 12 (aaO. 560 Anm. 434).

[53] So heisst es auf den Krügen von Kuntillet Adschrud: "Ich segne euch durch JHWH von Samaria und durch seine Aschera" und:"...mögest du gesegnet sein durch JHWH von Teman und seine Aschera...". In der Grabinschrift von Chirbet el-Qom wird der Aschera Rettung vor Feinden zugeschrieben. Ein Überblick zur Diskussion über die Inschriften findet sich bei SCHROER 1987: 32f.

[54] Vgl. zur möglichen Textkonjektur im selben Vers SCHROER 1987: 44. Mit WELLHAUSEN und WEINFELD ist dann der ganze Vers zu lesen: "Efraim, was habe ich mit fremden Götzen zu schaffen? *Ich bin seine Anat und Aschera. Ich bin wie eine immergrüne Zypresse, von mir kommt deine Frucht.*" Diese Konjektur bringt die Konkurrenz Göttinnen - JHWH, die in jedem Fall hinter diesem Vers steht, explizit zum Vorschein. Sie ist aber insofern problematisch, als im 1.Jt.v.Chr. der Name Anat weder biblisch noch ausserbiblisch belegt ist und zudem die Verbindung von Namen mit Personalsuffixen (vgl. die Inschriften von Kuntillet Adschrud) in der hebräischen Sprache nicht üblich ist. Neuerdings hat J. DAY (1986: bes. 404ff) aber interessante neue Argumente dafür angeführt, dass in Hos 14,9 jedenfalls in Form eines Wortspiels auf Anat und Aschera angespielt wird.

In der Verbindung der stilisierten heiligen Bäume mit dem Namen der Göttin Aschera manifestiert sich sowohl das Weiterleben der alten palästinischen Tradition der Zweiggöttin, d.h. Baumkult scheint in Palästina immer mit weiblichen Gottheiten verknüpft gewesen zu sein, als auch der starke kanaanäische Einfluss auf die israelitische Religion im 9./8.Jh.v.Chr., dessen Erfolg zum Teil auf die gemeinsame religionsgeschichtliche Vergangenheit Kanaans und Israels zurückzuführen ist. In Israel übernahm man den kanaanäischen *Namen* der Göttin, die *Sache* hingegen, der heilige Baum als ihre Repräsentation, hatte schon eine viel ältere Tradition.[55]

Bilder und Texte biblischer Zeit ergänzen sich somit zu einer recht deutlichen Gesamtvorstellung vom Baum-Göttinnenkult in Israel. Der Drehpunkt ihrer Verbindung ist dabei die vergleichende Symbolik vom Baum am fruchtbringenden, lebensverheissenden Schoss der Erde und von der Scham der Frau/Göttin als Symbol der Sexualität und damit auch der Weitergabe von Leben. Als Spender von Schatten (vgl. Hos 4,13) und Nahrung sind heilige Bäume zudem natürlich immer als Schutz- und Segensmächte, in denen sich das Wirken einer Göttin offenbaren konnte, erfahren worden.[56]

5. Frau Weisheit als Baum-/Zweiggöttin

U. WINTER hat in zwei 1986 erschienenen kleineren Beiträgen das Weiterwirken altorientalischer Baumsymbolik bis in die Weisheitstraditionen des Alten Testaments untersucht. Im besonderen wendet er sich darin einem im hier vorliegenden Beitrag ausgeblendeten Aspekt der altorientalischen Baumsymbolik zu, nämlich dem stilisierten heiligen Baum, der in der vorderasiatischen Kunst die Weltordnung und ihren Garanten, den König bzw. die Königsherrschaft repräsentiert.[57] Im Buch der Sprüche tritt der "Lebensbaum" (עץ חיים) als Symbol *geordneten Lebens* mehrmals auf, so in Spr 11,30; 13,2 und 15,4, wo es um die Ordnung des Zusammenlebens, der Zeit und der Rede geht. In Spr 3,18 wird auch die göttliche Weisheit als Lebensbaum dargestellt:

> Ein Lebensbaum ist sie für die, die sie ergreifen; die sie festhalten, sind glücklich zu preisen.

---

[55] Ein ähnliches "Revival" aufgrund ursprünglicher religionsgeschichtlicher Verwandtschaft hat WINTER (1983: 561-576) bei der "Himmelskönigin" festgestellt, die unter assyrischem Einfluss im 1.Jt.v.Chr. in Syrien/Palästina zu besonderen Ehren kam, auch wenn es diesen Kult vorher schon gegeben hatte.

[56] Vgl. dazu WINTER 1986: bes. 58-63.

[57] Die Gleichung von Baum, Weltordnung und König ist im Alten Testament mehrmals, fast immer sehr kritisch erhalten (Jes 11,1; Ri 9,8-15; Ez 31,1-10.22-24; Dan 4), und sie bleibt im Neuen Testament im Gleichnis vom Senfkorn-Baum, dessen Wachsen das unaufhaltsame Kommen der Königsherrschaft Gottes symbolisiert, bewahrt.

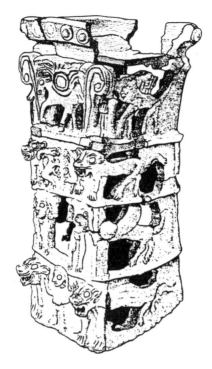

Abb.32

Abb.33

Abb.34

Uns geht es hier nun aber nicht um die "Weltordnungsbäume", sondern um die Tradition der Baumgöttin. Während in Ägypten seit der 18. Dynastie die typischen Baumgöttinnen vor allem in Beamtengräbern dargestellt werden, wie sie den Verstorbenen Speisen und Wasser (*Abb. 33*) oder sogar ihre Brust (*Abb. 34*) reichen[58], scheint in Israel die Assoziation der Bäume mit Grab und Totenreich nie beherrschend geworden zu sein.

So ist im Buche Jesus Sirach der Baum immer noch Bild für irdisches, gutes Leben, für Schatten und Schutz, Speise und Trank. In Sir 1,20 heisst es:

Wurzel der Weisheit ist die Furcht des Herrn, und ihre Zweige sind langes Leben.

In Sir 14,20-15,10 wird ein Loblied auf die Weisheit gesungen und der Mensch gepriesen, der die Nähe der Weisheit sucht (14,26-15,3):

...der sein Nest in ihr Laub hineinbaut
und in ihren Zweigen nächtigt
und in ihrem Schatten sich vor der Hitze birgt
und in ihren Zufluchtsstätten sich niederlässt.
Also tut, wer den Herrn fürchtet und die Weisheit erlangt, wer am Gesetz festhält.
Sie geht ihm entgegen wie eine Mutter,
und wie die Frau seiner Jugend nimmt sie ihn auf.
Und sie speist ihn mit dem Brote der Einsicht,
und mit dem Wasser der Klugheit tränkt sie ihn.

Unvermittelt ist innerhalb dieses in sich geschlossenen Lobliedes auf die Weisheit in 14,26 plötzlich von der Weisheit als laubreichem, bergenden und schattigen Baum die Rede. Dass dieselbe Weisheit dem Menschen, der sie sucht, wie eine Mutter und Jugendliebe entgegenkommt und ihn mit dem Brot der Einsicht nährt und mit dem Wasser der Klugheit tränkt, kann man durchaus als eigenständiges, neues Bild verstehen. Wahrscheinlicher aber ist m.E., dass die Assoziation "Baum - Mutter/Liebe/Liebesgöttin - Speise und Trank" in der ägyptischen Baumgöttinnentradition (vgl. *Abb. 33-34*) verwurzelt ist, dass wir es hier also mit der sprachlichen Ausformulierung eine ägyptischen Bildtradition zu tun haben, mit welcher der Verfasser von Jesus Sirach vertraut gewesen sein muss.[59]

Auch in Sir 24 dürfte eine Remineszenz an die alte Baumgöttinnentradition erhalten sein. In Vv. 1-22 lobt und rühmt die Weisheit sich selbst, indem sie von ihrer Herkunft (Vv. 3-7), ihrem Weg zu den Menschen (Vv. 8-12), ihrem "Gedeihen" in Israel (Vv. 13-17) berichtet und schliesslich ihre Vorzüge preist und einlädt, ihr zu folgen. Die Wohnsitznahme in Israel wird ab V.12 wiederum sehr unvermittelt in einer grossen Bildkomposition als "Verwurzelung" der Weisheit in Israel und als Aufwachsen verschiedener Bäume, des Rosen-

---

58 Vgl. WINTER 1986: aaO. mit Abb. 2-8.

59 Gerade die ägyptischen Weisheitsschulen scheinen von der altorientalischen Ikonographie stark beeinflusst worden zu sein. Ich habe dies am Beispiel der (Göttin) Sophia und ihrer Verbindung mit der Taube schon ausführlicher dargelegt (SCHROER 1986: bes. 208-211). Vgl. auch Anm. 60.

busches(?) und des Weinstocks beschrieben. Nach einem (späteren) Einschub in V.18 spricht dann die Weisheit eindeutig als früchtetragender Baum, wenn sie einlädt (Sir 24,19-21):

> Kommt her zu mir, die ihr meiner begehret,
> und sättigt euch an meinen Früchten!
> Denn mein zu gedenken, ist süsser als Honig,
> und mich zu besitzen, geht über Honigwaben.
> Wer von mir isst, wird weiter nach mir hungern, und wer von mir trinkt, wird weiter nach mir dürsten.

Anders als in Sir 14-15 wird hier nicht die Art der Speise und des Trankes in einem übertragenen Sinn als Einsicht und Klugheit verstanden, sondern die Weisheit selbst bietet als Baum "Stillung" (vgl. *Abb. 34*) eines (übertragen verstandenen) Hungers und Durstes und verursacht zugleich immer neuen Hunger und Durst. Interessant ist, dass hier neben dem Hintergrund-Bild der säugenden Baumgöttin durch das Wortfeld "begehren - gedenken - besitzen" (οἱ ἐπιθυμοῦντές μου, τὸ μνημόσυνόν μου, ἡ κληρονομία μου) wiederum sexuelle Konnotationen im Text anklingen.[60]

Als letzte, verblasste Ausläufer dieser Tradition sind die weisheitlich geprägten Worte Jesu im Johannesevangelium (Joh 4,10-14; 6,35 und 7,37) anzusehen, wo Jesus Sophia sich selbst als Wasser und Brot des Lebens bezeichnet (vgl. aber auch Jes 55,1). Hier klingen entfernt die Worte der Baumgöttin (Nut oder Merit) an, die in Texten thebanischer Gräber des Neuen Reiches zum Toten sagt:"Ich gebe dir das Wasser des Lebens" (Grab 216, zitiert nach HERMSEN 1981: 119) oder:"Brot, das aus meinem Leibe kommt" (Grab 96, zitiert nach HERMSEN 1981: 118).[61] Ob dem Verfasser oder der Verfasserin des Johannesevangeliums beim Rückgriff auf die weisheitlichen Sentenzen dieser religionsgeschichtliche Hintergrund noch bewusst war, wissen wir leider nicht.

---

[60] Diesen Hinweis verdanke ich Ch. Uehlinger.

[61] Der Einfluss ägyptischer Religion auf die jüdisch-hellenistischen Weisheitsschulen sowie auf gnostische Kreise in Ägypten (und von dort aus weiterwirkend) ist unbestreitbar, so dass die Annahme plausibel ist, Jesus spreche im Johannesevangelium in der alten Baumgöttin-Tradition und verheisse als Sophia neues Leben. Vgl. zum Einfluss der altorientalischen Ikonographie auf ntl. Texte (über die Vermittlung der ägyptischen Weisheitsschulen) SCHROER 1986: bes. 217-223 und zum Einfluss ägyptischer Religion auf die Gnosis den neuesten Beitrag von PARROTT (1987: 73-93).

Verzeichnis der Abbildungen

Abb. 30   Goldfolie aus Amathus; KARAGEORGHIS 1986: Pl. 26 Ill. 6 (Zeichnung Hildi
           Keel-Leu).

Abb. 31   Rekonstruktion eines Elfenbeins aus Nimrud; BARNETT [2]1975: Pl. 23 S8a-f.

Abb. 32   Tonständer aus Taanach; BRL[2] Abb. 45 = SCHROER 1987: Abb. 13.

Abb. 33   Grabmalerei aus Der el-Medine, 20. Dyn. (1186-1070); WINTER 1983: Abb.
           462.

Abb. 34   Malerei aus dem Grab Thutmosis' III. (1479-1426); MOFTAH 1965: 44 Abb. 6
           = WINTER 1983: Abb. 460.

Verzeichnis der zitierten Literatur

ALLAM S., Beiträge zum Hathorkult bis zum Ende des Mittleren Reichs (MÄS 4), Berlin
    1963.

AMIRAN R., Ancient Pottery of the Holy Land from its Beginning in the Neolithic Period to
    the End of the Iron Age, Jerusalem/Ramat-Gan 1969.

BARNETT R.D., A Catalogue of the Nimrud Ivories with other Examples of Ancient Near
    Eastern Ivories in the British Museum, London [2]1975.

BOSSERT H.T., Altsyrien. Kunst und Handwerk in Cypern, Syrien, Palästina, Transjordanien
    und Arabien von den Anfängen bis zum völligen Aufgehen in der griechisch-römischen
    Kultur, Tübingen 1951.

CLERC G./KARAGEORGHIS V. u.a., Fouilles de Kition II: Objets égyptiens et égyptisants,
    Nikosia 1976.

DAY J., Asherah in the Hebrew Bible and Northwest Semitic Literature, JBL 105 (1986) 385-
    408.

DANTHINE H., Le palmier-dattier et les arbres sacrés dans l'iconographie de l'Asie occidentale
    ancienne, 2 vols (texte et planches), Paris 1937.

DAS ÄGYPTISCHE MUSEUM KAIRO. Offizieller Katalog, Mainz 1986.

DUNAND M., Fouilles de Byblos. Tome I (1926-32), Paris 1938/39; Tome II (1933-38), Paris
    1954/58.

DURING CASPERS E.C.L., The Gate-Post in Mesopotamian Art. A Short Outline of its
    Origin and Development, JEOL 22 (1971-72) 211-227.

DE FEIS L., Le antichità di Cipro ed i fratelli Luigi ed Alessandro Palma di Cesnola,
    Bessarione 4 [S.1,6] (1899) 433-471.

GALLING K. (Hrsg.), Biblisches Reallexikon, Tübingen [2]1977.

GIVEON R., Egyptian Scarabs from Western Asia from the Collections of the British
    Museum (OBO Ser.Arch. 3), Freiburg (Schweiz)/Göttingen 1985.

GUBEL E., "Syro-cypriote" Cubical Stamps. The Phoenician Connection (CGPH 2), in:
    Studia Phoenicia V: Phoenicia and the East Mediterranean in the First Millenium B.C.
    (Orientalia Lovaniensia Analecta 22), Leuven 1987, 195-224.

HERMSEN E., Lebensbaumsymbolik im alten Ägypten (Arbeitsmaterialien zur Religionsgeschichte 5), Köln 1981.

HÖLBL G., Ägyptisches Kulturgut im phönikischen und punischen Sardinien, 2 Bde (EPRO 102), Leiden 1986.

IPPOLITONI-STRIKA F., Prehistoric Roots: Continuity in the Images and Rituals of the Great Goddess Cult in the Near East, Rivista degli Studi Orientali 57 (1983) 1-41.

JAROŠ K., Die Motive der Heiligen Bäume und der Schlange in Gen 2-3, ZAW 92 (1980) 204-215.

KARAGEORGHIS V., Kition auf Zypern. Die älteste Kolonie der Phöniker, Bergisch Gladbach 1976.

— Tiarae of Gold from Cyprus, in : M. KELLY-BUCCELLATI (ed.), Insight through Images. Studies in Honor of E. PORADA (Bibliotheca Mesopotamica 21), Malibu 1986, 129-132.

KEEL O., Die Welt der altorientalischen Bildsymbolik und das Alte Testament. Am Beispiel der Psalmen, Zürich u.a. [1]1972, [4]1984.

— La glyptique, in: BRIENDJ./HUMBERT J.B. (éds.), Tell Keisan (1971-1976). Une cité phénicienne en Galilée (OBO Ser.Arch. 1), Fibourg/Göttingen/Paris 1980, 257-295.

— Das Hohelied (Zürcher Bibelkommentare AT 18), Zürich 1986.

KEEL O./KÜCHLER M.[/UEHLINGER CH.], Orte und Landschaften der Bibel. Ein Handbuch und Studienreiseführer zum Heiligen Land, bisher 2 Bde, Zürich/Göttingen 1982 und 1984.

KOHL P.L., Central Asia. Palaeolithic Beginnings to the Iron Age, Paris 1984.

KEPINSKI C., L'arbre stylisé en Asie occidentale au 2e millénaire avant J.-C. (Bibliothèque de la Délégation Archéologique Francaise en Iraq Nr. 1), 3 Bde, Paris 1982.

LEMAIRE A., Nouveaux sceaux nord-ouest sémitiques, Syria 63 (1986) 305-325.

LOUD G., Megiddo II. Seasons of 1935-1939, 2 vols (OIP 62), Chicago 1948.

MASSON V.M./SARIANIDI V.I., Central Asia. Turkmenia Before the Achaemenids, London 1972.

MAY H.G., The Sacred Tree on Palestinian Painted Pottery, JAOS 59 (1939) 251-259.

MOFTAH R., Die uralte Sykomore und andere Erscheinungen der Hathor, ZÄS 92 (1965) 40-47.

NEWBERRY P.E., Scarabs. An Introduction to the Study of Egyptian Seals and Signet Rings, London 1906.

PARROTT D.M., Gnosticism and Egyptian Religion, NT 29 (1987) 73-93.

PETRIE W.M.F., Buttons and Design Scarabs, London 1925 (Nachdruck 1974).

— Gerar, London 1928.

— Beth Pelet I (Tell Fara) (British School of Archaeology in Egypt 48), London 1930.

PORADA E., The Cylinder Seals of the Late Cypriote Bronze Age, AJA 52 (1948) 178-198.

QUAEGEBEUR J., Egyptische Goden die luisteren, Alumni 49 (1978) 9-19.

ROWE A., A Catalogue of Egyptian Scarabs, Scaraboids, Seals and Amulets in the Palestine Archaeological Museum, Le Caire 1963.

SCHAEFFER-FORRER C.F.A., Corpus des Cylindres-Sceaux de Ras Shamra-Ugarit et d'Enkomi-Alasia. Tome I. Avec contributions de P. AMIET, G. CHENET, M. MALLO-WAN, K. BITTEL, E.PORADA (Editions Recherche sur les Civilisations), Paris 1983.

SCHROER S., Der Mann im Wulstsaummantel. Ein Motiv der Mittelbronze-Zeit II B, in: KEEL/SCHROER, Studien zu den Stempelsiegeln aus Palästina/Israel I (OBO 67/1), Freiburg (Schweiz)/Göttingen 1985, 49-115.

---   Der Geist, die Weisheit und die Taube. Feministisch-kritische Exegese eines neutestamentlichen Symbols auf dem Hintergrund seiner altorientalischen und hellenistisch-frühjüdischen Traditionsgeschichte, FZPhTh 33 (1986) 197-225.

---   In Israel gab es Bilder. Nachrichten von darstellender Kunst im Alten Testament (OBO 74), Freiburg (Schweiz)/Göttingen 1987.

STADELMANN R., Syrisch-palästinische Gottheiten in Ägypten (Probleme der Ägyptologie 5), Leiden 1967.

STARKEY J.L./HARDING L., Beth-Pelet. Tell Fara Vol. II, London 1932.

TUFNELL O. u.a., Lachish IV (Tell ed-Duweir), London 1958.

---   Studies on Scarab Seals, Vol. 2: Scarab Seals and their Contribution to History in the Early Second Millenium B.C. With Contributions by G.T. MARTIN and W.H. WARD, Part I: Text; Part II: Inventory, Plates, Index, Warminster 1984.

WARD W.A., Studies on Scarab Seals, Vol. 1: Pre-12th Dynasty Scarab Amulets. With an Appendix on the Biology of Scarab Beetles by S.I. BISHARA, Warminster 1978.

WINTER U., Frau und Göttin. Exegetische und ikonographische Studien zum weiblichen Gottesbild im Alten Testament und dessen Umwelt (OBO 53), Freiburg (Schweiz)/ Göttingen 1983.

---   Der "Lebensbaum" in der altorientalischen Bildsymbolik, in: H. SCHWEIZER (Hrsg.), ...Bäume braucht man doch. Das Symbol des Baumes zwischen Hoffnung und Zerstörung, Sigmaringen 1986, 57-88.

---   Der stilisierte Baum. Zu einem auffälligen Aspekt altorientalischer Baumsymbolik und seiner Rezeption im Alten Testament, Bibel und Kirche 41 (1986) 171-177 (=1986a).

WOOLLEY L., Ur Excavations Vol. IV: The Early Periods. A Report on the Sites and Objects Prior in Date to the Third Dynasty of Ur Discovered in the Course of the Excavations, Philadelphia 1955.

NOTICE SUR LES RELIQUAIRES-SARCOPHAGES DE L'INSTITUT BIBLIQUE DE L'UNIVERSITE DE FRIBOURG

Aloys Lauper

A la faveur d'une donation, les collections de l'Institut Biblique de l'Université de Fribourg viennent d'acquérir dans trois supposés "sarcophages d'enfant"[1], les témoins d'un des rites les plus originaux liés au culte et à la vénération des reliques, à savoir la préparation d'"huile des martyrs" au moyen de reliquaires en forme de sarcophage (cf. *fig. 1*).

Fig. 1: Un des trois reliquaires (A) de l'Institut Biblique de l'Université de Fribourg (photo A.L.).

---

[1] [Les objets en question ont été présentés à l'Institut Biblique en juin 1987 sous l'appellation "byzantinische Kindersarkophage". (Ch.Ueh.)]

228

Les trois reliquaires en question, relativement bien conservés, sont constitués d'un bloc de marbre rectangulaire, massif, évidé d'une petite cavité servant de fosse à reliques (cf. *fig. 2*). Ils sont fermés d'un couvercle en forme de toit en bâtière flanqué de quatre acrotères aux angles, ce qui leur donne l'aspect de "maison d'éternité" et les a fait confondre avec des sarcophages d'enfant. Leur particularité, qui les désigne assurément comme des reliquaires, réside dans l'orifice circulaire percé dans le couvercle par où l'on versait sur les reliques de l'huile recueillie ensuite sur les flancs de la cuve, dans un bassinet qui, sous l'habile ciseau du sculpteur, a pris l'apparence d'un calice. Au fond de la fosse à reliques, le petit conduit percé pour évacuer le précieux liquide sanctifié au contact des reliques est d'ailleurs bien visible. Seuls les éléments métalliques de ce dispositif - entonnoir et robinet -, ont disparu, peut-être en même temps que les crochets de scellement.

A

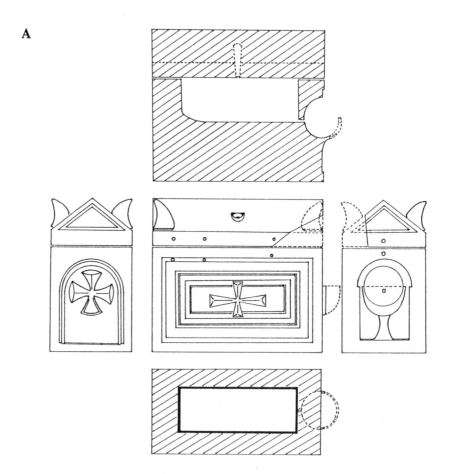

Fig. 2: Coupe longitudinale, relevé de la face antérieure et des côtés, plan de la cuve du reliquaire A; relevé de la face antérieure et des côtés du reliquaire B; relevé de la face antérieure du reliquaire C (dessins A.L.).

C'est lors de fouilles menées en 1934 à Apamée (Qala^cat al-Moudiq, Syrie du Nord), qu'une mission belge a pour la première fois formellement identifié et précisé l'usage de tels objets[2], qu'on a signalés depuis comme l'une des particularités essentielles de l'aménagement des basiliques en Syrie du Nord aux Ve-VIe siècles[3]. L'essor prodigieux du monachisme syrien et partant la multiplication de ses "héros" - stylites, cénobites et autres reclus -, qui fournissaient aux églises locales leur foule de saints à vénérer expliquent probablement la généralisation de l'usage des reliquaires-sarcophages en Syrie du Nord dès la seconde moitié du Ve siècle. Les recherches archéologiques menées dans cette région laissent en effet apparaître un brusque remaniement du chevet des basi-

---

[2] F. MAYENCE, La quatrième campagne de fouilles à Apamée: Antiquités Classiques 4 (1935) 401.

[3] Voir à ce sujet J. LASSUS, Sanctuaires chrétiens de Syrie. Essais sur la génèse, la forme et l'usage liturgique des édifices du culte chrétien, en Syrie, du IIIe siècle à la conquête musulmane, Paris 1944, 161-183; G. TCHALENKO, Villages antiques de la Syrie du nord. Le massif du Bélus à l'époque romaine, 3 vols. (Bibliothèque archéologique et historique 50) Paris 1953-1958; ID. / E. BACCACHE, Eglises de Village de la Syrie du Nord. Planches, Album, 2 vols. (Bibliothèque archéologique et historique 105. Documents d'archéologie: La Syrie à l'époque de l'empire Romain d'Orient 1) Paris 1979+1980, où sont répertoriés, photographiés et dessinés plusieurs reliquaires-sarcophages.

B

C

liques autour des années 420, afin de ménager dans l'une des deux exèdres flanquant traditionnellement le *presbyterion*, une "chapelle des martyrs" (cf. *fig. 3*). A la modeste annexe faisant office de sacristie (le *diakonikon*), on oppose donc désormais une salle plus vaste réservée au dépôt et à la vénération des reliques, aménagée comme un petit *martyrion*. C'est là qu'on disposait, sur un socle de marbre, contre le mur oriental, le reliquaire-sarcophage. Dans les édifices plus importants, deux ou trois reliquaires s'y pressaient, conservant chacun les reliques d'un ou de plusieurs martyrs, comme le prouvent les inscriptions relevées sur les reliquaires d'Apamée.[4] La communauté ecclésiale ou monastique y conservait d'ailleurs la majeure partie des reliques en sa possession, puisqu'il n'était alors pas d'usage en ces régions de placer des reliques sous l'autel principal. Ces annexes à reliques, généralement voûtées et ouvertes sur le sanctuaire par une grande arcade au cintre richement mouluré, recevaient les pélerins ou les fidèles qui s'y pressaient pour recueillir l'huile des martyrs ou même pour y passer la nuit auprès des reliques dans l'espoir d'obtenir une guérison, pratique courante en Syrie qui remontait à l'Antiquité où l'on pratiquait l'"incubation" des malades dans les temples.[5] Ainsi, toutes les basiliques construites ou réaménagées durant les Ve-VIe siècles en Syrie du Nord, se devaient d'être dotées d'une telle annexe à reliques, située généralement au nord du *presbyterion* dans l'Apamène, mais au sud dans l'Antiochène.

L'huile sainte préparée en ces lieux était soigneusement conservée dans des ampoules et des flacons de terre cuite, de métal ou de verre, que les fidèles ramenaient chez eux pour leur usage domestique, lui attribuant moult vertu thérapeutique, prophylactique et apotropaïque.

Ointe sur les parties malades du corps, elle assurait disait-on, une prompte guérison. Frottée sur le front et les yeux, elle préservait de toute maladie. Conservée à la maison, elle en protégeait ses hôtes de tout mal et les mettait à l'abri des assauts du Malin. THEODORET de Cyr connaissait cet usage puisqu'il dit avoir été préservé du démon par la "fiole d'huile des martyrs" qu'il avait suspendue au-dessus de son lit.[6] L'usage de cette huile sainte est certes connue dans tout le monde chrétien[7], - qu'on songe aux célèbres eulogies ramenées de Terre Sainte ou aux fameuses ampoules offertes par le pape Grégoire à la reine Théodelinde[8] -, mais c'est sa généralisation et la multiplication de reliquaires

---

[4] On lit par exemple sur l'un des reliquaires trouvés dans la chapelle nord-est de l'église dite à l'atrium:"Reliques de Saint Cosme et Damien et de différents Saints".

[5] A Constantinople, on pratiquait d'ailleurs l'incubation auprès des reliques dans le *martyrion* de Saint-Artémios. Cf. A. GRABAR, Martyrium. Recherches sur le culte des reliques et l'art chrétien antique II, Paris 1946, 345.

[6] Histoire des Moines de Syrie (= Histoire philothée = Historia Religiosa) 21,16 (SC 257, 96s.).

[7] Quelques sources littéraires nous ont d'ailleurs gardé le souvenir de pratiques similaires en Occident. Voir p. ex. PAULIN de Nole, Carmina 18,38 et 21,590ss. (CSEL 30/2 98 et 177); GREGOIRE de Tours, De miraculis S. Martini 2,32 (PL 71, 955C-956A).

[8] Voir à ce propos A. GRABAR, Ampoules de Terre Sainte (Monza - Bobbio), Paris 1958.

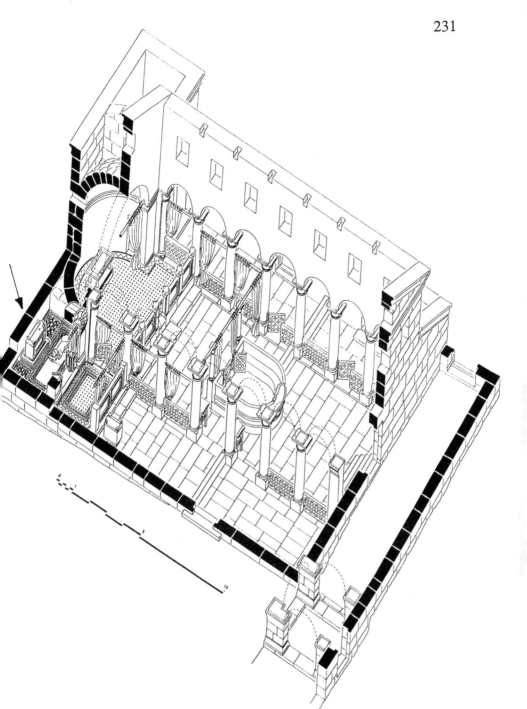

Fig. 3: *Perspective reconstituée de l'église de Ǧerāde (Ve s.) avec au nord-est, l'annexe aménagée en "chapelle des martyrs" et doté de son reliquaire-sarcophage (dessin établi par E. BACCACHE dans TCHALENKO / ID., Eglises [supra n. 3], Planches, 299, no. 487).*

servant à sa préparation qui fait de la Syrie du Nord, l'exception. L'huile sainte semble d'ailleurs y être devenue la panacée à tous les maux puisque JEAN CHRYSOSTOME, dont on connaît par ailleurs la méfiance vis-à-vis des manifestations de la piété syrienne, en conseille l'utilisation à ceux de ses fidèles qui ont la fâcheuse habitude de s'enivrer dans les tavernes au retour de la messe:

"Prends l'huile sainte et oins-en tout ton corps, ta langue, tes lèvres, ton cou, tes yeux, et jamais plus tu ne retomberas dans les naufrages de l'ivresse. Car l'huile, par son parfum, te fait souvenir des combats des martyrs, bride toute licence, affirme la constance et vient à bout des maladies de l'âme."[9]

Alors qu'en Occident, l'usage des reliques par contact avait permis de ne pas enfreindre les lois rigoureuses qui défendaient l'inviolabilité absolue des tombeaux et rendaient donc impossible tout prélèvement de reliques sur les restes des martyrs, en Orient, où la législation se montrait bien plus souple, de telles pratiques répondaient plus à des traditions locales particulières, ce qui est probablement le cas pour la préparation de l'huile des martyrs en Syrie.[10] Bien que nous ne disposions encore que de trop rares données archéologiques, la présence d'une chapelle votive dans l'une des exèdres du chevet, abritant un ou plusieurs reliquaires servant à la production d'huile sainte, est propre à la Syrie du Nord, même si l'on a signalé ici ou là - en Palestine notamment -, des aménagements similaires.

In situ, la plupart de ces reliquaires sont en triste état, éventrés par des pillards ou fracassés sous les décombres des superstructures de l'édifice qui les abritait. Malgré leur nombre, rares sont donc ceux qui nous sont aussi bien conservés que les trois exemplaires aujourd'hui à Fribourg, qui sont par ailleurs de facture et de dimensions modestes. Alors qu'on en connaît maints exemples agrémentés de croix, rouelles, rosaces, arbres de vie ou autres motifs géométriques[11], ceux qui nous occupent ne sont ornés que de modestes croix présentées encerclées, sur champ rectangulaire ou sous une arcature. Au soulignement du fronton des couvercles, au dessin du calice où l'on recueillait le précieux liquide, on remarque pourtant que l'artisan a soigné son ouvrage, fût-il modeste. Avec des dimensions de 66 cm de longueur pour une largeur de 32 cm et une hauteur de 55 cm (dont 17 cm pour le couvercle), une fosse à reliques unique profonde de 16 cm pour une surface de 40x14 cm, le mieux conservé de ces trois objets (reliquaire A) reste pourtant bien en-deçà des dimensions moyennes de tels reliquaires, qui mesurent généralement plus d' 1 m de long et sont parfois dotés de deux fosses à reliques séparées.

Le modeste décor (cf. *fig. 2*) a au moins le mérite de reproduire les motifs favoris de la sculpture syrienne aux Ve-VIe siècles et d'en permettre l'attri-

---

[9] Homélie sur les Martyrs (PG 50, 664s.; cf. LASSUS, Sanctuaires *[supra n. 3]* 164).

[10] Cf. H.DELEHAYE, Les Origines du culte des martyrs (Subsidia Hagiographica 10) Bruxelles 1933 (2e éd. rev.), 52s.

[11] Cf. par ex. l'un des reliquaires de l'église de Dēḥes (TCHALENKO / BACCACHE, Eglises *[supra n. 3]*, Planches, 206, no. 343), ceux de la basilique de Qirqbīze (ibid. 237, no. 390) ou de l'église de Beḥyo (ibid. 249, no. 410).

bution à un atelier local. Dans la basilique de Dēḥes par exemple, on retrouve sur un des chapiteaux de la nef (Ve s.), une croix grecque aux extrémités évasées marquées d'un triangle[12], visible aussi sur l'un de nos reliquaires, tout comme la croix latine sous une arcature dont on retrouve le modèle sur un des panneaux de la stoa de Zerzītā[13]. Stylistiquement aussi, l'origine syrienne de nos objets est donc presque assurée et vient confirmer ce que nous savions des usages liturgiques de cette contrée. On peut donc admettre que ces trois reliquaires en forme de sarcophage proviennent de la chapelle votive d'une église de Syrie du Nord et qu'ils datent probablement du VIe siècle.

Au-delà de l'anecdote, et malgré leur facture modeste, ces objets nous révèlent l'une des facettes les plus attachantes de la piété de ces premiers chrétiens d'Orient dont le zèle et les excès de leurs ascètes nous ont si souvent déroutés. A ce titre, comme instruments de culte et objets de piété, témoins muets d'usages liturgiques perdus, et parce qu'ils ont participé à une aventure humaine aussi éphémère qu'exceptionnelle, ils méritaient certainement qu'on s'y arrête un peu.

Dimensions des trois reliquaires	A	B	C
Longueur	62 cm	66 cm	51,5 cm
Largeur	31 cm	32 cm	26 cm
Hauteur de la cuve	36 cm	38 cm	24 cm
Hauteur du couvercle	17 cm	17 cm	19* cm
Hauteur totale	53 cm	55 cm	-*
Fosse à reliques (L x l x h)	42x15x16 cm	40x15x16 cm	28x11x10 cm

* En fait ce dernier reliquaire, où l'on recueillait l'huile sacrée sur la face et non sur l'un des côtés de la cuve, a perdu son couvercle orginal. Le fragment de couvercle orné d'une croix qui le surmonte, fermait une pièce plus importante, dont la longueur avoisinait 60 cm.

---

[12] Cf. TCHALENKO / BACCACHE, Eglises *[supra n. 3]*, Album, 78, no. 215, dernier chapiteau photographié.

[13] Cf. I. PEÑA / P. CASTELLANA / R. FERNANDEZ, Les Reclus Syriens. Recherches sur les anciennes formes de vie solitaire en Syrie (PSBF Mi 23) Milan 1980, 404, fig. 66.

Bd. 1   MAX KÜCHLER, *Schweigen, Schmuck und Schleier*. Drei neutestamentliche Vorschriften zur Verdrängung der Frauen auf dem Hintergrund einer frauenfeindlichen Exegese des Alten Testaments im antiken Judentum. XXII–542 Seiten. 1986.

Bd. 2   MOSHE WEINFELD, *The Organizational Pattern and the Penal Code of the Qumran Sect*. A Comparison with Guilds and Religious Associations of the Hellenistic-Roman Period. 104 Seiten. 1986.

Bd. 3   ROBERT WENNING, *Die Nabatäer – Denkmäler und Geschichte*. Eine Bestandesaufnahme des archäologischen Befundes. 360 Seiten und 18 Karten. 1987.

Bd. 4   RITA EGGER, *Josephus Flavius und die Samaritaner*. Eine terminologische Untersuchung zur Identitätsklärung der Samaritaner. 412 Seiten. 1986.

Bd. 5   EUGEN RUCKSTUHL, *Die literarische Einheit des Johannesevangeliums*. 344 Seiten. 1988.

Bd. 6   MAX KÜCHLER/CHRISTOPH UEHLINGER (Hrsg.), *Jerusalem*. Texte – Bilder – Steine. 238 Seiten. 1987.

Zum vorliegenden Buch

Dieser Band wurde von Mitgliedern und Freunden des Biblischen Instituts der Universität Freiburg/Schweiz verfasst und ist Prof. Othmar Keel und seiner Frau Hildi Keel-Leu gewidmet. Fünf Beiträge stellen einen Bezug zwischen biblischen Texten und der Topographie und Archäologie Palästina/Israels bzw. der altvorderasiatischen Ikonographie her, wobei Jerusalem ihr Gravitationszentrum ist. Ein sechster Beitrag beschreibt die neueste Erwerbung der von O. Keel betreuten archäologischen Sammlungen des Biblischen Instituts.

Der erste Teil versammelt Texte und Bilder zur Topographie Jerusalems: M. KÜCHLERs Plädoyer für den Einbezug der Topographie und Archäologie in die neutestamentliche Exegese bringt anhand von drei Texten zum Ölberg die Steine Palästinas so mit den «Füssen des Herrn» zusammen, dass wesentliche Aspekte des Propheten Jesus von Nazaret neu zum Vorschein kommen. – Die Edition und deutsch-französische Übersetzung des ältesten jüdischen Reiseführers durch Jerusalem und dessen Umgebung (S.-J. ALOBAIDI, Y.P. GOLDMAN, M. KÜCHLER) eröffnen diesem wichtigen jüdisch-arabischen Text aus der Geniza von Kairo endlich eine breitere Leserschaft. – F.G. NUVOLONE macht durch die Reproduktion und Beschreibung eines Gemäldes aus der Kirche Santa Maria degli Angioli im schweizerischen Lugano eine verborgen gebliebene Darstellung des Ölberges und seiner christlichen Heiligtümer aus dem 16.Jh. zugänglich.

Der zweite Teil verbindet altorientalische Ikonographie mit biblischen Texten und Sachverhalten: Ezechiels Ritzzeichnung und die daran vollzogene Inszenierung einer Belagerung – Bilder für die drohende Belagerung Jerusalems durch die Babylonier (Ez 4f) – werden von CH. UEHLINGER vor dem Hintergrund altorientalischer Städte- und Belagerungsdarstellungen in ihrer ganzen prophetischen Schärfe interpretiert. Dabei vermittelt Ezechiels Zeichenhandlung in paradigmatischer Weise Einsichten in prophetische Kommunikationsstrategien und in spezifische Funktionen von Wort und Bild im prophetischen Diskurs. – S. SCHROERs Aufweis der konstanten Motivverbindung einer Göttin mit einem Zweig oder Baum in der palästinischen Ikonographie enthüllt nicht nur ein plausibles bildliches Umfeld für die Verehrung von Ascheren in der altisraelitischen Volksfrömmigkeit, sondern erhellt auch einige Weisheitsworte aus Jerusalem (Sprüche, Ben Sira, Jesus), in denen das uralte Motiv diskret eingebracht ist.

A. LAUPERs Beschreibung von drei «Reliquien-Sarkophagen» aus dem byzantinischen Syrien, die kürzlich dem Biblischen Institut geschenkt wurden, schliesst diesen Band ab.

ISBN 3-7278-0552-8 (Universitätsverlag)
ISBN 3-525-53905-3 (Vandenhoeck & Ruprecht)